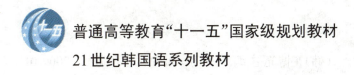

普通高等教育"十一五"国家级规划教材

21世纪韩国语系列教材

大学韩国语

第五册

主　编　牛林杰　[韩] 崔博光

副主编　李学堂　[韩] 李泳恩　尹锡万

北京大学出版社
PEKING UNIVERSITY PRESS

图书在版编目(CIP)数据

大学韩国语.第五册/ 牛林杰,(韩)崔博光 主编. —北京：北京大学出版社，2009.10
(21世纪韩国语系列教材)
ISBN 978-7-301-15845-6

Ⅰ.大… Ⅱ.①牛…②崔… Ⅲ.朝鲜语–高等学校–教材 Ⅳ.H55

中国版本图书馆CIP数据核字(2009)第165873号

书　　　　名：	大学韩国语.第五册
著作责任者：	牛林杰　[韩]崔博光　主编
责 任 编 辑：	张　娜　flowin@163.com
标 准 书 号：	ISBN 978-7-301-15845-6/H·2320
出 版 发 行：	北京大学出版社
地　　　　址：	北京市海淀区成府路205号　100871
网　　　　址：	http://www.pup.cn
电　　　　话：	邮购部 62752015　发行部 62750672　编辑部 62765014　出版部 62754962
电 子 邮 箱：	zbing@pup.pku.edu.cn
印　刷　者：	北京大学印刷厂
经　销　者：	新华书店
	787毫米×1092毫米　16开本　16.5印张　280千字
	2009年10月第1版　2019年6月第3次印刷
定　　　价：	35.00元

未经许可，不得以任何方式复制或抄袭本书之部分或全部内容。
版权所有，侵权必究　举报电话：010-62752024
　　　　　　　　　　电子邮箱：fd@pup.pku.edu.cn

普通高等教育"十一五"国家级规划教材

《21世纪韩国语系列教材》专家委员会

主任委员：

安炳浩　北京大学　教授
　　　　中国朝鲜语/韩国语教育研究学会会长
张光军　解放军外国语学院亚非系主任　博导
　　　　教育部外语教学指导委员会委员
　　　　大韩民国国语国文学会海外理事
张　敏　北京大学　教授　博导
牛林杰　山东大学韩国学院院长　教授

委　员：

金永寿　延边大学朝鲜韩国学院院长　教授
苗春梅　北京外国语大学亚非学院韩国语系主任　教授
何彤梅　大连外国语学院韩国语系主任　教授
王　丹　北京大学外国语学院朝鲜（韩国）语言文化系主任　副教授

韩国专家顾问：

闵贤植　韩国首尔大学国语教育系　教授
姜信沆　韩国成均馆大学国语国文系　教授
赵恒禄　韩国祥明大学国语教育系　教授

总 序

　　中韩建交之初，北京大学出版社出版了全国25所大学联合编写的韩国语基础教科书《标准韩国语》。在近十年的教学实践中，这套教材得到了广大师生的认可和欢迎，为我国的韩国语人才培养做出了积极的贡献。随着我国韩国语教育事业的迅速发展，广大师生对韩国语教材的要求也越来越高。在教学实践中，迫切需要一套适合大学本科、专科等教学的韩国语系列教材。为此，北京大学出版社再度荟萃韩国语教学界精英，推出了国内第一套韩国语系列教材——《21世纪韩国语系列教材》。

　　本系列教材是以高校韩国语专业教学大纲为基础策划、编写的，编写计划基本上囊括了韩国语专业大学本科的全部课程，既包括听、说、读、写、译等语言基础教材，也包括韩国文化、韩国文学等文化修养教材，因其具备完备性、科学性、实用性、权威性的特点，已正式被列为普通高等教育"十一五"国家级规划教材。

　　本系列教材与以往其他版本教材相比有其鲜明特点：首先，它是目前为止唯一被列入"十一五"国家级规划的韩国语系列教材。第二，它是触动时代脉搏的韩国语教材，教材的每一个环节都力求做到新颖、实用，图文并茂，时代感强，摆脱了题材老套、墨守成规的教材编写模式，真正实现了"新世纪——新教材——新人才"的目标。第三，语言与文化是密不可分的，不了解一个国家的文化，就不能切实地掌握一个国家的语言，从这一视角出发，立体化系列教材的开发在外语教材（包括非通用语教材）规划中是势在必行的。《21世纪韩国语系列教材》就是在这一教学思维的指导下应运而生的。第四，本系列教材具有权威性。由中国韩国语教育研究学会会长、北京大学安炳浩教授，大韩民国国语国文学会海外理事、中国韩国语教育研究学会副会长张光军教授，北京大学张敏教授，山东大学牛林杰教授组织编写。参加编纂的中韩专家、教授来自北京大学、韩国首尔大学、北京外国语大学、韩国成均馆大学、山东大学、解放军外国语学院、大连外国语学院、延边大学、青岛大学、中央民族大学、山东师范大学、烟台大学等国内外多所院校。他们在韩国语教学领域具有丰富的执教经验和雄厚的科研实力。

　　本系列教材将采取开放、灵活的出版方式，陆续出版发行。欢迎各位读者对本系列教材的不足之处提出宝贵意见。

北京大学出版社
2007年4月

前　言

　　中韩两国隔海相望，文化交流源远流长。1992年中韩建交以来，两国在政治、经济、文化等各领域的交流日益频繁。在我国，学习韩国语、渴望了解韩国文化的人越来越多，韩国语教育也进入了一个新的历史时期。根据社会的需求，山东大学韩国学院组织编写了这套韩国语基础课教材。本教材是北京大学出版社组织出版的《21世纪韩国语系列教材》之一。教材根据韩国语语法、词汇、词性的难易度、使用频率，以日常生活、韩国文化为主要内容，旨在培养学习者的综合韩国语能力。

　　本教材遵循由浅入深、循序渐进的原则，语法讲解详细系统，听、说、读、写各方面的训练分布均匀，使学生在获得扎实、坚固基本功的基础上，能够活学活用，快速提高韩国语综合能力。另外，教材还反映了韩国的政治、经济、文化等内容，使学习者在学习韩国语的同时，加深对韩国的理解。

　　本教材共分六册，可供大学韩国语专业一至三年级作为精读教材使用，也可供广大韩国语爱好者自学。教材第1—4册每册18课，第5—6册每册12课，每课由课文、词汇、语法、练习、阅读、补充单词等组成。课文一般由一段对话和一段简短的说明文组成。对话部分一般使用口语形式，以与人们日常生活息息相关的内容为题材，便于学习者理解、记忆和使用；说明文则根据会话的主题设计，一般使用书面语形式。生词部分整理了课文中新出现的单词和惯用语。单词表中的汉字词都标有相对应的汉字，便于学习者理解和记忆。语法部分是对课文中重要句型和语法的解释。重点讲解语法的构成，并举例说明其用法。练习部分以加深对课文的理解、词汇的灵活运用、语法的熟练为主要目的，题目多样、新颖。课外阅读由一篇与课文内容相关的短文组成，通过短文阅读，训练学习者的综合阅读能力，扩大词汇量。补充生词部分收录了语法和练习、课外阅读中出现的生词。每册的最后附有总词汇表，是全书单词的整理，便于学习者查找、记忆。

　　本教材在编写和出版过程中，得到了山东大学韩国学院和北京大学出版社的大力支持和帮助。韩国学院亚非语言文学专业研究生刘惠莹、贺森、徐静静、王凤玲、尚

应朋、方飞等参加了本教材的部分编写和资料整理工作,北京大学出版社的编辑同志为本书的出版付出了艰辛的努力。在此,我们谨向所有关心和支持本教材编写和出版的有关人士表示衷心的感谢。

由于时间仓促和编者的水平有限,书中难免出现一些错误,真诚地希望国内外韩国语教育界的同行和广大读者对这套教材提出宝贵意见。

牛林杰

2009年3月

제1과	소주 정원 ··	1
	苏州园林	
제2과	사이드의 삶과 사상 ································	18
	萨义德的生平与思想	
제3과	웰빙(well-being) 문화 ·····························	34
	康乐文化	
제4과	남대문시장 ···	50
	南大门市场	
제5과	숲 속의 곰금님 ····································	70
	丛林中的熊殿下	
제6과	사장 ··	91
	社长	
제7과	잊지 못할 윤동주(尹東柱) ···················	113
	难忘尹东柱	
제8과	동백꽃 ··	132
	山茶花	
제9과	소나기 ··	156
	骤雨	
제10과	수난 이대 ··	178
	受难的两代	
제11과	눈길(1) ··	206
	雪路(1)	
제12과	눈길(2) ··	229
	雪路(2)	

제1과 소주 정원

1. 작품 감상

　　소주원림(蘇州園林)이란 중국 소주 지역의 정원건축으로 대부분 개인 정원이다. 중국의 민가 정원은 주로 강남지방을 중심으로 발달했는데, 송·원·명나라 때의 정원이 특히 유명하다. 여기에서는 소주의 4대 정원 중에서도 가장 오래된 정원으로 1천년의 역사를 가지고 있는 창랑정(滄浪亭)에 대해서 소개하고 있다. 특히 창랑정의 이름의 유래, 구조를 묘사하는 과정에서 《초사(楚辭)》, 소순흠(蘇舜欽)의 시를 인용함으로써 송대의 문화적 향취를 느끼게 한다. 창랑정은 소주 고전원림으로 2000년 유네스코 세계문화유산에 등록되었으며, 2006년 전국중점문물보호단위로 지정되었다.

2. 생각해 볼 문제

① 중국의 일반적인 정원과 창랑정의 비슷한 점과 차이점을 비교해 보세요.
② 민가 정원이 발달한 다른 시대의 정원과 비교해 보세요.
③ 장자와 혜자의 자연을 대하는 태도에 대해 생각해 보세요.
④ 송대에 자연을 바라보는 시각과 현대인의 시각을 비교해 보세요.

소주 개황

　　소주는 역사가 오래되고 문화가 깊은 고장이다. 즉 2,500년의 역사를 자랑하는 풍광이 수려한 곳으로 유명하며 중국인들에게 있어서는 예로부터 "하늘에는 천국이 있고 땅에는 소주, 항주가 있다"라고 하여 지상천국임을 노래했다. 춘추전국시대에 와서 소주는 '오월동주(吳越同舟)'와 '와신상담(臥薪嘗膽)'이라는 고사성어로 유명한 오나라의 도성이 되었으며, 기원 전 473년에 월(越)나라에 속하게 되고, 다시 초(楚)나라에 합병된다. 그로부터 300여년이 지난 후, 삼국시대 오(吳)나라가 잠시 소주에 도읍을 정하기도 했다. 지금의 소주라는 명칭은 수(隋)나라 때 개칭된 것이다. 삼국시대 이후, 소주는 한 나라의 도성이 되지는 못했으나, 장강유역의 주요 교통 중심지로서 중요한 위치를 차지하고 있었다. 지리적으로는 강소성 동남부의 장강 삼각주 평원에 자리 잡고 있으며, 동경 120.36도, 북위 31.19도에 있다. 동쪽으로는 상해와 닿아 있고, 서쪽에는 태호(太湖)가 있으며, 북으로는 장강과 인접해 있고, 남으로는 절강과 접해 있다. 해남(海南)철로(상해·남경)와 고속도로가 동서 방향으로 가로질러 있으며, 경항(京杭)대운하가 남북으로 관통하고 있다. 면적 8,488평방킬로미터(시내 면적은 1,649평방킬로미터)에, 인구는 시 전체가 600만, 시내 인구는 약 100만에 달한다. 이곳의 기후는 아열대계절풍 기후대로, 사계절이 분명하며 전반적으로 온화한 기후를 갖고 있다. 연평균 기온은 16℃이며, 연평균 강수량은 한국과 마찬가지로 4월에서 9월 사이에 집중되어 있다. 겨울 날씨는 한국의 늦가을에서 초겨울 날씨와 비슷하며, 여름 날씨는 아주 무더워서 평균 36℃를 웃돈다. 따라서 한여름 더운 계절에는 오후 1시에서 2시 사이에 대부분의 사람들이 활동을 중지하고 낮잠을 즐기는 것을 볼 수 있다.

장자(莊子)의 꿈이 있는 창랑정

중국의 정원, 특히 민가 정원은 주로 강남지방을 중심으로 발달해 왔다. 이를 시기별로 보면, 송(宋)나라 때(960—1279)에는 창랑정·환수산장(環秀山庄)·망사원(網師園) 등이 유명하며, 원(元)나라 때(1271—1368)에는 사자림(獅子林)이 유명하다. 명(明)나라 때(1368—1644)에 와서는 졸정원(拙政園)·유원(留園)·이원(怡園)·예원(豫園)·우원(藕園) 등이 잘 알려져 있다. 반면 청(淸)나라 때(1636—1911)에 와서는 새로운 정원의 발전을 발견하기 어렵다. 송은 북송시대와 남송시대로 구분되는데, 북송시대에는 동경(東京, 지금의 개봉開封)·서경(西京, 지금의 낙양洛陽)을 중심으로 관료와 호족 및 대지주들의 정원이 발달했다. 남송 시대에는 정원이 더욱 발전해 수도 임안(臨安, 지금의 항주杭州)의 서호(西湖)를 중심으로 황실과 관료 및 호족들의 정원이 발전했다. 강남지방에 발달한 남송시대의 정원은 문인과 화가들의 참여로 원림과 문학 및 산수화 간의 연계성을 그 특징으로 한다.

창랑정은 소주(蘇州) 인민로 동쪽에 위치하며, 문묘에 인접해 있는 정원으로, 면적이 11,000평방미터에 달한다. 멀리 오월(吳越)시대 손승우(孫承祐)의 정원에 그 연원을 두고 있다. 정원의 이름은 『초사 楚辭』에서 유래했다.

창랑의 물이 맑으니, 나의 갓끈을 씻을 수 있고,
창랑의 물이 탁하니, 나의 발을 씻을 수 있도다.
滄浪之水淸兮, 可以濯吾纓。滄浪之水濁兮, 可以濯吾足。

-『초사』「어부漁父」-

이 정원의 특징은 소주지방이 물과 운하로 유명하듯, 정원 밖을 휘감아 흐르는 물의 정원이라는 점이다. 소주지방은 평탄한 곳으로, 산이라 할 만한 곳이 드물다. 따라서 창랑정이 있는 주변에서는 보기 드문 높은 곳으로, 옛날에 이곳에 올라서면 주변 일대의 풍광이 한눈에 들어왔다고 한다. 이른바 높은 언덕과 넓은 물, 즉 '숭부광수(崇阜廣水)'를 특징으로 하는 정원이다.

흐르는 물을 굽이도는 다리를 건너면 하얀 벽과 그 사이의 문이 나타나며 멀리 왼쪽으로 관어처(觀魚處)가 보인다. 관어처는 관어대(觀魚臺)라고도 하며, 장자와 혜자(惠子)가 다리 위에서 물고기를 바라보며 담소를 나누었다는 『장자·추수(秋水)』편에 있는 우화에 근거하고 있다. 흐르는 물을 희롱하는 물고기의 여유로움을 바라보는 장자 자신이 물고기가 되는 일체의 경지가 갖는 마음의 여유로움이랄까? 반면 혜자는 그러한 마음의 여유로움도 없이 그냥 자신과 물고기를 별개의 존재로 인식하는 모습을 보여주고 있다. 그러한 혜자의 마음에서 현대인의 삭막한 심정을 읽을 수 있다. 이렇게 관어처에서 한가로이 노니는 물고기의 여유로움을 함께 즐겨보는 것도 생활의 일탈이 주는 즐거움이 될 것이다.

중국의 정원이 사방을 높은 담으로 에워싸 외부와는 단절된 유토피아로서의 정원을 중심으로 한 생활공간을 구성하는 데 그 특징이 있다면, 이곳 창랑정은 외부의 담장을 누창(漏窓) 형식으로 만들어 안과 밖이 서로 소통하는 구조를 보이고 있다. 이는 명나라 시대에 한때나마 창랑정이 사찰로 사용되었다는 점에서 그 연유를 추측해 볼 수 있다. 장랑을 걸으면서 바깥쪽을 바라볼 수 있다는 점에서 자유스러운 느낌을 가질 수 있다.

관어처를 빠져나와 언덕을 오르면 창랑정이 멀리 보인다. 중국 특유의 날렵한 지붕선으로 만들어진 창랑정은 이 정원의 가장 높은 곳에 위치해 있으나, 우거진 숲 때문에 조망하기는 어렵다. 이곳은 오후가 되면 주변 사람들이 많이 모여 서로 한담을 나누는 모습을 볼 수 있다. 여행의 한가로움을 만끽할 수 있는 곳이다.

창랑정을 빠져나와 좀 더 깊숙이 들어가면 명도당에 이른다. 이곳은 정원의 가장 큰 건축물로, 원래 강학하던 곳인데, 유리창으로 둘러싸인 취롱정(翠瓏亭)이 있어 중국식 누창의 아름다움을 만끽할 수 있다. 연꽃 문양·석류꽃 문양·해당화 문양 등 각양각색의 누창을 보노라면 어느덧 여행의 시름도 잊게 되고, 중국 사람들의 기이한 취향을 엿볼 수 있다. 어쩌면 이러한 양식은 현대 디자인에 많은 영감을 줄 수도 있을 것이다.

청향관(淸香館) 남쪽에는 취영롱(翠玲瓏)이 있다. 소자미(蘇子美)의 "햇빛이 대나무를 비추어 영롱하게 푸르네(日光穿竹翠玲瓏)"라는 시구에서 이름을 빌려온 작은 건물로, 말 그대로 이곳엔 대나무가 그윽한 정취를 만들고 있으며, 취영롱에 있는 수많은 풍창들로 인해 더욱 신비로운 분위기를 자아낸다. 이곳에 앉아 차 한 잔 마시면 몸과 마음이 하나가 되는 혼연일체의 정취를 주는 곳이다. 이렇게 창랑정은 물과 언덕이 중심이 되어 우리에게 즐거움을 선사하고 있다.

한 줄기 길이
그윽한 산을 감아 안고,
유연히
시가지 사이로 뻗어 있다.
높은 다락은
굽이진 강을 바라보고,
쭉쭉 뻗은 대나무는
시름 어린 내 얼굴을 달래준다.
승냥이와 이리가
울부짖는 곳을 멀리 떠나와,
갈매기와 더불어 낚싯대 드리우ㄴ
마음이 맑고 한가하다.
이런 삶이 내 뜻에 달갑거니,

모략하고 속이는 짓을 할 겨를이
내겐 없노라.

一徑抱幽山, 居然城市間。高軒面曲水, 脩竹慰愁顔。
跡與豺狼遠, 心隨魚鳥閑。吾甘志此境, 無暇事機關。

- 소순흠,「창랑정」-

소순흠(1008—1048)은 송나라 때의 시인으로, 그가 1045년 이른바 진주원(進奏院) 사건으로 파직된 뒤, 소주로 옮겨와 창랑정을 짓고 지은 시이다.

밤비 개자, 봄 강물이 불고,
옅은 구름 무더워지며
봄 날씨는 갰다 흐렸다 한다.
쓸쓸한 주렴에 저녁놀이 비끼는데
꽃과 대나무는 고요하기만 하다.
가끔 새끼 비둘기들 마주보며
꾸룩꾸룩 우네.
夜雨連明春水生, 嬌雲濃暖弄陰晴。
簾虛日薄花竹靜, 時有乳鳩相對鳴。

- 소순흠,「초청유창랑정初晴遊滄浪亭」-

고장	[명]	사람이 많이 사는 지방이나 지역.
수려하다	[형]	빼어나게 아름답다.
합병	[명]	둘 이상의 기구나 단체, 나라 따위를 하나로 합침. 또는 그렇게 만듦.
개칭되다	[동]	이름이나 칭호 따위가 고쳐지다.
인접하다	[동]	이웃하여 있다. 또는 옆에 닿아 있다.
가로지르다	[동]	① 가로로 건너지르다. ② 어떤 곳을 가로로 질러서 지나다.

웃돌다	[동]	어떤 정도를 넘어서다
갓끈	[명]	갓에 다는 끈. 형겊을 접거나 나무, 대, 대모(玳瑁), 금패(錦貝), 구슬 따위를 꿰어서 만든다.
탁하다	[형]	① 액체나 공기 따위에 다른 물질이 섞여 흐리다. ② 얼굴이 훤히 트이지 못하고 궁한 기운이 있다. ③ 소리가 거칠고 굵다
휘감다	[동]	① 어떤 물체를 다른 물체에 휘둘러 감거나 칭칭 둘러 감다. ② 덩굴, 뱀 따위가 그 자체로 다른 물체를 마구 빙빙 두르다. ③ 물줄기 따위가 어떤 주위를 빙 둘러 흐르다. ④ 꼬리나 머리채를 둥글게 말다. ⑤ 어떤 감정이나 분위기 따위가 무엇을 휩싸다.
굽이돌다	[동]	길이나 물줄기 따위가 굽은 데를 굽이쳐 돌다.
희롱하다	[동]	① 말이나 행동으로 실없이 놀리다. ② 손아귀에 넣고 제멋대로 가지고 놀다. ③ 서로 즐기며 놀리거나 놀다.
별개	[명]	관련성이 없이 서로 다름.
삭막하다	[형]	① 쓸쓸하고 막막하다. ② 잊어버리어 생각이 아득하다.
노닐다	[동]	한가하게 이리저리 왔다 갔다 하면서 놀다.
일탈	[명]	정하여진 영역 또는 본디의 목적이나 길, 사상, 규범, 조직 따위로부터 빠져 벗어남.
에워싸다	[동]	둘레를 빙 둘러싸다.
단절되다	[동]	유대나 연관 관계 등이 끊어지다
유토피아[Utopia]	[명]	이상향.
소통하다	[동]	① 막히지 아니하고 잘 통하다.

		② 뜻이 서로 통하여 오해가 없다
날렵하다	[형]	① 재빠르고 날래다.
		② 매끈하게 맵시가 있다.
우거지다	[동]	풀, 나무 따위가 자라서 무성해지다.
조망하다	[동]	먼 곳을 바라보다.
한담	[명]	심심하거나 한가할 때 나누는 이야기. 또는 별로 중요하지 아니한 이야기.
만끽하다	[동]	① 음식을 마음껏 먹고 마시다.
		② 욕망을 마음껏 충족하다.
깊숙이	[부]	깊고 으슥하게.
둘러싸이다	[동]	둘러서 감싸게 되다.
어느덧	[부]	어느 사이인지도 모르는 동안에.
시름	[명]	마음에 걸려 풀리지 않고 항상 남아 있는 근심과 걱정.
그윽하다	[형]	① 깊숙하여 아늑하고 고요하다.
		② 뜻이나 생각이 깊다.
		③ 느낌이 은근하다.
자아내다	[동]	① 물레 따위로 실을 뽑아내다.
		② 기계로 물 따위를 흘러나오게 하다.
		③ 어떤 감정이나 생각, 웃음, 눈물 따위가 저절로 생기거나 나오도록 일으켜 내다.
선사하다	[동]	존경, 친근, 애정의 뜻을 나타내기 위하여 남에게 선물을 주다.
시가지	[명]	도시의 큰 길거리를 이루는 지역.
뻗다	[동]	① 가지나 덩굴, 뿌리 따위가 길게 자라나다. 또는 그렇게 하다.
		② 길이나 강, 산맥 따위의 긴 물체가 어떤 방향으로 길게 이어져 가다.
		③ 기운이나 사상 따위가 나타나거나 퍼지다.
		④ 오므렸던 것을 펴다.
굽이지다	[동]	굽이가 이루어지다.
쭉쭉	[부]	① 줄이나 금 따위를 잇따라 곧게 긋는 모양.

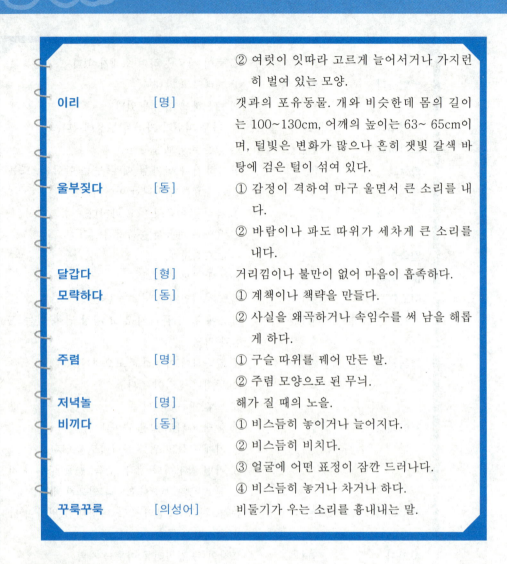

		② 여럿이 잇따라 고르게 늘어서거나 가지런히 벌여 있는 모양.
이리	[명]	갯과의 포유동물. 개와 비슷한데 몸의 길이는 100~130cm, 어깨의 높이는 63~65cm이며, 털빛은 변화가 많으나 흔히 잿빛 갈색 바탕에 검은 털이 섞여 있다.
울부짖다	[동]	① 감정이 격하여 마구 울면서 큰 소리를 내다. ② 바람이나 파도 따위가 세차게 큰 소리를 내다.
달갑다	[형]	거리낌이나 불만이 없어 마음이 흡족하다.
모략하다	[동]	① 계책이나 책략을 만들다. ② 사실을 왜곡하거나 속임수를 써 남을 해롭게 하다.
주렴	[명]	① 구슬 따위를 꿰어 만든 발. ② 주렴 모양으로 된 무늬.
저녁놀	[명]	해가 질 때의 노을.
비끼다	[동]	① 비스듬히 놓이거나 늘어지다. ② 비스듬히 비치다. ③ 얼굴에 어떤 표정이 잠깐 드러나다. ④ 비스듬히 놓거나 차거나 하다.
꾸룩꾸룩	[의성어]	비둘기가 우는 소리를 흉내내는 말.

보충지식

1. 상용 부사

* 꼬깃-꼬깃: 고김살이 생기게 함부로 자꾸 고기는 모양. ☞ 꼬깃꼬깃한 신문지. (큰말)꾸깃꾸깃
* 꼬박-꼬박: ① 남의 말에 어김없이 따르는 모양. ☞ 꼬박꼬박 시키는 대로 한다. ② 차례를 거르지 않는 모양. ☞ 하루도 거르지 않고 일기를 꼬

박꼬박 쓴다. (센말)꼬빡꼬빡
* 꼬박: 졸거나 절을 할 때 머리와 몸을 앞으로 조금 숙였다가 드는 모양. (큰말)꾸벅.
* 꾸역-꾸역: ① 한군데로 많은 것들이 잇달아 몰려들거나 몰려나는 모양. ☞ 동네 사람들이 마을 회관으로 꾸역꾸역 몰려들었다. ② 역겨운 느낌이나 탐욕 같은 것이 자꾸 일거나 꿰져 나오는 모양. ☞ 꾸역꾸역 욕지기가 치밀다./꾸역꾸역 욕심이 생기다.

2. 속담 및 관용구

* 가슴에 대못을 박다: 남의 마음에 상처를 입히다.
* 개구리 올챙이 적 생각 못 하듯: '지난날의 미천하거나 어렵던 때의 일을 생각지 않고 행동하는 경우'를 경계하여 이르는 말.
* 게 눈 감추듯이: '음식을 허겁지겁 빨리 먹어 치움'을 비유하여 이르는 말.
* 골탕 먹다: 되게 손해를 보거나 곤란을 당하는 일.
* 기죽다: 기세가 꺾이어 약해지다.

3. 관용표현

* -는 고사하고
  '그만두고, 더 말 할 나위도 없고'의 뜻.
  ☞ 일등은 고사하고 꼴지나 면했으면.
  ☞ 만원은 고사하고 천원만 있었으면 좋겠다.

* -을 성 싶다
  동사에 붙어 쓰이며 '-싶' 뒤에 시상어미가 붙을 수 있다. 의미는 '-는 것 같다'와 같이 추측, 예상을 나타낸다. '-듯 싶다'와 바꿔 쓸 수 있다.
  ☞ 내일은 눈이 올 성 싶군요.
  ☞ 내 꿈이 이루어질 성 싶은 예감이 듭니다.

* -을/는/은 듯하다
  '선행하는 동작이나 상태일 것 같다.'는 뜻의 추측을 나타낸다.
  ☞ 말하는 걸 보니 영리할 듯합니다.

☞ 눈이 올 듯하니까 사무실에 있읍시다.

* -는 통에

선행문이 후행문의 동작이 나타내게 되는 까닭이나 근거가 됨을 나타낸다.

☞ 바빠서 서두르는 통에 지갑을 잊고 나왔어요.
☞ 시험지를 빨리 내라고 재촉하는 통에 이름도 못 써넣었어요.

연습문제

1. 다음 문장에 알맞은 것을 고르십시오.

   (1) 공연이 끝나자 관객들은 (썰물) (밀물)처럼 공연장을 빠져나갔다.
   (2) 올해 응모작은 (전반적) (후반적)으로 작년 작품보다 많이 나아졌다.
   (3) 교통경찰은 한쪽 방향의 길을 막고 다른 쪽으로만 (소통하) (유통하)도록 신호를 했다.
   (4) 이번 회의는 각계각층의 전문가들이 모여 미래를 (조망) (조절)해 보는 좋은 기회가 되었다.

2. 다음 괄호 안에 알맞은 것을 고르십시오.

   (1) 세상은 (   )해도 인정은 후덥다.
   　　① 삭막　　　② 각박　　　③ 투박　　　④ 강박
   (2) 다른 사람과 토론할 때 흔히 (   )쉬운 실수 중의 하나가 자신의 입장을 분명하게 전달하려는 의도로, 태도나 어투를 강하게 하는 것이다.
   　　① 부리기　　② 표현하기　③ 범하기　　④ 예상하기
   (3) 다른 사람의 비웃음을 두려워해 (   )을 택한다면 작은 실수는 피할 수 있을지라도 인생의 큰 실패자가 된다는 사실을 명심해야 한다.
   　　① 자승자박　② 유유자적　③ 무사안일　④ 전화위복
   (4) 혼자 있을 때는 잘 하다가도 (   ) 여러 사람 앞에서 하려니까 너무 떨렸다.
   　　① 막상　　　② 미처　　　③ 으레　　　④ 하필

3. 괄호 안에 들어갈 수 없는 말을 고르십시오.

(1) 이들이 허리를 굽혀 (   ) 인사를 하고는 손등으로 눈물을 닦으며 떠나갔다.
   ① 작별   ② 마지막   ③ 문안   ④ 하직
(2) 그가 대학을 졸업하면서 살림이 다시 (   )게 되었다.
   ① 피어나(다)   ② 좋아지(다)   ③ 펴이(다)   ④ 왕성하(다)
(3) 사람이 (   )여서 그런가 보네. 식은땀이 자꾸만 나는 걸 보니.
   ① 약하(다)   ② 후하(다)   ③ 허하(다)   ④ 부실하(다)
(4) 변덕이 심해서 그가 하는 일을 (   )기가 어렵다.
   ① 대중하(다)   ② 짐작하(다)   ③ 가늠하(다)   ④ 알아보(다)

4. 다음 밑줄 친 부분과 의미가 비슷한 것을 고르십시오.

(1) 자기 딴에는 저를 <u>도와 주느라고</u> 짐을 옮겼답니다.
   ① 도와주겠지만   ② 도와준답시고
   ③ 도와주므로써   ④ 도와주는 체하며
(2) 나도 자네 이야기를 <u>듣고자</u> 왔네.
   ① 듣기 위해서   ② 들은 후에   ③ 듣기 전에   ④ 듣자 하니
(3) 밤이 되자 해변에는 젊은이들이 삼삼오오 짝을 이루어 서로의 어깨를 <u>기대어</u> 사랑을 속삭이고 있었다.
   ① 기댄 차   ② 기댄 채   ③ 기댄 참   ④ 기댄 척
(4) 친척들이 모두 여기저기에 흩어져 살고 있으니, 명절때라도 찾아가서 얼굴을 익혀두지 않으면, <u>친척은 고사하고</u> 남남이 되어버릴 수도 있다.
   ① 친척인 이상   ② 친척임에도 불구하고
   ③ 친척은커녕   ④ 친척이라면 몰라도

5. 다음 밑줄 친 곳 중 틀린 것을 고르십시오.

(1) (   )
   ① 책상 위에 놓아두었던 지갑이 <u>눈 깜짝할 사이에</u> 없어졌다.
   ② 그녀는 억척스러워서 돈을 버는 일이라면 <u>물불 가리지 않고</u> 한다.

③ 그 식당은 방송에 소개된 후 손님들이 많아져서 <u>눈코 뜰 새 없이</u> 바쁘다.

④ 엄마가 만들어 주신 음식이 얼마나 맛있던지 <u>날개 돋친 듯이</u> 먹어 버렸다.

(2) (   )

① 학창 시절의 아름다운 추억이 <u>고이</u> 간직되어 있는 사진들을 발견하였다.

② 승강기가 작은 편이라 최대로 탈 수 있는 인원이 <u>고작</u> 6~7명에 불과하다.

③ 한국을 찾는 외국인 관광객이 <u>부쩍</u> 늘어나면서 관광 산업도 호황을 누리고 있다.

④ 아들 사진을 보고 있자니 <u>한껏</u> 군대 간 아들이 오늘 돌아올지도 모른다는 생각이 들었다.

6. 밑줄 친 곳에 알맞은 것을 고르십시오.

(1) 가: 이번에 대학에 진학한다고 들었어요. 경쟁률이 높은가요?

나: 저도 잘 모르겠어요. _____

① 작년에 경쟁률이 높게 나왔으니까 이번에도 당연히 높을 것이라고 생각해요.

② 그 대학의 경쟁률은 해마다 바뀌는데 아마 이번이 가장 높을 것 같아요.

③ 주위 사람들의 이야기로는 미달일 거라는데 저도 그렇게 믿고 있어요.

④ 대학 측에서 경쟁률에 대한 발표를 전혀 하지 않으니까 알 도리가 없어요.

(2) 가: 오늘 경기를 마친 감독님께서 오늘 경기에 대해 어떻게 평가하십니까?

나: 이길 수도 있는 경기였습니다. _____.
전체적으로 무승부가 적절한 결과였다고 생각합니다.

① 전반전에는 우리가 후반에는 상대편이 좋은 경기를 펼쳤습니다.

② 우리가 두 골을 넣고 한 골을 먹었으니 잘한 경기였습니다.

③ 상대편이 두 골을 넣고 우리가 한 골을 넣었으니 안타깝습니다.
④ 전후반 모두 백중지세였으나 마지막 한 골이 승부를 갈랐습니다.

(3) 가: 오늘부터 버스 노선이 바뀌어서 그 버스는 여기에 서지 않습니다.
   나: 그래요? 그런 줄도 모르고 _____.
   ① 한 번 물어보는게 좋겠어요.
   ② 지금 막 출발하려던 참이었어요.
   ③ 조금만 더 기다려 볼 생각이에요.
   ④ 벌써 한 시간째 기다리고 있었어요.

(4) 가: 저 혼자서 이번 일을 처리하고 싶어서 사장님께 말씀드리지 않았으면 했는데 왜 말씀하셨어요?
   나: 그런게 아니라 _____.
   ① 사장님께서 벌써 이 일을 알고 계셨어요.
   ② 사장님께 좀 도와 달라고 이야기할게요.
   ③ 사장님과 저만 알고 있을 테니 말씀해 보세요.
   ④ 사장님께서는 알지 못하시도록 각별히 조심할게요.

7. 다음 글을 읽고 물음에 답하십시오.

원래 '손'이란 말은 궁핍한 시대의 부담스러운 손님을 고민했던 데에서 유래하였다. 이것이 '두렵다'는 뜻으로 쓰여 멀리 했으면 좋겠다는 뜻으로 의미하고 있다.

우리 민속에서 '손'이란 날짜에 따라 사람들이 가는 쪽을 따라 다니며 심술을 부리는 귀신을 뜻한다. '손'은 손님을 줄인 말로서 '마마신(痘神)'을 가리킨다. '손'에 대한 터부(taboo)는 불교의 한 파인 밀교의 해석법에 기원을 두고 있으며 이것이 우리 민족에게 도입한 것은 삼국시대 초기 불교가 전래된 즈음이었다. 거의 2000년 동안 이 민속 신앙은 우리의 생활을 지배해왔다.

'(   )'이란 손실, 손해를 본다는 날로서 예로부터 악귀와 악신이 움직이는 날을 말한다. 그래서 악귀와 악신이 움직이지 않는 날을 각종 택일의 기준으로 삼았다.

(1) 이 글의 중심 소재는 무엇입니까? 알맞은 것을 고르십시오.
① '손'의 기능　　　　　② '손'의 유래
③ '손'에 관한 속담　　　④ '손'에 대한 전설

(2) (　)에 들어갈 말은 무엇입니까?
① 손 있는 날　　　　　② 손 없는 날
③ 손 부족한 날　　　　④ 손 힘든 날

(3) 이 글에서 '손'에 대한 설명으로 틀린 것을 고르십시오.
① '손'은 '두렵다'라는 뜻으로 쓰였다.
② '손'은 귀신을 뜻한다.
③ '손'은 마마신을 가리킨다.
④ '손'은 반가운 손님의 준말이다.

8. 다음 (　)에 가장 알맞은 것을 고르십시오.

(1) 20~30대 남녀를 대상으로 한 설문 조사 결과를 보면, 남성은 적극적이고 강해야 하고 여성은 소극적이고 부드러워야 한다는 (　). 특히 대학생들에게서 이런 경향이 나타났다. 남학생들은 화장품이나 의상을 이용해 외모를 꾸미는 걸 좋아하는 반면, 여학생들은 사람들 앞에서 주도적으로 보이고 사회에서도 자기 능력으로 성공하기를 원했다.
① 고정 관념이 생길 가능성이 많다.
② 고정 관념이 남아 있다고 할 수 있다.
③ 고정 관념이 사라졌음을 알 수 있다.
④ 고정 관념 때문에 행동에 제약이 많았다.

(2) 요즘 어려움을 극복하고 성공을 이루어내는 사람들의 이야기를 보여주는 방송이 인기이다. 여러 분야에서 성공한 사람들의 힘든 과거를 보면서 시청자들은 자신의 삶을 돌아보게 된다. 그리고 성공의 과정을 보면서 (　) 함께 기뻐하고 성취감을 느낀다. 생활이 힘들수록 이런 방송이 시청자들에게 위안과 용기를 주게 된다.
① 아마 그들의 성공을 도와준 것처럼
② 혹시 그들이 성공에 도움이 될까 해서
③ 정말 그들만의 성공인 것처럼 생각해서
④ 마치 그들의 성공이 자신의 성공인 것처럼

(3) "우리 공연 보러 ○○ 식당에 갑시다."라는 말에 귀가 솔깃해진 나는 아내를 따라 나섰다. 식당에 들어서자 10여 명의 요리사가 우리를 맞이했다. '왜 이렇게 요리사가 많지?' 하고 생각한 순간, 자리로 온 요리사는 칼과 주방 도구를 이용해 멋진 장면을 보여 주면서 요리를 했다. 음식 맛도 그만이었다. 그때서야 아내의 말이 무슨 의미인지 알았다. 그 식당은 (   )
① 음식 맛보다는 공연을 보러 가기에 그만인 곳이었다.
② 음식 맛은 좋지만 눈은 그다지 즐겁지 않은 곳이었다.
③ 공연을 하는 사람들이 가면 마음껏 즐길 수 있는 곳이었다.
④ 입으로만이 아니라 눈으로도 음식을 즐기게 하는 곳이었다.

(4) 인삼을 갈아서 만든 음료, 술 마신 후 먹으면 술이 깬다는 음료 등 각종 기능성 음료들이 사람들을 유혹하고 있다. 이런 음료들은 우리 몸에 좋고 먹기에도 간편하다. 하지만 기능성 음료는 음료일 뿐이지 약이 아니다. 그리고 모두에게 똑같은 효능이 있는 것도 아니다. 따라서 (   ) 원하는 효과를 보기보다는 실망만 할 뿐이다.
① 이런 음료에 대한 요구가 많아지면
② 이런 음료에 대해 지나친 기대를 갖게 되면
③ 이런 음료를 먹고 싶은 사람들어 적어지면
④ 이런 음료를 먹지 않으려는 사람들이 늘어나면

(5) 보험에 가입하려고 보면 어떤 것이 나에게 맞는 상품인지 결정하기 어려울 때가 많다. 그럴 경우엔 (   ) 전문가들은 충고한다. 첫째, 여러 상품들을 비교해 보았는가. 둘째, 나와 가족에게 적절한 상품인가. 셋째, 회사가 믿을 만한 곳인가. 이런 조건을 고려하면 보험상품을 선택하는 데 도움이 될 것이다.
① 보험을 들지 않는 것이 더 낫다고
② 기준을 따지기보다는 상담을 하라고
③ 다음과 같은 조건을 따져 봐야 한다고
④ 적어도 다음과 같은 경우를 피하라고

9. 다음 중국어 내용을 한국어로, 한국어 내용을 중국어로 번역하세요.

（1）泼水节是傣族最隆重的节日，泼水的方式有文泼和武泼两种。文泼主要是对尊敬的老人和客人，用树枝或花束挑起水花，洒在对方身上；武泼就比较随意，用盆，用瓢，用桶都可以，年轻人互相追赶，劈头盖脸的泼，被泼的人身上的水越多，说明受到的祝福越多，被泼的人也越高兴。

（2）컴퓨터 직업병을 예방하려면 평소 머리를 바로 세우고 턱은 안쪽 밑으로 약간 당긴 채 가슴을 펴고 지내는 것이 좋다. 컴퓨터 작업 등을 할 때도 마찬가지이다. 특히 마우스를 너무 멀리 두고 어깨를 편 채 오랜 시간 일하면 어깨와 등의 근육이 수축돼 아프게 된다. 때문에 마우스는 팔을 자연스럽게 굽힌 상태에서 쥘 수 있는 곳에 두고 일해야 한다. 직원들이 고개를 숙인 채 컴퓨터 모니터를 들여다보지 않도록 높은 책상을 마련하는 것이 좋다. 초기에 통증이 왔을 때 통증의 악순환에 빠지는 것을 막으려면 목덜미나 어깨를 뜨거운 물수건으로 20~30분 정도 문지르는 것이 좋다.

10. 다음 글을 읽고 느낀 점을 '다이어트(diet)와 사회현상'과 연관시켜 써 십시오.

'프로아나(pro-ana)'족을 아시나요.

회원 수 220여 명 규모의 '프로아나' 인터넷 카페를 운영하는 김모(16)양. 그는 키가 160cm, 몸무게가 42kg으로 마른 체형이지만 살을 더 빼고 싶다. 김 양의 목표는 39kg이 되는 것이다. 성인의 경우 키를 몸무게의 제곱으로 나눈 체질량지수(BMI)가 18.5-23이면 정상에 속한다. 현재 김양의 BMI는 16.4로 저체중 상태이다.

김 양처럼 이미 마른 상태인데도 극도로 마른 몸을 추구하며 체중을 감량하는 이들이 있다. 이른바 '프로아나'족(族)은 찬성을 뜻하는 'pro'와 거식증을 의미하는 'anorexia'가 합쳐진 신조어이다. 프로아나족들에게 '왜 살을 빼는지'는 중요하지 않다. 극도로 마른 몸 자체가 목적이기 때문이다.

현재 다음이나 네이버의 포털사이트에서 운영되는 프로아나 카페는

5,6개 정도다. 아직 카페 수는 적지만 어떤 카페는 회원 수가 1800여 명에 이르며 하루에만 10명 정도가 가입할 만큼 인기를 얻고 있다. 프로아나족들은 카페를 통해 각자의 체중 감량 성공과 실패 경험을 공유하며 자극을 받고, 체중 감량의 의지를 다진다. 자신이 프로아나족이라는 사실은 남들에게 알리지 않는 게 원칙이다.

 전문가들은 무작정 굶기, 폭토(폭식 뒤 살이 찔까 두려워 토하는 현상을 일컫는 인터넷 용어)와 같은 이들의 행동은 거식증, 폭식증이라고 알려진 신경성 식욕부진증(식이장애)의 전형적인 증세라고 본다. 거식과 폭식, 구토를 반복하다 보면 위장 장애와 빈혈은 물론 뇌, 소화기, 간 등 신체 기능이 전반적으로 떨어지며 체중에만 집착하다 보면 결국은 자신감 결여돼 우울증으로 연결될 수 있다.

 그러나 프로아나족들은 자신의 행동이 정당하다고 믿는다. 스스로 병원을 찾는 경우는 거의 없다. 다른 식이장애 환자들이 단식과 폭식 증세를 문제로 깨닫고 병원을 찾는 것과 비교하면 크게 다른 점이다. 따라서 부모를 포함한 주변 사람들의 관심이 필수적이다. 프로아나족들의 행동을 탓하기보다는 공감하면서 접근하려고 해야 한다.

제2과 사이드의 삶과 사상

1. 작품 감상

사이드의 생애와 사상을 소개하고 있다. 식민지 국가에서 출생하고 미국에 가서 유학하여 학자로 성장한 사이드가 느낀 문화적·정신적 이질감이 그의 삶과 사상에 지대한 영향을 끼쳤다. 비교문학, 인류학, 사회학, 정치학 등 광범한 영역에서 무시할 수 없는 업적을 남긴 학자로서 사이드는 인종 갈등, 지역 갈등, 종교 갈등, 문화 갈등 등을 겪고 있는 현실 세계에 대해 몇 가지 중대한 질문을 제기하였다.

2. 생각해 볼 문제

① 사이드의 이름에 담겨있는 의미에 대해 생각해 보세요.
② 사이드의 모순적이고 고통스러운 인생 경력에 대해 생각해 보세요.
③ 사이드가 제기한 질문에 대해 생각해 보세요.

사이드의 사상은 그의 기묘한 생애와 결부된다. 사실 그의 이름부터가 기묘하다. 에드워드 사이드(Edward W.Said, 中译名 : 爱德华·W. 萨义德)라는 그의 이름은 그가 태어난 1935년 당시 그의 조국 팔레스타인을 지배한 대영제국주의의 황태자 에드워드라는 이름과 아랍인 성 사이드로 되어있다. 이 기묘한 이름의 합성은 그의 68년 생애를 상징한다. 왜냐하면 그는 동서양 어디에도 속하지 않고 그 둘의 언저리에서 진정한 통합을 모색하는 삶을 살았기 때문이다.

한국 사람 아무개의 이름이 에드워드 박이라고 하면 이상하게 생각되듯이 사이드도 평생 이상하게 생각되어졌다. 그의 인생 후반 53년을 산 미국은 특히 아랍에 반감을 갖는 나라이다. 그런 나라에서 사이드는 53년간 망명자로 살았다. 그러나 그렇다고 해서 아랍측이 그를 환영한 것도 아니다. 컬럼비아대학 교수라는 직위 때문이라도 꽤 환영받을 만 한데 전혀 그렇지 못했다. 그는 9.11뿐만 아니라 50년 전부터 시작된 팔레스타인 해방운동이나 아랍동맹운동에 대해 기본적으로 찬성하면서도 그 폭력적 노선에는 철저히 반대했다. 그러면서도 미국을 비롯한 강대국의 제국주의에 대해서도 철저히 반대했다.

사이드가 초반 15년을 살았던 아랍세계에서도 이상하게 여겨지기는 마찬가지였다. 한국에서 에드워드라는 이름을 가진 아이를 이상하게 생각하는 것 이상이었다. 한국 식으로 이야기하면 그 이름은 일본식 나카무라 같은 것이었다. 이는 그가 1935년 이스라엘이 건국하기 전 영국이 지배한 팔레스타인의 예루살렘에서 태어나 이스라엘이 건국하기 직전인 1947년 12세에 이집트로 망명하여 그곳에서 3년을 살았다는 것과 관련된다. 즉 식민지에서 식민지 황태자의 이름을 붙인 그가 아랍 아이들 사이에서 조롱을 받았을 것임에 틀림없다. 그는 자서전에서 이렇게 회고한다.

나는 부모님과 네 명의 누이동생으로 이루어진 세계에서 만들어졌고, 그 세계와 조화를 이루어야 했지만, 그것이 좀처럼 순조롭지 않아서 늘 삐걱거렸다. 나에게 주어진 역할을 내가 끊임없이 오해했기 때문인지, 아니면 나한테 무슨 중대한 결함이 있었기 때문인지는, 어린 시절이 다 끝날 때까지 알지 못했다. 이따금 나는 고집스럽게 타협을 거부했고, 그것을 자랑스럽게 여겼다. 때로는 내가 소심하고 우유부단하고 의지박약한, 한마디로 쓸개빠진 인간처럼 느껴지기도 했다. 하지만 나를 강하게 압도한 것은 언제나 제자리에 있지 못하고 엉뚱한 자리에 잘못 놓여 있는 듯한 느낌이었다. 그래서 아랍계 이름인 '사이드'에 억지로 짝지워진 영어식 이름인 '에드워드'에 익숙해지는데, 아니 좀더 정확히 말하면 불쾌감을 좀 덜 느끼는 데에는 무려 50년 세월이 걸렸다. 어머니는 내가 태어난 해인 1935년 당시 시대의 총아였던 영국 왕세자의 이름을 따서 내 이름을 지었고, 사이드는 여러 삼촌과 사촌들의 이름이라고 말했다. 하지만 할아버지 항렬에는 사이드라고 불린 분이 하나도 없다는 것을 알고, 엉뚱한 영국식 이름과 거기에 짝지워진 아랍식 이름을 연결하려고 애쓰면서 내 이름의 논리적 근거는 무너져버렸다. 수년 동안 나는 그때그때 상황에 따라 '에드워드'를 우물우물 건너뛰고 '사이드'를 강조하거나, '에드워드'를 강조하고 '사이드'를 대충 우물거리거나, 어느 것도 분명히 들리지 않도록 두 이름을 빠르게 이어 발음하곤 했다. 내가 참을 수 없었던, 그럼에도 참을 수밖에 없었던 것은 사람들의 반응이었다. 내 이름을 들으면 누구나 의

심을 품었고, 따라서 내가 거짓말을 하는 게 아니냐는 반응을 보였다. 에드워드? 사이드?

그런 이름을 가진 것만도 괴로운데, 고통은 언어 때문에 더욱 심해졌다. 내가 처음 입 밖에 낸 말이 아랍어인지 영어인지, 어느 언어가 나의 진정한 모국어인지, 나는 지금도 알지 못한다. 하지만 내 생활 속에는 두 언어가 늘 함께 존재했다. 두 언어는 때로는 풍자적으로, 때로는 회고적으로, 대개는 서로 보완하고 논평하면서 공명 현상을 일으켰다. 어느 언어도 완벽한 내 모국어로 생각될 수 있지만, 실은 어느 쪽도 모국어가 아니다……

또한 사이드는 아랍인이면서 기독교도, 그것도 극소수인 영국성공회 출신이고, 동시에 미국 국적을 가졌고 예루살렘과 카이로의 일류 영어학교를 다녔다. 당시 이집트도 영국의 지배하에 있었다. 그래서 그는 두 개의 영국 식민지에서 소년시절을 보냈던 것이다.

사춘기 소년이 그런 아랍의 식민지 현실을 살며 학교에서는 식민본국인 영국의 말과 문화를 배운 경험은 뒤에 그로 하여금 평생 '오리엔탈리즘'을 연구하고 그것에 투쟁하게 만들었다. 이는 그 자신이 오리엔탈리즘이 초래한 철저히 구조화된 식민주의적 억압을 너무나도 고통스럽게 피부로 느꼈음을 뜻했다. 즉, 그가 감수성이 뛰어나서가 아니라 그 억압이 너무나도 극심했기 때문이라는 것이다. 여하튼 12세에 그의 조국은 없어졌다. 이집트는 물론 그의 새로운 나라가 될 수 없었다. 그 자신 선택할 수 있는 문제도 아니었다.

이어 16세에는 이집트의 학교에서 퇴학당하고 1951년 미국에 단신으로 건너가 프린스턴대학과 하버드대학에서 공부하고 영국의 소설가 조셉 콘래드(Joseph Conrad)에 대한 연구로 박사학위를 받고 1963년부터 컬럼비아대학의 영문학 교수가 된다. 이때까지 그는 정치에는 그다지 관심을 갖지 않고 비교문학 연구에만 전념했다.

사이드는 수많은 학문 영역에 선명한 발자취를 남겼으며, 사이드의 사상은 영문학을 비롯하여 비교문학, 인류학, 사회학, 지역 연구, 정치학 전반에 걸쳐 폭넓은 관심과 흥미를 불러일으켰으며, 그에게서 지적 자극을 받아 이루어진 후속 저서들도 상당수에 달한다. 스프링커가 지적한 것처럼, "이러한 분야의 전문가들은 대부분 그의 개입에 비판적이지만, 그를 무시하거나 폐기하지는 못한다." 이 진술은 사이드가 오랫동안 뛰어난 활동을 하면서 꾸준히 제기한 문제들이 얼마나 거대한 파장을 형성했는지를 잘 말해 준다.

그 가운데서도 사이드가 던진 가장 도전적인 질문은 문화적 차이의 재현에 관한 것으로,《오리엔탈리즘》이후의 탈식민주의 이론과 비평 전반에 걸쳐 논란의 대상이 되고 있는 문제이다. 그것은 과연 본질론적 정체성의 모델에 의존하지 않고 문화적 차이를 재현할 수 있느냐, 또한 그 문화적 차이를 인위적 등가체계의 교환물로 환원시키지 않고 재현할 수 있느냐는 것이다. 사이드가 제기하는 더욱 절박한 문제는 '진정한' 지식, 즉 비강제적이고 비환원적인 타자의 재현이 가능하냐는 것이다.

 이 질문들의 배후에는 그를 사로잡고 있는 더 심오한 질문이 있다. 사이드의 표현을 인용하면, "인간의 현실을 구분하는 범주가 자연스러워 보이기는 하지만, 과연 인간의 현실을 완전히 다른 문화, 역사, 전통, 사회, 인종 등으로 구분할 수 있을까. 그리고 그렇게 구분한 결과를 인간적으로 극복할 수 있을까?"

 사이드는 이처럼 우리시대의 가장 절박한 문제들을 끊임없이 제기하고 또한 이러한 문제들이 동시대 서구의 문화논쟁의 최전선에 놓여 있음을 우리에게 확인시켜 주고 있다.

단어

팔레스타인	[명]	<지명> 아시아 서쪽, 지중해 남동쪽 기슭에 있는 지방. 1948년에 이스라엘과 요르단으로 갈라졌다.
언저리	[명]	① 둘레의 가 부분. ② 어떤 나이나 시간의 전후. ③ 어떤 수준이나 정도의 위아래.
통합	[명]	둘 이상의 조직이나 기구 따위를 하나로 합침.
아랍	[명]	<지명> 아시아 남서부 페르시아 만, 인도양, 아덴 만, 홍해에 둘러싸여 있는 지역.
망명자	[명]	혁명 또는 그 밖의 정치적인 이유로 자기 나라에서 박해를 받고 있거나 박해를 받을 위험

		이 있어 이를 피하기 위하여 외국으로 몸을 옮긴 사람.
컬럼비아	[명]	미국 남동부에 있는 도시.
나카무라	[명]	일본인의 성씨. 中村.
이스라엘	[명]	아시아 서부 지중해 연안에 있는 공화국. 1948년에 영국의 팔레스타인 위임 통치가 끝나면서 유대인이 세운 국가
예루살렘	[명]	이스라엘에 있는 도시. 유대교, 기독교, 이슬람교에서 모두 성지로 여겨 분쟁이 많았다.
조롱	[명]	비웃거나 깔보면서 놀림.
자서전	[명]	작자 자신의 일생을 소재로 스스로 짓거나, 남에게 구술하여 쓰게 한 전기.
회고하다	[동]	① 뒤를 돌아다보다. ② 지나간 일을 돌이켜 생각하다.
삐걱거리다	[동]	크고 단단한 물건이 서로 닿아서 갈리는 소리가 자꾸 나다. 또는 그런 소리를 자꾸 내다.
고집스럽다	[형]	보기에 고집을 부리는 태도가 있다.
우유부단하다	[형]	어물어물 망설이기만 하고 결단성이 없다.
의지박약하다	[형]	의지력이 약하여 독자적인 결단을 내리거나 인내하지 못하다.
쓸개	[명]	<의학> 간장에서 분비되는 쓸개즙을 일시적으로 저장·농축하는 주머니. 샘창자 안에 음식물이 들어오면 쓸개즙을 내어 소화를 돕는다.
짝지워지다	[동]	짝이 이루어지게 하다.
총아	[명]	① 많은 사람에게 특별한 사랑을 받는 사람. ② 시운(時運)을 타고 입신하여 출세한 사람.
항렬	[명]	같은 혈족의 직계에서 갈라져 나간 계통 사이의 대수 관계를 나타내는 말. 형제자매 관계는 같은 항렬로 같은 항렬자를 써서 나타낸다.
우물우물	[부]	① 말을 시원스럽게 하지 아니하고 입 안에서 자꾸 중얼거리는 모양. ② 음식물을 입 안에 넣고 시원스럽지 아니하

		게 자꾸 씹는 모양.
우물거리다	[동]	① 말이나 행동을 시원스럽게 하지 아니하고 입 안에서 중얼거리다.
		② 음식물을 입 안에 넣고 시원스럽지 아니하게 자꾸 씹다.
풍자적	[명]	풍자의 성격을 띤. 또는 그런 것.
회고하다	[동]	① 뒤를 돌아다보다.
		② 지나간 일을 돌이켜 생각하다.
보완하다	[동]	모자라거나 부족한 것을 보충하여 완전하게 함.
공명	[명]	진동하는 계의 진폭이 급격하게 늘어남. 또는 그런 현상. 외부에서 주기적으로 가하여지는 힘의 진동수가 진동하는 계 고유의 진동수에 가까워질 때 일어난다.
카이로	[명]	이집트 나일 강 하류의 삼각주 남쪽 끝에 있는 도시. 운하 교통 요충지로 고대 이집트 유적이 많이 남아 있다.
이집트	[명]	아프리카 북동부 나일 강 유역 중심부에 있는 공화국. 인류 문명 발상지 가운데 하나로 고대에는 농경 문명이 번영하였고, 기원전 4000년경에 이미 통일 국가를 형성하였다.
오리엔탈리즘	[명]	① 동양의 정신 문화를 고양하는 관점.
		② 동양의 언어나 문학, 종교 따위를 연구하는 학문.
구조화되다	[동]	① 부분적 요소나 내용이 서로 관련하여 통일된 조직을 이룸. 또는 그렇게 이루게 함.
		② <심리> 심적 과정이나 의식 내용이 상호 관련되어 통일된 조직을 이룸.
감수성	[명]	외부 세계의 자극을 받아들이고 느끼는 성질.
정체성	[명]	① 변하지 아니하는 존재의 본질을 깨닫는 성질. 또는 그 성질을 가진 독립적 존재.
		② 사물이 발전하거나 앞으로 나아가지 못하고 한곳에 머물러 있는 특성.

보충지식

1. 상용 부사

* 들썩-들썩: 1. 갭직한물건이 들렸다 가라앉았다 하는 모양. ☞ 기침을 할 때마다 이불이 들썩들썩한다. 2. 갭직한 물건을 들었다 놓았다 하는 모양. 3. (무엇에 자극을 받아)마음이 들떠서 움직이는 모양. ☞ 남이 장가가는데 네가 왜 들썩들썩하느냐? 4. (남에게 자극 따위를 주어) 마음을 흔들어 움직이게 하는 모양. ☞ 마음잡고 일하는 애 자꾸 들썩들썩하지 마라.
* 뚜벅-뚜벅: 자신 있고 듬직하게 걷는 걸음의 뚜렷한 발자국 소리, 또는 그 모양.
* 살랑-살랑: 1. 좀 살랑한 바람이 잇따라 가볍게 부는 모양. 2. 팔을 가볍게 지어 바람을 내면서 걷는 모양. (큰말)설렁설렁.
* 아장-아장: (작은 몸집으로)천천히 걷는 모양. (큰말)어정어정.

2. 속담 및 관용구

* 꿀 먹은 벙어리: '마음 속의 생각을 말하지 못하는 사람'을 조롱하여 이르는 말.
* 날고 기다: 재주나 활동력 따위가 아주 뛰어나다.
* 낫 놓고 기역자도 모르다: 아주 무식함을 이르는 말.
* 낮 말은 새가 듣고 밤 말은 쥐가 듣는다: 아무리 비밀이 한 말도 누군가가 듣는다는 뜻으로 항상 말조심하라는 뜻.
* 낯을 가리다: 어린 아이가 낯선 사람을 대하기 싫어하는 일.

3. 관용표현

* -음직하다

   일부 형용사와 어울리거나 동사의 명사형과 어울리어 쓰인다. 의미는 '그럴 것 같다. 그럴 가치가 있다.' 또는 '그러한 상태에 있음.'의 뜻을 나타낸다.
☞ 사과가 빨갛게 익어서 아주 먹음직하다.
☞ 그 사람한테는 돈이 있음직한데 좀 꿔 달라고 해봐요.

* **-기(가) 일쑤이다**

'일쑤이다'는 '자주하는 짓이다'를 뜻하는 말이다. '가'가 생략되기도 한다. '-기' 앞에는 현재 시상이 쓰이지만 '일쑤이다'에는 '었'과 '다'가 쓰인다. 일부 부정적인 의미를 가진 동사하고만 결합한다. 의미는 '자주 습관적으로 어떤 일을 잘못하거나, 바람직하지 않게 된다.'는 뜻을 나타낸다.
☞ 그는 늦잠을 잘 자니까 버스를 놓치기가 일쑤다.
☞ 안경을 안 쓰면 숫자를 잘못 보기가 일쑤다.

* **-기가 십상이다**

대개는 '-으면', '-었(았, 였)다가는'과 같은 조건절과 같이 쓴다. 서술문에만 쓴다. 의미는 일부 부정적인 의미를 가진 동사하고만 결합해서 쓰이며 '열 가운데 여덟이나 아홉은 꼭 그러리라, 예외 없이 꼭 그러하리라'는 추측을 나타내는 말이다.
☞ 그렇게 게으름을 피운다면 실패하기 십상이다.
☞ 여기서 기다리다가는 얼어 죽기 십상이다.

* **-이니 만큼**

선행절이 후행절에서 말하고자 하는 것의 정도를 헤아려 보는 근거가 됨을 나타내는 연결어미이다. '-는 만큼'의 뜻 중 정도의 근거를 나타내는 경우와 같아서 이와 대치할 수 있다. 동사에는 '-(느)니 만큼', 형용사에는 '-(으)니 만큼'을 쓴다. 시상어미는 과거의 '-었'을 쓰고 미래추정 '-겠'은 쓰지 않는다. 또 특정 시간이나 장소를 나타내고 이를 근거로 하여 후행절이 이루어짐을 나타낸다.
☞ 그분은 교수이니만큼 대우를 잘 해 드려야 합니다.
☞ 나이가 나이니만큼 인생에 대한 고민이 있겠지요.

연습문제

1. 다음 괄호 안에 알맞은 것을 고르십시오.

    (1) 빚을 (   ) 먹을 건 먹고 봐야 하고, 조금 더 큰 아파트, 조금 더 좋은 옷, 조금 더 나은 물질에 현혹된 사람들이 많다.
    ① 내지만   ② 내어서라도
    ③ 내기는 커녕   ④ 내도록

    (2) 나 (   ) 할 사람이 수두룩한데 왜 하필 나만 고생시키려고 하는 거야.
    ① 뿐만 아니라   ② 빼면
    ③ 라고   ④ 말고도

    (3) 회원(   ) 상관없이 돈만 내면 누구나 다 참가할 수 있는 모임이다.
    ① 이든 아니든   ② 이면 아니면
    ③ 인지 아닌지   ④ 임에도

    (4) 외국 손님들을 접대하다 보면 문화가 (   ) 가끔은 웃지 못할 일들을 보곤 한다.
    ① 다를 테고   ② 다르다거니
    ③ 달라서인지   ④ 달라서라기보다는

2. 다음 밑줄 친 부분과 의미가 비슷한 것을 고르십시오.

    (1) 남의 작품을 모방하고서도 추세를 따랐을 뿐이라고 말하는 것은, 아이디어의 빈곤함에 대한 변명에 지나지 않는다.
    ① 변명은 아니다   ② 변명일 뿐이다.
    ③ 변명보다 더 못하다   ④ 변명을 필요로 한다.

    (2) 이박 삼일 동안의 경주 방문은 짧기는 했지만 외국인들에게 한국의 역사를 맛보게 해 준 좋은 기회였다.
    ① 짧을수록   ② 짧으나마
    ③ 짧은 이상   ④ 짧다면 몰라도

(3) 고향으로 가는 기차표가 없어 걱정했는데 이렇게 입석이라도 표를 구할 수 있어서 다행이다.
　① 입석이나마　　　　　② 입석인 대로
　③ 입석이니만큼　　　　④ 입석일 뿐더러
(4) 마지막으로 한마디 하겠는데 모두들 몸조심해라.
　① 하고 보면　　　　　② 하였는데도
　③ 하려고 들면　　　　④ 하자면

3. 아래의 문장들을 순서에 맞게 연결한 것을 고르십시오.

(1) (가) 그냥 참아보려고 해도 더 이상 참을 수가 없는 순간이 온다.
　　(나) 음악 소리를 높이면 그 소리가 덜 거슬리게 들린다.
　　(다) 그럴 때 생각해내는 해결책 하나가 음악을 트는 것이다.
　　(라) 요즘 주택 공사를 많이 하는데 그 때마다 시끄러운 소리가 들려온다.
　① (가)-(다)-(라)-(나)　　② (라)-(나)-(가)-(다)
　③ (라)-(가)-(다)-(나)　　④ (가)-(다)-(나)-(라)

(2) (가) 그 하루방의 코는 얼마나 많은 사람들이 만졌는지 조금 닳아져 있다.
　　(나) 그 이야기를 신혼부부의 제주여행을 안내하는 안내원들이 빼먹는 적은 거의 없다.
　　(다) 제주도에 가면 커다란 하루방이 있다.
　　(라) 그 하루방의 코를 만지면 아들을 낳는다는 이야기가 있다.
　① (가)-(나)-(다)-(라)　　② (다)-(가)-(라)-(나)
　③ (라)-(나)-(가)-(다)　　④ (다)-(나)-(가)-(라)

4. 다음 밑줄 친 부분 중 틀린 것을 바르게 고쳐 쓴 것을 고르십시오.

(1)

> 주 5일 근무제가 <u>확대됨에 따라</u> 주말 농장을 빌리거나 아예 농지를 사는 사람들이 많아지고 있다. 도시인들이 자연과 더불어 <u>생활하면서</u> 삶의 에너지를 <u>충전할 수 있다는 점에서</u> 긍정적인 현상이다. 그러나 유행을 따라서 맹목적으로 농지를 <u>매입하여</u> 드는 것은 바람직하지 않은 일이다.

① 확대됨에 따라—확대될수록
② 생활하면서—생활하느라고
③ 충전할 수 있다는 점에서—충전할 수 있다고 해서
④ 매입하여—매입하려

(2)

> 품앗이를 하며 왁자지껄 흥겹게 떠드는 소리가 밭에 가득합니다. 가만이 듣고 <u>있노라면</u> 얼마나 재미있는지 모릅니다. 동네방네 소식통들이 다 <u>모여있는 것 같습니다</u>. 식탁에 올라오는 채소를 재배하기 위해 땀흘리는 이들, 이들이 없다면 채소 있는 식탁을 <u>상상하더라도</u> 상상할 수 없을 것입니다. 그런데 이들은 간혹 '고향 소식' 같은 곳에 그 내면의 아픔들은 별 관심도 없이 그저 훈훈한 <u>소식 정도로</u> 소개되는 것이 전부입니다.

① 있노라면—있다가도
② 모여 있는 것 같습니다—모여 있다고도 합니다
③ 상상하더라도—상상하려고 해도
④ 소식 정도로—소식인데도

5. 다음 밑줄 친 부분이 틀린 것을 고르십시오.

   (1) (   )
   ① 가끔씩은 자식의 잘못을 보고도 못 본 척 <u>눈을 감아 주어야 한다</u>.
   ② 경제적인 문제로 <u>바가지를 긁는 것</u>은 부부간에 피해야 할 일이다.
   ③ 더 이상 희망이 보이지 않기 때문에 우리는 그 사업에서 <u>손을 뗄 예정이다</u>.
   ④ 대학 입시에서 <u>미역국을 먹지 않기 위해서</u> 자는 시간을 줄이고 공부에 집중했다.

   (2) (   )
   ① <u>바야흐로</u> 따뜻한 군고구마가 그리워지는 계절이 돌아왔다.
   ② 오래된 피아노 한 대만이 먼지를 뒤집어쓴 채 <u>덩그러니</u> 놓여 있다.
   ③ 담벼락에 기대어 초조히 기다리는 우리의 발 아래로 낙엽만 <u>수북이</u> 쌓여 있다.
   ④ 그 사람이 무사히 구출되었다는 소식을 듣고서야 우리는 <u>미처</u> 안도의 한숨을 쉬었다.

6. 다음 표현을 이용하여 만든 문장 중 가장 올바른 것을 고르십시오.

   (1) 가: 만약 아내와 자식이 물에 빠졌는데 한 사람만 구해야 한다면 누굴 구하시겠어요?
   나: _____ 참 곤란한 질문이네요.
   ① 저 같으면 제 손을 먼저 잡는 사람을 구하고 싶기는 한데
   ② 자식은 또 낳으면 되니까 전 사랑하는 아내를 구하겠어요.
   ③ 아무래도 아내보다는 자식이 더 사랑스러우니까 자식을 구하겠어요.
   ④ 아내와 자식 둘 다 구해야 하는데 한 사람만 구하라고 하니

   (2) 가: 이번 달부터 공공요금이 대폭 인상된다는데 어쩌면 좋아요?
   나: 하는 수 없죠. _____.
   ① 거기에 대비해서 큰 집으로 이사하고 큰 차를 타면 상관없어요.
   ② 공공요금은 국가정책이니만큼 우리가 앞장서서 계몽해야 해요.
   ③ 누구나 그러하듯 예전처럼 편안하게 생활할 수 있다고 생각해요.

④ 앞으로 허리띠 꽉 졸라매고 지출을 최대한 줄이는 수밖에요.
(3) 가: 날씨가 이렇게 더운줄도 모르고 옷을 많이 입고 나왔어요.
　　나: 괜찮아요. _____.
① 더울 때는 항상 우아한 옷차림에 신경을 쓰는 게 좋아요.
② 멋을 위해서 옷을 많이 입는 것은 바람직한 방법이 못돼요.
③ 아침에 제가 날씨가 더울 것이라고 말씀드렸는데 잊으셨나 보군요.
④ 요즘은 일교차가 심하니까 낮에는 들고 있다가 밤에 입으시면 됩니다.

(4) 가: 대기업의 경영자로서 경쟁에서 뒤지지 않는 자신만의 노하우가 있다면 공개해 주시죠.
　　나: 나는 늘 경쟁자들을 감사하게 생각합니다. 전쟁과 비슷해요.
_____.
① 전쟁과 같은 위급한 상황에서는 항상 긴장해야 합니다.
② 전쟁에서는 늘 적의 움직임을 포착해야 합니다.
③ 전쟁에서는 총칼이 필수죠.
④ 전쟁이 언제 일어날 지를 아는 사람이 결국은 성공합니다.

7. 다음 문장을 읽고 물음에 답하십시오.

세월이 가면

지금 그 사람 이름은 잊었지만
그 눈동자 입술은
내 가슴에 있네.
(㉠)바람이 불고
비가 올 때
나는 저 유리창 밖 가로등
그늘의 밤을 잊지 못하지.
사랑은 가고 옛날은 남는 것.

여름날의 호숫가, 가을의 공원

그 벤치 위에

(ⓒ)나뭇잎은 떨어지고

나뭇잎은 흙이 되고

나뭇잎이 덮여서

우리들 사랑이

사라진다 해도

지금 그 사람 이름은 잊었지만

그 눈동자 입술은

내 가슴에 있네.

내 서늘한 가슴에 있네.

(1) (㉠)이 이 시 속에서 의미하는 것은 무엇입니까?
① 불안감　　② 힘든 현실　　③ 나쁜 날씨　　④ 과거의 기억

(2) (ⓒ)이 이 시 속에서 의미하는 것은 무엇입니까?
① 추억의 되새김　　　　② 슬픈 이별
③ 세월의 흐름　　　　　④ 가을의 정취

(3) 이 시를 이해한 내용으로 적합하지 않은 것을 고르십시오.
① 세월이 가면 사랑도 사라진다.
② 사랑은 사라졌지만 내 가슴속에는 그 사람이 남아 있다.
③ 그 사람의 이름을 알고 있지만 잊고 싶다.
④ 그 사람과의 추억을 잊지 못한다.

8. 다음 글감으로 제시된 표현을 사용해서 문장을 만드십시오. (30자 내외)

(1) 눈썹의 기능
이마 / 땀방울과 먼지 / 눈 보호
(　　　　　　　　　　　　　　)

(2) 전기 자동차
경제적인 측면 / 휘발유 차 / 장점
(　　　　　　　　　　　　　)

(3) 언론의 두 얼굴
사건 / 신속 전달 / 현실 / 왜곡 보도
(　　　　　　　　　　　　　　　　)

9. 다음 중국어 내용을 한국어로, 한국어 내용을 중국어로 번역하세요.

(1) 大熊猫是世界上最珍贵的动物之一，主要分布在我国的四川、甘肃、陕西省的个别崇山峻岭地区，数量十分稀少，属于国家一类保护动物，称为"国宝"。它不但被世界野生动物协会选为会标，而且还常常担负"和平大使"的任务，带着中国人民的友谊，远渡重洋，到国外攀亲结友，深受各国人民的欢迎。大熊猫身体胖软，头圆颈粗，耳小尾短，四肢粗壮，身长约1.5米，肩高60—70厘米左右，体重可达100—180千克。特别是那一对八字形黑眼圈，犹如戴着一副墨镜，非常惹人喜爱。

(2) 역경을 뚫고 성공한 사람들의 이야기를 읽다 보면 과연 인간의 한계는 어디까지인가 하는 생각이 든다. 정도의 차이만 있을 뿐 사람들은 누구나 살아가는 동안 이런저런 역경에 부닥친다. 지금 이 순간에도 수많은 사람들이 온갖 종류의 시련을 겪으며 번민하거나 생을 포기하고 있을 것이다. 입시에 실패하여 좌절한 학생이 있는가 하면, 직장이나 재산을 잃고 실의에 찬 사람도 있고, 불의의 사고나 병마의 고통에 시달리는 사람도 있다. 누구에게나 닥치는 크고 작은 시련 가운데 성공하거나 좌절하는 사람의 차이는 단 한가지다. 그것은 상황이나 여건이 아니라 자신의 마음 속에 있다.

10. 다음 글감으로 제시된 표현을 이용하여 한 문장을 만드십시오.

(1)
> 수박
> 피로 회복 / 지치기 쉬운 여름 / 제철 과일 / 손꼽히다

_____
_____

(2)
> 신세대
> 젊은 층 / 반항적 / 제멋대로 / 주위 눈치 / 개성파

_____
_____

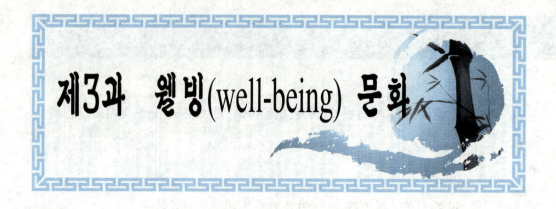

제3과 웰빙(well-being) 문화

1. 작품 감상

　먹고 살기에 급급했던 시절이 지나고 이제는 '삶의 질'을 추구하는 시대가 되었다. 잘 먹고 잘 사는 법에 대한 관심이 높아지면서 사회 전반에 걸쳐서 웰빙이 화두가 된 지 오래다. 그 단어의 기원을 살펴보고 생활 속에서 웰빙이 어떻게 자리 잡았는지 설명하고 있다.

2. 생각해 볼 문제
① 웰빙 문화의 장단점에 대해서 생각해 보세요.
② '삶의 질'을 높일 수 있는 방법에 대해서 생각해 보세요.
③ '웰빙'이 상업적으로 왜곡된 경우는 없는지 생각해 보세요.

　미국의 영화 감독인 모건 스펄록 감독은 어느 날 텔레비전 뉴스를 보다가 한 패스트 푸드(fast food)점을 상대로 소송한 두 여자 아이의 기사를 보았다. 살이 찌게 된 원인이 패스트 푸드에 있다고 소송을 한 것인데, 업체는 '뚱뚱한 것은 자신들의 문제다. 우리 음식은 건강에 유익하다.'라며 맞섰다.

　순간, 모건 스펄록 감독은 정말 패스트 푸드만 먹었을 때 부작용이 있는지 없는지 궁금해졌다. 그래서 스스로 증명해 보이기로 하고 한 달동안 패스트 푸드만 먹으며 신체에 어떤 변화가 오는지 다큐멘터리(documentary) 형식으로 기록했다.

　그 결과 감독은 한 달 사이에 체중이 11kg 늘었고, 콜레스테롤(cholesterol) 수치가 정상 수치인 169에서 230으로 뛰었다. 결국 보기 좋았던 몸매는 망가졌고, 그 과정을 통해 인스턴트 식품이 우리 몸에 끼치는 영향을 사실 그대로 보여 주는 영화 〈슈퍼 사이즈 미(Super size me)〉를 만들었다.

　한국에서도 시민 연대의 활동가인 윤광용 씨가 한국판 슈퍼 사이즈 미에 도전했다. 모건 스펄록 감독처럼 하루 세 끼 패스트 푸드를 먹는 실험에 들어간 것이다.

　그런데 실험을 시작한 지 10일 정도가 지나자 몸무게는 1kg, 체지방은 3.5kg이나 늘어났다. 그리고 간 수치가 정상치를 넘었고, 계단을 오르내릴 때 숨이 차기 시작했으며, 나중에는 우울증 증세를 보이기 시작했다. 결국 윤광용 씨는 건강이 악화되어 의사의 경고에 따라 예상했던 한 달을 채우지 못하고 24일 만에 실험을 중단해야만 했다. 실험을 중단하고 한 달 만에 몸이 회복되고 몸무게도 줄었지만 체지방만은 다섯 달이 지나도 잘 줄어들지 않았다.

　이처럼 패스트 푸드가 몸에 해롭다는 사실이 확실해지면서 사람들은 먹거리에 좀더 관심을 가지기 시작했다. 패스트 푸드보다 몸에 좋은 신선한 채소와 과일을 즐겨 먹고 건강을 위해 규칙적으로 운동을 하는 사람도 점점 늘어나고 있다.

웰빙이 뭐예요?

　웰빙(well-being)은 말 그대로 건강한(well) 삶(being)을 살자는 뜻이다. 몸과 마음을 편하게 해 아름답고 행복한 삶을 추구하는 것으로, 현대인들이 첨단 문명으로 오염된 사회에서 살고 있는 것을 반성하며 되도록 자연에 가깝게 다가가 삶의 질을 높이자는 것이다.

　그러나 웰빙이 유행처럼 번져 상업적인 면이 많이 두드러지자 돈이 많이 든다는 잘못된 생각을 하는 사람이 많다. '웰빙'이라고 하면 무조건 비싼 유기농 채소를 먹고 고급 스포츠 센터에 다니며 운동이나 요가로 몸매를 가꾸는 것으로 생각하는데, 반드시 그런 것은 아니다.

　예를 들어, 새벽에 우유를 배달하는 사람과 배달한 우유를 마시는 사람 중에 누가 더 웰빙다운 생활을 하는 것일까?

　답은 우유를 배달하는 사람이라고 할 수 있다. 아침에 신선한 공기를 마시며 운동을 한 사람이 가만히 앉아서 우유를 받아먹는 사람보다 더 건강할 테니 말이다. 이렇듯 웰빙은 개인의 상황과 특성에 맞게 몸과 정신이 건강하도록 생활하는 것이다.

웰빙 생활을 하는 사람을 '웰빙족'이라고 한다. 웰빙족은 명예나 물질을 얻기 위해 애쓰기보다는 건강한 신체와 정신을 균형 있게 지켜 나가는 것을 삶의 행복이라고 여기는 사람들이다.

웰빙은 언제 시작되었나요?

웰빙은 미국에서 시작되었는데, 언제 시작되었는지는 정확하지 않다. 다만 1960~1970년대 미국의 히피이즘에서 생겨났다는 분석이 지배적이다.

웰빙의 대표라고 할 수 있는 요가나 명상은 1960~1970년 당시 미국의 히피들 사이에서 유행하고 있었고, 1990년 경제적으로는 안정되어 있지만 겉모습이 아닌 내면을 중시하는 보보스족 역시 웰빙의 한 요소였다. 히피이즘, 보보스, 웰빙은 물질적 가치에 매달리지 않고 개인의 정신과 육체의 건강, 안락한 삶을 추구한다는 공통점이 있다.

한국에서 처음 웰빙이란 말을 사용한 것은 1997년이다. 처음에는 식품이나 운동 같은 것이 아니라 친환경 화장품이 수입되면서 웰빙이라는 말을 사용했다. 하지만 당시에는 IMF위기 때문에 그다지 호응을 얻지 못했다. 그러다가 몸짱 열풍에 조류 독감, 광우병 등으로 건강과 환경에 대해 다시 생각하게 되었고, 2002년 이후에 폭발적인 웰빙 열풍이 불기 시작했다.

웰빙의 종류

웰빙 바람은 식품뿐만 아니라 패션, 운동, 마케팅 등 여러 분야에 퍼져 있다. 웰빙 바람을 타면서 운동을 하는 사람이 늘어났고, 특히 요가는 큰 붐을 일으켰다.

1. 가전 제품
가전 제품에도 웰빙 바람이 불고 있다. 전자파 대신 숲에서 나오는 음이온이 나오는 모니터, 알레르기와 아토피 피부의 원인이 되는 진드기와 곰팡이 걱정을 덜어 주는 살균기, 은나노 기술을 이용해 살균 효과를 강화한 세탁기와 냉장고, 그

외에 정수기, 비데 등 건강과 관련된 제품이 인기를 끌고 있다.

2. 집

집이나 건물을 새로 지을 때 건축 자재나 벽지 등에서 유해 물질이 나와 사람의 건강을 해치는데, 이를 '새집 증후군'이라고 한다. 그래서 요즘은 새집 증후군의 원인이 되는 제품 대신 되도록 친환경 제품의 벽지와 페인트를 사용하고 있다. 아파트의 경우는 단지 내에 친환경적인 조경이나 첨단 설비로 주민의 건강을 보호하는 데 신경 쓰고 있다.

3. 옷

피부에 직접 닿는 것이므로 건강 섬유들이 속속 등장하고 있다. 숯을 첨가한 옷감, 대나무 성분을 가공한 속옷 등 민감한 피부를 자극시키지 않는 옷들이 인기를 끌고 있다.

4. 식품

패스트 푸드나 인스턴트 식품보다는 색소나 인공 조미료가 덜 들어가고 원료 고유의 맛이 살아 있는 식품, 비료와 농약을 사용하지 않고 재배한 채소를 찾는 사람이 많아지고 있다.

5. 그 외

여행에도 웰빙 문화의 영향이 미쳐 친환경적인 체험을 할 수 있는 여행 상품을 많이 개발하고 있다. 그리고 찜질방도 많이 생겨나 여가를 즐기는 데에도 웰빙 바람이 불고 있다.

단어

다큐멘터리 [documentary] [명] 실제로 있었던 어떤 사건을 극적인 허구성이 없이 그 전개에 따라 사실적으로 그린 것. 영화, 라디오, 텔레비전의 드라마나 소설, 기록 따위가 있다.

콜레스테롤 [cholesterol] [명] 〈화학〉 고등 척추동물의 뇌, 신경 조직, 부신(副腎), 혈액 따위에 많이 들어 있는 대표적인 스테로이드. 광택이 있는 하얀 비늘 모양 결정으로, 물·산(酸)·알칼리에 녹지 않고 알코올·아세톤에는 녹는데, 몸 안에서 다른 물질에 피가 녹지 않도록 혈구(血球)를 보호하여 준다. 혈액 중 이 양이 많아지면 동맥 경화증이 나타난다.

망가지다 [동] ① 부서지거나 찌그러져 못 쓰게 되다.
② 상황이나 상태 따위가 좋지 아니하게 되다.

인스턴트[instant] [명] 즉석에서 이루어짐을 이르는 말.

시민 연대 [명] 시민의 권리를 지키기 위하여 활동하는 민간 단체.

정상치 [명] 정상인 수. 또는 정상임을 나타내는 값.

웰빙[well-being] [명] 심신의 안녕과 행복을 추구함. '외래어 표기법'에 따르면 '웰비잉'으로 적어야 한다.

되도록 [부] 될 수 있는 대로

번지다 [동] ① 액체가 묻어서 차차 넓게 젖어 퍼지다.
② 병이나 불, 전쟁 따위가 차차 넓게 옮아가다.
③ 말이나 소리 따위가 널리 옮아 퍼지다.
④ 빛, 기미, 냄새 따위가 바탕에서 차차 넓게 나타나거나 퍼지다.
⑤ 풍습, 풍조, 불만, 의구심 따위가 어떤 사회 전반에 차차 퍼지다.

두드러지다 [동] ① 가운데가 불룩하게 쑥 나오다.
② 겉으로 뚜렷하게 드러나다.
[형] ① 가운데가 쑥 나와서 불룩하다.
② 겉으로 드러나서 뚜렷하다.

유기농 [명] 농약·화학 비료 따위를 쓰지 않고, 유기 비료를 써서 짓는 농사법.

균형 [명] 어느 한쪽으로 기울거나 치우치지 아니하고 고른 상태.

히피[hippie]이즘	[명]	기성의 가치관·제도·사회적 관습을 부정하고, 인간성의 회복·자연과의 직접적인 교감 따위를 주장하며 자유로운 생활양식을 추구하는 주의. 1960년대 후반부터 미국을 중심으로 생겨나 전 세계로 퍼졌다.
지배적	[명]	① 어떤 사람이나 집단, 조직, 사물 등을 자기의 의사대로 복종하게 하여 다스리는. 또는 그런 것. ② 매우 우세하거나 주도적인. 또는 그런 것.
명상(冥想)	[명]	고요히 눈을 감고 깊이 생각함. 또는 그런 생각.
보보스족	[명]	보헤미안 부르주아의 줄인말로 같은 삶으로 보이지만 라이프 스타일은 내적인 질을 중시하는 집단.
매달리다	[동]	① '매달다'의 피동사. ② 어떤 것을 붙잡고 늘어지다. ③ 주가 되는 것에 딸리어 붙다. ④ 어떤 일에 관계하여 거기에만 몸과 마음이 쏠려 있다. ⑤ 어떤 것에 의존하거나 의지하다.
안락하다	[형]	몸과 마음이 편안하고 즐겁다.
몸짱	[명]	몸매가 좋다는 뜻의 신조어
붐 [boom]	[명]	어떤 사회 현상이 갑작스레 유행하거나 번성하는 일. '대성황', '대유행', '성황'으로 순화.
음이온	[명]	음전하를 띠고 있는 이온.
모니터 [monitor]	[명]	'디스플레이 장치'를 일상적으로 이르는 말.
아토피[atopy]	[명]	가계적(家系的) 또는 유전적으로 나타나는 알레르기성 소인(素因).
진드기	[명]	<동물> ① 진드깃과의 곤충을 통틀어 이르는 말. ② 진드깃과의 곤충. 몸은 주머니 모양이며 머리, 등, 배의 구별이 분명

		하지 않다. 더듬이는 짧고 개, 소, 말 따위에 붙어산다.
곰팡이	[명]	<식물> 몸의 구조가 간단한 하등 균류를 통틀어 이르는 말. 동물이나 식물에 붙어사는데, 어둡고 습기가 찰 때 음식물·옷·기구 따위에도 난다. 몸은 균사(菌絲)로 되어 있고, 대개 분열에 의하여 홀씨로 번식하나 유성 생식도 한다. 검은곰팡이, 푸른곰팡이, 털곰팡이 따위가 있다.
은(銀)나노(nano)	[명]	은의 특성을 나노기술에 적용하여 생활용품에 최대한의 청결함을 가능하게 하는 것.
정수기	[명]	물을 깨끗하게 하는 기구.
비데	[명]	대변 후에 물로 밑을 닦아 주는 기구. 용변을 본 후 밸브를 누르면 변기 중앙에 설치된 분사구에서 물이 나와 항문을 닦아 준다.
자재(資材)	[명]	무엇을 만들기 위한 기본적인 재료.
벽지	[명]	벽에 바르는 종이.
페인트[paint]	[명]	안료를 전색제(展色劑)와 섞어서 만든 도료를 통틀어 이르는 말. 물체에 바르면 굳어져서 고운 빛깔을 내고 물체를 보호해 준다. 유성 페인트, 수성 페인트, 에나멜 페인트 따위가 있다.
단지 [團地]	[명]	주택, 공장, 작물 재배지 따위가 집단을 이루고 있는 일정 구역. '지역', '구역', '지구'로 순화.
조경	[명]	경치를 아름답게 꾸밈.
속속	[부]	① 자꾸 잇따라서. ② 매우 빨리.

보충지식

1. 상용 부사

* 고작: 기껏하여. ☞ 고작 한다는 소리가 그거야? (비슷한말)기껏·겨우
* 도리어: ('오히려·반대로·차라리' 등의 뜻을 가진 접속 부사.) ① 당초에는 바람직한 행동(사실)이 아니었던 것이, 결과적으로 잘된 것임을 나타냄. ☞늦게 온 것이 도리어 잘됐군. ② 일이 정상적인 것과는 반대로 되어 있음을 나타냄. ☞ 방귀 뀐 놈이 도리어 성낸다니까. ③ 목적(의도)한 것과는 반대의 결과가 되었음을 나타냄. ☞돕는다는 것이 도리어 폐를 끼친 꼴이 되었다. ④ 비교하는 뜻의 '보다' 다음에 쓰이어, '더'·'더욱'의 뜻을 나타냄. ☞ 그 일은 나보다는 도리어 자네가 잘 해낼걸.
* 드디어: (여러 고비를 거친) 끝에 이르러. 그런 결과로. 마침내. ☞ 출국 일자가 드디어 내일로 다가왔다. /드디어 시험이 끝났다.
* 멋대로: 마음이 내키는 대로. 하고 싶은 대로. ☞ 멋대로 행동하다.

2. 속담 및 관용구

* 불씨가 되다: '소동이나 사건 따위를 불러일으키는 실마리'를 비유하여 이르는 말.
* 산 입에 거미줄 치다: 사람은 아무리 가난하여도 먹고 살 수 있다는 말.
* 산에 가야 범을 잡는다: 목적을 이룰 수 있는 방법과 방향으로 행동해야 성공할 수 있다는 것.
* 선무당이 사람 잡는다: 미숙한 사람이 잘하는 체하다가 일을 그르친다는 말.
* 세 살 버릇 여든까지 가다: 어릴 때 버릇을 고치기 어렵다는 말.

3. 관용표현

* **-기 나름이다.**
  문장의 주어는 의문형의 명사절이거나, 의미적으로 양면성을 가진 것으로, 전체 문장의 주어가 "'-기' 명사형에 내포된 의미에 달렸음"을 나타낸다.

☞ 가전제품의 수명은 사용하기 나름이다.
☞ 찬성한 일이 잘한 일인지 아닌지는 생각하기 나름이다.

* **-을 바에는**

　선행하는 행위를 하는 것보다는 후행하는 행위를 하는 것이 더 나음을 나타내는 말이다. 따라서 두 가지 중 하나를 선택함을 나타내며, 말이 경직된 느낌을 준다. 부사 '차라리'를 써서 후행하는 행위가 더 나음을 강조하기도 하고, '아예'를 써서 처음부터 후행 행위를 택함이 나음을 나타내기도 한다.
☞ 하루 종일 누워 있을 바에는 차라리 밖으로 나가요.
☞ 수박 겉 핥기 식으로 관람을 할 바에는 차라리 다음 기회로 미룹시다.

* **-았(었, 였)자**

　동사에 붙어서 선행절을 후행절에 종속적으로 연결된다. 반드시 완료형 어미를 붙여서 '-었(았, 였)자'의 형태로만 사용한다. 후행절의 시제는 현재, 미래, 추정이 쓰이며, 시도를 나타내는 보조동사 '어 보다'와 같이 쓰일 때가 많다.
☞ 읽어 봤자 무슨 이야긴지 모릅니다.
☞ 도와 주어봤자 고맙다고도 안 할 거예요.

* **-한 나머지**

　관형사형 어미 '은, 던' 아래에 쓰이어 결국의 뜻을 나타낸다.
☞ 심사숙고한 나머지 그렇게 하기로 하였다.
☞ 너무 억울한 나머지 그는 울음을 터뜨리고 말았다.

연습문제

1. 다음 괄호 안에 알맞은 것을 고르십시오.

　(1) (　) 장수처럼 무엇을 그렇게 잔뜩 짊어지고 가느냐?
　　① 보자기　　② 보따리　　③ 주머니　　④ 포대기

(2) 적은 삽시간에 전투력을 잃고 (   ) 어둠 속으로 흩어져 버린 것이다.
   ① 뿔뿔이   ② 줄줄이   ③ 낱낱이   ④ 꿋꿋이
(3) 개천에서 아낙네들이 두드리는 빨랫방망이 소리가 방정맞고도 (   ).
   ① 지겹다   ② 눈물겹다   ③ 정겹다   ④ 흥겹다
(4) 장마가 (   ) 시작되면서, 장마 대비용 상품을 파는 상점이 크게 붐비고 있다.
   ① 독자적으로   ② 본질적으로   ③ 본격적으로   ④ 필사적으로
(5) 남몰래 어려운 사람을 도운 사실이 미담으로 (   ) 신문에 커다랗게 실렸다.
   ① 취급하여   ② 취급되어   ③ 언급하여   ④ 도급하여
(6) 아주 (   ) 제 작품을 그렇게 훌륭하게 말씀해 주시니 몸 둘 바를 모르겠습니다.
   ① 보잘 것 없는 ② 나무랄 것 없는 ③ 말할 것 없는 ④ 거칠 것 없는

2. 밑줄 친 부분의 반대말을 고르십시오.

(1) 손님이 <u>한꺼번에</u> 매장에 밀려닥쳤다.
   ① 한바탕   ② 한창   ③ 하나하나   ④ 단번에
(2) <u>비수기</u>라 요즘은 장사가 잘 안된다.
   ① 성수기   ② 성황리   ③ 불황기   ④ 불경기
(3) 현재 서비스 산업은 경쟁력이 많이 떨어져 있으므로 이 분야의 문호를 <u>개방할</u> 때에는 좀 더 신중을 가해야 한다고 봅니다.
   ① 개척   ② 폐쇄   ③ 폐지   ④ 개조

3. 다음 (   )안에 들어갈 수 없는 말을 고르십시오.

(1) 밤이 지나면 새 날이 오듯이 (   )
   ① 나한테도 새로운 희망이 찾아올 것이다.
   ② 이 어려운 고비만 넘기면 기필코 성공할 것이다.
   ③ 우리한테도 잘 살 날이 온다.
   ④ 또 다시 어려움이 생길 것이다.

　　(2) 아버지를 태양이라고 한다면 (　　)
　　　　① 그 태양은 영원한 것이다.
　　　　② 우리는 태양을 따르는 해바라기다.
　　　　③ 아버지가 기뻐하고 있다.
　　　　④ 나는 그 태양을 영원히 따르리라.

4. 다음 밑줄 친 곳 중 틀린 것을 바르게 고치십시오.

　　(1) 16세기에서 18세기까지 영국 섬유 공업은 <u>비약적으로</u> 생산력이 발달되어 소비를 빼고 남은 생산잉여가 과거와는 <u>비교할 수 있을</u> 정도로 엄청난 양으로 증가되었다. 생산량이 증대했음에도 불구하고 소비는 과거 시절과 비슷한 <u>정도였으므로</u> 생산잉여는 당연한 것이었다.
　　　　→

　　(2) 고등학생이었던 '나'는 어머니의 심부름으로 돈봉투를 <u>받아왔는데</u>, 학교에서 돌아오는 길에 그것을 잃어버리고 말았다. 크게 상심해 <u>있던 차에</u>, 사정을 들은 골목길 아저씨가 나중에 <u>갚으라며</u> 돈을 주셔서 그 상황을 간신히 <u>모면하지 못했다</u>.
　　　　→

　　(3) 별칭이 남나비였던 한말의 남계우도 그런 분 가운데 한 분이다. 이미 16세에 지금의 한국은행 뒤편에 있는 당가지골의 자택에서 나비 한 마리를 쫓아 <u>동소문까지 가 잡아낸</u> 맹렬 수집광이었다. 그는 이렇게 채집한 나비를 책갈피에 끼워두기도 하고 실물을 <u>장지문에 고착시켜</u> 그 위에 종이를 대고, <u>연필이 없던 시대인지라</u> 버드나무 끝을 태워 윤곽을 본뜨고 물감칠을 하여 나비 그림으로 병풍을 만들었다. 그가 그린 나비 병풍은 <u>귀물이니까</u>, 전기 석주명이 소장한 병풍에 그린 나비만도 총 5과 25종 82마리에 이르고 있다.
　　　　→

5. 다음 글을 읽고 물음에 답하십시오.

인사동에 길마당이 있는 골목길이 있다. 흔히 섬진강 골목길이라고 불리는 이 골목길에 상업 (ㄱ)와 이기(ㄱ)가 급속히 불어 닥쳐오면서 암묵 속에서 유지되어온 골목길의 질서가 깨지기 시작했다. 길이 막히다 보니 사람들의 발걸음이 그만큼 줄어들게 되고 그 줄어든 발걸음을 붙잡기 위해 서로들 골목길 밖으로 영업 공간을 확장하고 간판을 줄지어 세워 놓게 되었다. 앞이 막히니 자연히 안으로 향한 발걸음은 더 (ㄴ)(끊기다) 골목길로 들어서서 가운데 난 큼직한 길마당도 어수선한 입간판으로 가득 차게 되었다. (ㄷ) 자기 사정에만 급급한 가게들에 의해 골목길 질서가 깨지게 되자, 가게 상인들 중에서 몇 명을 중심으로 골목길의 공간 갈등을 풀어내기 위해서 난립한 개별 간판을 정비하고 골목길의 정취를 살릴 수 있는 공동 간판을 만들기 위한 상인들 간의 모임이 필요하다는 생각을 하게 되었다.

(1) (ㄱ)에 공통적으로 들어갈 말을 2음절로 쓰십시오.
　　　(　　)
(2) (ㄴ)을 문맥에 맞게 고쳐쓴 것으로 알맞은 말을 고르십시오.
　① 끊기지 않았댔자　　② 끊기기 마련이고
　③ 끊기가 어려웠고　　④ 끊기지 않으려고
(3) (ㄷ)에 알맞은 속담을 고르십시오.
　① 눈 오는 날 거지 빨래　　② 마당 쓸고 돈 줍고
　③ 자랑 끝에 불 붙는다　　④ 내 코가 석자

6. 다음 글을 읽고 ( ) 안에 가장 알맞은 표현을 고르십시오.

2년 전, 친구들과 여행을 갔을 때 한 친구의 가방이 이삿짐처럼 컸다. 그러나 그 가방은 그야말로 보물 창고였다. 우산, 라면, 비상약 등 여행에 필요한 것이 가득 들어 있었다. 여행하는 동안 친구의 가방이 (㉠).

내일 아침에 휴가를 떠나는 우리 가족은 각자의 가방을 챙겼다. 거실에 몇 개의 가방이 놓여 있었다. 누구 짐인데 저렇게 많을까 생각했다. 그것은 엄마의 짐이었다. 그 속에는 쌀, 김치, 마른 반찬 등이 즐비했다. 거기에 가족들 옷이 차곡차곡 들어 있었다. 엄마의 짐은 그냥 엄마의 짐이 아니라 가족의 짐이었다. 문득 지난 번 함께 여행 갔던 친구가 생각났다. 엄마의 짐과 그 친구의 짐은 (㉡).

(1) ㉠에 들어갈 말은 (　　)
  ① 그렇게 고마울 수가 없었다.
  ② 정말 무거운 짐과 같았다.
  ③ 정말 가벼울 수밖에 없었다.
  ④ 그렇게 부담스러울 수 없었다.

(2) ㉡에 들어갈 말은 (　　)
  ① 함께 가는 사람들을 배려한 것이라는 공통점이 있었다.
  ② 자신에게 필요한 것을 준비한 것이었다는 생각이 들었다.
  ③ 이사를 하는 짐과 여행을 하는 짐이라는 차이점이 있었다.
  ④ 사람들이 필요한 것을 부탁해서 준비한 것이었다는 생각이 들었다.

7. 다음 글을 읽고 물음에 답하십시오.

소는 전통 사회에서 중요한 역할을 하였다. 농사를 짓는데 이용하기도 하고 교통수단으로 이용하기도 하였다. 그래서 소와 관련해서 많은 속담들이 있다.

(㉠) 라는 속담은 어떤 일이든지 하려고 생각했으면 한창 열이 올랐을 때 망설이지 말고 곧 행동으로 옮겨야 함을 비유적으로 이르는 말이다. 우리들은 이 말을 무슨 일이든지 기회가 왔을 때 빨리 해치워야 한다는 뜻으로 쓰고 있다.

원래 이 말은 소의 뿔을 뽑을 때 열을 가해서 잘 달군 다음 흐물흐물 해졌을 때 뽑아야 한다는 것에서 유래했다. 소의 뿔은 지금도 많이 사용하고 있지만 현대 이전의 전통 사회에서는 생활용품을 만드는 데 있어서 없어서는 절대로 안되는 아주 중요한 것이었다. 소뿔은 식생활에서 사용하는 거의 모든 도구에 쓰였다고 해도 과언이 아니다.

(㉡)라는 속담은 무엇을 해야 할 때 놓쳐서 나중에 낭패하고 후회한다는 뜻이다.

(1) 이 글의 중심 사상은 무엇입니까? 알맞은 것을 고르십시오.
    ① 소뿔의 역할과 쓰임   ② 소에 관한 속담
    ③ 소의 효능   ④ 소뿔의 중요성
(2) (㉠) 에 들어갈 속담은 무엇인가?
    ① 소 같이 일한다   ② 소 닭 보듯 하다
    ③ 소 귀에 경읽기   ④ 소뿔도 단김에 빼라
(3) (㉡) 에 들어갈 속담으로 알맞은 것을 고르십시오.
    ① 느릿느릿 걸어도 황소 걸음이다
    ② 못된 송아지 엉덩이에서 뿔난다
    ③ 소 잃고 외양간 고친다
    ④ 소 뒷걸음에 쥐잡기

8. 다음 밑줄친 부분을 같은 의미로 바꾸어 쓸 수 있는 것을 고르십시오.

(1) 우리는 매일 뉴스를 통해 많은 사고 소식을 접하게 된다. 이렇듯 사고 소식을 일상처럼 접하다 보니 대부분은 남의 <u>일이려니 하고</u> 별 관심을 갖지 않는다.
    ① 일로 추측하고   ② 일로 부탁하고
    ③ 일로 수용하고   ④ 일로 치부하고
(2) 1850년에 10억<u>에 불과하던</u> 세계 인구는 1990년에는 50억을 넘게 되었다.
    ① 에 가깝던   ② 에 미치던
    ③ 밖에 안되던   ④ 고개를 넘던
(3) 그는 자신의 어이없는 순진성에 화가 났지만 <u>그와 아울러</u> 덜컥 겁이 났다.
    ① 그와 달리   ② 그와 다름없이
    ③ 그와 같이   ④ 그와 동시에

9. 다음은 표를 보고 설명한 글입니다. 밑줄 친 부분이 표의 의미와 일치하지 않는 것을 고르십시오.

<표1 좋은 선생님의 기준>

기준	비율(%)	응답자 수(명)
강의 능력이 뛰어난 선생님	40	200
유머 감각이 뛰어난 선생님	25	125
프린트를 많이 내주는 선생님	25	125
내게 무관심한 선생님	10	50
계	100	500

<표2 싫은 선생님의 기준>

기준	비율(%)	응답자 수(명)
숙제를 많이 내주는 선생님	48	240
지루한 선생님	30	150
무서운 선생님	12	60
내게 무관심한 선생님	10	50
계	100	500

요즘 입시 경쟁이 치열해 지다 보니 선생님에 대한 기준도 바뀌는 것 같다. 예전에는 우선 인자하신 선생님이 최고로 선택되었는데 지금은 ① 실력이 우선인 것으로 조사되었다. 하지만 실력이 아무리 좋아도 ② 학생들의 숙제를 꼼꼼하게 검사하는 선생님 또한 기피대상 1호이다. ③ 강의 진행 방식은 학생들이 중요하게 생각치 않는 것으로 나타났다. 한편으로 ④ 내게 무관심한 선생님이 같은 비율로 좋은 선생과 싫은 선생에 오른 것이 이채롭다 하겠다.

(   )

10. 다음 중국어 내용을 한국어로, 한국어 내용을 중국어로 번역하십시오.

(1) 国务院总理温家宝出席博鳌亚洲论坛年会并发表主旨演讲,他强调表示：
"中国愿意继续同亚洲国家一道,积极应对挑战,全面加强合作,使各领域合作更加充实和富有活力,促进地区和平与繁荣"。博鳌论坛秘书长龙永图表示："此次论坛将成为新兴经济体在金融危机中发出自己声音的重要平台。而且要重点探讨新兴经济体如何在国际金融体制改革中发挥作用"。

(2) 올림픽 스폰서십(sponsorship)은 제품의 품질과 이미지, 나아가 기업 이미지에 긍정적인 효과를 가져 오는 것으로 나타나고 있다. 브랜드(brand) 조사 회사의 발표에 따르면, 삼성은 올림픽 후원사로 처음 참가한 지난 (19)98년 나가노 동계올림픽 당시 32억 달러였던 브랜드 가치가 시드니 올림픽 등을 거치면서 125억 달러로 성장한 데 이어 2004년 '아테네 마케팅'의 성공으로 브랜드 가치가 더욱 더 높아진 것으로 파악되고 있다.

제4과 남대문시장

1. **작품 감상**

    서울의 대표적인 재래시장인 남대문시장의 과거와 현재의 모습을 소개하고 있다. 물물교환이라는 원시적 상거래에서 서울의 대표 명소가 되기까지의 역사적인 과정과 경제, 문화적인 의미 그리고 한국인의 생명력을 보여주고 있다.

2. **생각해 볼 문제**

    ① 중국 재래시장과의 비슷한 점과 차이점을 생각해 보세요.
    ② 시전, 난전, 시장의 의미를 생각해 보세요.
    ③ 일제강점기, 6·25라는 시련 속에서도 꿋꿋하게 시장을 지킬 수 있었던 원동력이 무엇인지 생각해 보세요.
    ④ 백화점, 인터넷 쇼핑 등 소비의 형태가 다양해진 요즘 재래시장의 의미를 생각해 보세요.

국제적 시장으로 성장한 남문(南門)안場

　남대문시장은 새벽 4시에 잠이 깬다. 이때부터 하루가 시작된다. 이 시간이면 신세계백화점 옆 제일은행 제일지점에서부터 남대문 쪽으로 대한화재 빌딩까지 시장 안은 골목마다 열기찬 삶의 입김을 내뿜는다.
　1970년 경부고속도로의 개통에 이어 서기 시작한 남대문시장의 새벽장은 10년 뒤 원아동복상가를 비롯, 부르뎅·크레용·포키·마마 등 아동복 전문 도매상가가 잇달아 생겨나면서 활기를 더했다. 현재 남대문시장의 아동복은 전국 아동복시장의 90%를 점유한다.
  이어서 1982년 초·중고등학생 교복자율화 조치가 발표되자 렝땅·엠티·에스떼·쟝띠·케네디·맨코스·청자상가·대도·남대문1번가 등 캐주얼 상가가 앞다투어 들어서서 전국의 기성복 상권(商權)을 주름잡았다. 특히 숙녀의류는 남대문시장에서 가장 많이 취급되는 상품으로 블라우스·스커트·티셔츠·청바지·니트·재킷 등 캐주얼 제품을 비롯해 원피스·투피스·코트 같은 정장 제품과 홈웨어 등을 점포마다 독자적으로 생산, 판매한다. 또한 남성복도 대도남성복상가·대도마케트·대도아케이드·대도종합상가 C·D동 등 전문 상가가 있으며 역시 점포마다 직접 생산, 판매하고 있다.
  밤차를 타고 상경, 새벽장을 보고 첫차로 내려가던 지방의 소매상인들은 이제 자가용 봉고나 전세 버스로 전국 곳곳에서 밤새 달려와 한꺼번에 20~30개 점포를 돌며 100여 벌씩의 옷가지를 사간다. 이렇게 몰려온 지방 소매상인과 남대문시장 도매상들이 어둠 속에서 어우러져 한바탕 북새를 치르는 사이에 날이 밝는다.
  그러면 이번에는 서울 시내 양품점·옷가게 주인들이 떼로 밀어닥쳐 이 옷 저 옷 '옷사냥'을 벌이기 시작한다. 부지런한 주부들도 이 무렵에 시장을 찾지만, 일반 고객이 나타나는 것은 오전 10시쯤부터이다. 이들은 전체 판매량의 20%에 불과하지만 '손님은 왕'이다. 도매상인 대 소매상인의 거래에 이어 일반 소비자들과의 본격적인 상거래가 시작되는 것이다.
  대도아케이드에서 새로나백화점 뒤까지 100여머터에 이르는 의류 노점상들의 호객성(呼客聲)은 서민의 장터 남대문시장의 면모를 유감 없이 발휘한다. "골라, 골라, 골라들 봐! 싸구나, 싸구나, 참 싸구나!", "안 사면 후회, 못 사면 손해. 골라, 골라, 골라서 천원!" 2박자 장단에 맞춰 쿵작 쿵작 발을 구르고 짝짝 손뼉을 치며 저토록 흥겹게 장사하는 모습이 세상 어디에 또 있을까. 속으로야 이런 형편 저런 사정 나날과 다달의 세상살이 고달퍼서 비명이라도 지르고 싶은 심정인지 모르겠으나, 겉으로 뽑아대는 속칭 '다다구리' 상인들의 목청은 신명이 한창이다. 이곳 저곳 골목 양쪽에서 손뼉소리·발장단·호객소리가 울리고, 오고가는 사람들, 물건 사는 사람들로 붐비는 가운데 시장의 열기는 한낮으로 치닫는다.
  남대문시장 명물로 통하는 '강아지할아버지'가 개 실은 수레를 끌고 나타나는가 하면, 양 다리 없는 행상 영예군인이 흘러간 옛노래를 애절한 목소리로 부르며 목판을 밀고 간다. 혈색 좋고 잘 차려 입은 건강체들이 끊임없이 그 옆을 스쳐가고 오고······.

　건어물·생선·과일부터 닭고기·개고기까지 파는 본동상가 앞 골목에서는 눈먼 돼지대가리가 어지러운 이 풍진 세태를 비웃기라도 하는 듯 괴소(怪笑)를 날리고 있다.

　시장은 온갖 삶의 축도요, 생존의 전선이며, 시대상의 거울이다. 헐벗고 굶주리던 시대에는 쌀·생선·새우젓·소금·땔감 따위가 주로 거래되던 남대문시장이었으나 이제는 옷가지가 상품의 65%로 주종을 이룬다.

　이 시장을 삶터로 삼는 상주 인구는 상인 7,900명을 포함, 3만 8,000명에 이른다고 남대문시장주식회사 최병만(崔柄滿) 기획과장은 일러준다. 고객 수도 엄청나다. 하루에 들고 나는 사람이 보통 때는 45만~50만명, 추석·연말 연시·구정 같은 명절이면 70만~120만명쯤으로 시장회사는 추산한다.

　서울 중구 남창동(南倉洞)—퇴계로(退溪路) 2가에서 신세계백화점, 구(舊) 도큐 호텔에서 시경(市警) 자리로 이어지는 직사각형의 지역 안 대지 1만 3,000평, 연건평 6만 8,000평에 8,262개의 상설 점포가 들어서 있는 남대문시장은 최대 규모를 자랑하는 유통경제의 광장인만큼 취급 품목도 다양하다. 이미 예를 든 바와 같이 주종을 이루는 의류 점포가 20여 전문 상가에 4,726개소나 되는데, 동대문시장이 원단을 주로 거래하는 반면, 남대문시장은 완제품 의류를 주로 다룬다. 이 밖에 식품·잡화·농수산물·주방용품·피혁제품·장신구·민속공예품 등 각종 상품을 고루 갖추고 있다.

　최 과장의 말로는 시장주식회사에 속한 점포는 40여 상가 8,262개이지만 잡다한 음식점까지 합하면 남대문시장 안의 업소가 1만 58개나 된다고 한다.

　오늘과 같은 거대 규모의 국제적 시장으로 성장하기까지 남대문시장이 걸어온 발자취는 어떠했는가.

200년의 역사를 지닌 서민의 장터

　남대문시장의 역사에 대해서는 정설이 없고 대체로 500년설과 200년설 두 가지가 있다. 이는 사실(史實)을 분명히 밝혀 주는 기록이 없기 때문이다.

　500년이 넘었다는 설은 조선조 초기인 1414년(太宗 14년) 동대문과 남대문 언저리에 가게를 지어 상인들에게 빌려 주었다는 이야기이다. 이 설의 근거는《태종실록(太宗實錄)》권(卷)28 태종 14년 7일 임진조(壬辰條)의 기사(記事), 즉 '종루

(鐘樓)에서 남대문까지, 종묘(宗廟) 앞 누문(樓門)에서 동대문까지의 (行廊 건설의) 공역(工役)을 명령하고 아울러 그 소요 재목(材木)은 충청(忠淸)·강원(江原) 양도(兩道)에서, 개와(蓋瓦)는 별요(別窯)에서, 역도(役徒)는 양계(兩界) 각도(各道)에서 승군(僧軍) 600명과 경기(京畿)·풍해(豊海) 양도(兩道)의 수군(水軍) 1,000명을 징발해서 역사(役事)토록 하였다'에 둔 듯하다.

하지만 당시 건설된 행랑은 이른바 시전으로 불린 관립 상설 상가를 가리킴이니 이를 현재 남대문시장의 시발로 삼기에는 무리일 것이다.

이보다는 1726년(英祖 2년) 세곡수납소(稅穀收納所)인 남미창(南米倉)이 이곳에 세워지면서 물물교환의 원시적 상거래가 비롯되고, 다시 난전으로 발전했다는 설이 더 타당성 있어 보인다.

세미(稅米)와 공물(貢物)을 바치러 지방에서 올라온 관리들과 역군들, 도성 안 각 관아의 벼슬아치들, 하인들, 보부상들이 붐비자 음식점·술집이 생겨나고 자연스럽게 저자를 이루게 되었을 것이다. 남대문 근처에 저자가 생기자 생활필수품을 구하려는 성 안팎 주민의 발길이 잦아지기 시작했다. 수요에는 공급이 따른다. 서해에서 경강(京江: 한강)을 거슬러올라와 삼개 나루에 부려진 생선·새우젓·소금·땔감 따위는 현재의 청파동인 칠패를 거치고 남대문을 통해 한양 성중에 공급되었다.

이와 함께 남대문시장에는 위탁판매업자·중개상·일반 상인도 늘어났다.

무허가란 어느 시대 어디에서나 천대받고 설움당하기 마련이다. 요즘 세상에서도 보라. 노점상 단속을 피해 보잘것없는 물건 보따리를 잽싸게 꾸려 달아나는 행상들, 무지막지한 철거반의 손길에 거처를 빼앗기고 겨울의 문턱에서 찬바람 속으로 쫓겨난 재개발지구 주민들, 하루벌이 포장마차 등등을. 시전의 어용상인이 아닌 난전도 그때 그랬다. 임금이나 고관 대작의 행차가 있으면 뿔뿔이 흩어졌다가 행차의 꽁무니가 시야에서 사라지면 이 골목 저 골목에서 다시 나타나 보따리를 풀어 놓았다.

남대문 일대가 시장 구실을 하게 된 입지조건의 하나는 세곡수납소 말고도 선혜청(宣惠廳)이 이곳에 있었기 때문이었다. 선혜청은 관리들의 봉급표를 쌀로 바꾸어 주었으므로 이 창고 앞에서 상거래가 이루어졌다. 그래서 남대문시장은 일명 '선혜청시장'이라고도 불렸다. 옷감과 유기(鍮器), 삼개(麻浦)의 생선과 땔감과 아울러, 남대문은 동대문 배오개와 함께 곡물과 소채 시장으로 널리 알려졌다. 그때의 이름은 '선혜청시장' 외에도 '남문(南門)안장' 또는 '신창(新倉)안장'이었다. 그리고 세월이 흘러 일제 강점기로 접어든 1912년 3월 25일 조선총독부가 공설시장으로 인정해 '남대문시장'이 된 뒤에도 한동안은 이 이름을 즐겨 썼다.

　1914년, 이 땅의 상권을 빼앗기 위한 경제 침략 정책의 하나로 경성부는 시장규칙을 제정, 부령(府令)으로 공포했다. 이어서 1920년에는 회현동(會賢洞)을 근거지로 침투한 일상들이 중앙물산(中央物産)이란 대형 박래품 가게를 설립, 손님끌기 작전과 토박이 조선 상인들 축출 작전을 아울러 펼쳐 나갔다. 결국 1922년 일상들이 중앙물산시장의 경영권을 장악한 가운데 1945년 광복까지 이르렀다.

　그해 10월에 집계된 남대문시장의 점포 수는 215개소였다. 그때까지도 이 시장의 주요 상품은 농수산물이었고 상인들은 영세상이 대부분이었다.

　1947년 상인들은 상인총회를 열어 남대문시장을 현대식 시장으로 변모, 발전시키기로 결의했으나 실행에 옮기기도 전에 6·25의 포화는 모든 것을 잿더미로 만들었다. 전쟁이 끝나 폐허로 돌아온 상인들은 천막을 치고 재기의 몸부림을 치기 시작했다. 그것은 쓰러지고 짓밟혀도 바람처럼 풀잎처럼 일어나 잡초처럼 살아 남는 민초(民草)의 끈질긴 생명력이었다.

　월남 실향민들도 맨손으로 뛰어들어 꿀꿀이죽에서부터 열쇠·못·구호품·밀수품 등 닥치는대로 팔며 생존경쟁을 벌여 남대문시장은 '아바이시장'이라 불리기도 했다.

　천막과 판자촌은 그대로 점포가 되었다. 9·28수복 뒤 퇴계로 쪽 골목에는 구제품 시장이 생겼다. '돈만 갖고 가면 발가벗고 들어가서 완전무장하고 나올 수 있다'고 할 만큼 그곳에서는 갖가지 군수품도 암거래 되었다. 아직까지 이름난 양키시장, 또는 도깨비시장도 그때 생겼다.

　1954년과 1968년 두 차례의 대화재는 남대문시장을 현대적 종합시장으로 변모시킨 계기가 되었다. 60년대 말부터 일어난 등산 붐을 타고 남대문시장에는 등산용구상들이 들어서기 시작했다. 고무신 또한 그때까지 전국의 상권을 이 시장에서 거머쥐고 있었다. 하지만 고무신의 상권은 동대문시장으로 넘어갔고, 이어서 용산청과시장(龍山靑果市場)이 개장되자 청과물 상권도 넘어가 많은 유력한 상인이 이곳을 떠났다. 또 건어물 상권은 중부시장(中部市場)으로 넘어갔다. 그 대신 남대문시장은 기성복을 중심으로 한 의류와 양품이 주종을 이루기 시작해 오늘에 이르고 있다.

　1977년 재개발지역으로 묶여 증축 등 환경 개선이 어려워지고, 백화점·쇼핑센터·지하상가에 밀려 쇠퇴일로를 걷던 남대문시장은 1988년 5월 24일 재개발 계획이 취소됨에 따라 주차장과 상품전시장 건설 등으로 재도약을 이루었다.
 벤츠 탄 사장이나 지게 진 막벌이꾼이나 남대문시장을 생존의 무대로 삼아 생계를 걸기는 마찬가지. 종합백화점 남대문시장은 경제 활동의 종착점이며 재생산의 시발점이다. 짚신 대신 구두가 장터를 누비고, 갓 쓴 남자 대신 양장 여인들이 물결처럼 밀려 다니지만 남대문시장은 여전한 서민의 시장이다.

단어

단어	품사	뜻
입김	[명]	① 입에서 나오는 더운 김. ② 타인에게 행사하는 영향력을 비유적으로 이르는 말.
내뿜다	[동]	밖으로 향해 뿜다.
주름잡다	[동]	모든 일을 자기가 하고 싶은 대로 주동이 되어 처리하다.
니트[knit]	[명]	뜨개질하여 만든 옷이나 옷감.
캐주얼[casual]	[명]	'평상', '평상복'으로 순화.
투피스[two-piece]	[명]	여성복에서, 주로 같은 천으로 하여 윗도리와 스커트가 따로 되어 한 벌을 이룬 옷.
홈웨어[home wear]	[명]	집에서 입는 옷.
봉고	[명]	승합차의 일종.
북새	[명]	많은 사람이 야단스럽게 부산을 떨며 법석이는 일.
떼	[명]	목적이나 행동을 같이하는 무리.
밀어닥치다	[동]	여럿이 한꺼번에 닥치다.
호객	[명]	물건 따위를 팔기 위하여 손님을 부름.
쿵작쿵작	[부]	흥겨운 곡을 합주하는 소리. 또는 그 모양.
구르다	[동]	선 자리에서 발로 바닥을 힘주어 치다.
짝짝	[부]	손뼉을 자꾸 치는 소리. 또는 그 모양.
다달	[명]	달로 이어지는 세월의 흐름 속에서 개개의 달.
다다구리	[명]	재래시장에서 소리치며 물건 파는 상인.

목청	[명]	=성대(聲帶).
신명	[명]	흥겨운 신이나 멋.
치닫다	[동]	① 위쪽으로 달리다. 또는 위쪽으로 달려 올라가다.
		② 힘차고 빠르게 나아가다.
		③ 생각, 감정 따위가 치밀어 오르다.
명물	[명]	① 어떤 지방의 이름난 사물.
		② 한 지방의 특산물.
		③ 남다른 특징이 있어 인기 있는 사람을 이르는 말.
행상(行商)	[명]	상품을 가지고 돌아다니며 판매하는 행위.
영예군인	[명]	전투나 군사상 공무 중에 몸을 다친 군인이다.
건강체	[명]	병이 없고 튼튼한 몸.
대가리	[명]	① 동물의 머리.
		② 사람의 머리를 속되게 이르는 말.
		③ 주로 길쭉하게 생긴 물건의 앞이나 윗부분.
풍진	[명]	① 바람에 날리는 티끌.
		② 세상에서 일어나는 어지러운 일이나 시련.
축도	[명]	① 대상이나 그림을 일정한 비율로 줄여서 원형보다 작게 그림. 또는 그런 그림.
		② 어떤 것의 내용이나 속성을 작은 규모로 유사하게 지니고 있는 것을 비유적으로 이르는 말.
전선	[명]	이 글에서는 '직접 뛰어든 일정한 활동 분야'를 가리킨다.
시대상	[명]	어떤 시대의 되어 가는 모든 형편. 또는 한 시대의 사회상.
헐벗다	[동]	① 가난하여 옷이 헐어 벗다시피 하다.
		② (비유적으로) 나무가 없어 산의 맨바닥이 드러나다.

굶주리다	[동]	① 먹을 것이 없어서 배를 곯다.
		② 마음속으로 간절히 원하는 것을 얻지 못하거나 마음대로 하지 못하여 몹시 안타깝게 여기다.
땔감	[명]	불을 때는 데 쓰는 재료.
주종	[명]	여러 가지 가운데 주가 되는 것.
추산하다	[동]	짐작으로 미루어 셈하다.
원단	[명]	모든 의류의 원료가 되는 천.
장신구	[명]	몸치장을 하는 데 쓰는 물건.
잡다하다	[형]	잡스러운 여러 가지가 뒤섞여 너저분하다.
언저리	[명]	① 둘레의 가 부분.
		② 어떤 나이나 시간의 전후.
		③ 어떤 수준이나 정도의 위아래.
시전	[명]	① 시장 거리의 가게.
		② 조선 시대에, 지금의 종로를 중심으로 설치한 상설 시장.
시발	[명]	① 차 따위가 맨 처음 떠남.
		② 일이 처음으로 시작됨.
		③ 증세가 처음 생김.
난전	[명]	① 허가 없이 길에 함부로 벌여 놓은 가게.
		② 조선 시대에, 나라에서 허가한 시전(市廛) 상인 이외의 상인이 하던 불법적인 가게.
세미	[명]	조세로 바치던 쌀.
벼슬아치	[명]	관청에 나가서 나랏일을 맡아보는 사람.
보부상	[명]	봇짐장수와 등짐장수를 통틀어 이르는 말.
저자	[명]	① '시장(市場)'을 예스럽게 이르는 말.
		② 시장에서 물건을 파는 가게.
잦아지다	[동]	어떤 일이나 행위 따위가 자주 있게 되다.
거스르다	[동]	① 일이 돌아가는 상황이나 흐름과 반대되거나 어긋나는 태도를 취하다.
		② 남의 말이나 가르침, 명령 따위와 어긋나는 태도를 취하다.

		③ 남의 마음을 언짢게 하거나 기분을 상하게 하다.
중개상	[명]	다른 사람의 의뢰를 받고 상행위의 대리 또는 매개를 하여 이에 대한 수수료를 받는 상인. 중매인, 판매 대리인 등이 대표적이다.
무허가	[명]	허가를 받지 아니함.
잽싸게	[부]	동작이 매우 빠르고 날래게
무지막지하다	[형]	① 몹시 무지하고 상스러우며 포악하다. ② 물건 따위가 지나치게 크다.
대작	[명]	높은 작위(爵位).
행차	[명]	웃어른이 차리고 나서서 길을 감. 또는 그때 이루는 대열.
꽁무니	[명]	① 짐승이나 새의 등마루뼈의 끝이 되는 부분. ② 엉덩이를 중심으로 한, 몸의 뒷부분. ③ 사물의 맨 뒤나 맨 끝.
구실	[명]	자기가 마땅히 해야 할 맡은 바 책임.
입지(立地)	[명]	인간이 경제 활동을 하기 위하여 선택하는 장소.
배오개	[명]	고개 이름.
제정	[명]	제도나 법률 따위를 만들어서 정함.
부령	[명]	일제 강점기에, 부에서 내리던 행정 명령.
토박이	[명]	대대로 그 땅에서 나서 오래도록 살아 내려오는 사람.
축출	[명]	쫓아내거나 몰아냄
집계되다	[동]	이미 된 계산들을 한데 모아서 계산하게 되다.
영세	[명]	① 작고 가늘어 변변하지 못함. ② 살림이 보잘것없고 몹시 가난함.
몸부림치다	[동]	① 심하게 온몸을 흔들고 부딪다. ② (비유적으로) 어떤 일을 이루거나 고통 따위를 견디기 위해서 고통스럽게 몹시 애

		쓰다.
짓밟히다	[동]	① 남에게 함부로 마구 밟히다.
		② 인격이나 권리 따위가 침해를 받다.
민초	[명]	'백성'을 질긴 생명력을 가진 잡초에 비유하여 이르는 말.
실향민	[명]	고향을 잃고 타향에서 지내는 백성.
꿀꿀이죽	[명]	여러 가지 먹다 남은 음식을 섞어 끓인 죽.
닥치는대로	[부]	이것저것 가릴 것 없이 앞에 나타나거나 눈에 띄는 것으로
아바이시장	[명]	시장이름
판자촌	[명]	판잣집이 모여 있는 매우 가난한 동네.
발가벗다	[동]	① 알몸이 되도록 입은 옷을 모두 벗다.
		② (비유적으로) 산이 나무나 풀이 거의 없어 흙이 드러나 보일 정도가 되다.
		③ (비유적으로) 나무가 잎이 다 떨어져 가지가 드러나 보이다.
		④ (비유적으로) 가지고 있던 물건이나 생각, 사실 따위를 모두 내놓거나 드러내어 가진 것이 없다.
암거래	[명]	법을 어기면서 몰래 물품을 사고파는 행위.
양키	[명]	미국 사람을 낮잡아 이르는 말.
도깨비시장	[명]	상품, 중고품, 고물 따위 여러 종류의 물건을 도산매·비밀 거래 하는, 질서가 없고 시끌벅적한 비정상적 시장.
붐	[명]	어떤 사회 현상이 갑작스레 유행하거나 번성하는 일.
거머쥐다	[동]	틀어잡거나 휘감아 쥐다.
막벌이꾼	[명]	아무 일이든지 닥치는 대로 해서 돈을 버는 사람.
종착점	[명]	마지막으로 도착하는 지점.
작전	[명]	어떤 일을 이루기 위하여 필요한 조치나 방법을 강구함.

보충지식

1. 상용 부사

* 성의껏: 있는 성의를 다하여. 정성껏. ☞ 성의껏 돌보아 주다.
* 어설피: 어설프게 짜임새가 없고 허술하다. 야무지지 못하고 설다. ☞ 하는 일이 어설퍼 미덥지 않다.
* 오순도순: 의좋게 서로 이야기를 나누거나 지내는 모양. ☞ 모여앉아 오순도순 이야기를 나누다.
* 와들-와들: (몹시 춥거나 무서워서)몸을 야단스럽게 떠는 모양. ☞ 추워서 와들와들 떨다.
* 주렁-주렁: ① 열매 따위가 많이 매달려 있는 모양. ☞ 감이 주렁주렁 열린 가지. ② 한 사람에게 여러 사람이 딸려 있는 모양. ☞ 자식이 주렁주렁 달려 있어 개가도 어렵다.
* 주룩-주룩: ① 비가 죽죽 내리는 소리, 또는 그 모양. ☞ 주룩주룩 장대같이 쏟아지는 비. ② 굵은 물줄기 따위가 좁은 구멍이나 면을 짧게 흐르다 그치고 하는 소리, 또는 그 모양.

2. 속담 및 관용구

* 낯이 뜨겁다: 남 보기 부끄러워 얼굴이 달아오르다.
* 내숭떨다: 겉으로는 부드러워 보이나 속은 엉큼함.
* 녹초가 되다: 아주 맥이 풀려 늘어진 상태.
* 누워서 떡먹기: 힘들이지 않고 아주 쉽게 할 수 있음을 이르는 말.
* 눈 가리고 아웅하다: 얕은 수로 남을 속이려 함.

3. 관용표현

* **-다손 치더라도**

동사나 형용사에 붙어서 선행절은 후행절에 종속적으로 연결된다. 뜻을 분명하게 하고 강조하기 위해서 그 앞에 '아무리'를 쓰고 문장 끝은 이중

부정을 하거나 '-다니요?' 등 강한 어감의 표현을 쓴다. 의미는 선행절을 인정한다고 하여도 그러한 것이 후행절에는 아무 영향이 미치지 않음을 나타내는 것으로서 '-다고 하더라도'와 같은 의미이다.

☞ 일이 아무리 바쁘다손 치더라도 친한 친구 결혼식에 안 갈 수는 없지요.

☞ 아무리 돈이 많은 부자라손 치더라도 세상 일은 모두 돈으로 해결할 수는 없습니다.

* **-(으)면 몰라도**

가정적 조건을 나타내는 연결어미로서 동사, 형용사와 결합한다. 주절의 내용을 강하게 표현하는 말인데 선행절과 같은 조건에서는 예외가 있음을 약하게 덧붙이는 말이다.

☞ 비가 굉장히 오면 몰라도 축구는 꼭 합니다.

☞ 네가 마음에 들면 몰라도 또 만나라고는 안 하겠어.

* **-기에 망정이다**

'-기' 앞에는 현재와 완료 시상어미가 올 수 있다. 후행절의 서술어는 가정법 문형으로 실제 사실의 반대 상황이 제시된다. 의미는 선행절처럼 잘 했기 때문에 후행절의 일이 잘 되었음을 다행스럽게 생각함을 나타낸다. 만일 선행절과 같이 하지 않았음을 가정하면 후행절에 일이 잘 안 되거나 현재와 다른 결과가 나왔을 것임을 나타난다.

☞ 우산을 준비했기에 망정이지 소나기를 다 맞을 뻔했다.

☞ 하느님이 도와주셨기에 망정이지 그때 우리는 모두 죽었을 거야.

☞ 마침 돈이 있었기에 망정이지 그렇지 않았으면 걸어서 왔을 거예요.

* **-을 세라**

동사에 붙어서 혹시 잘못 될까 봐 염려하는 뜻을 나타낸다.

☞ 체중이 늘세라 음식을 조절하고 운동을 하고 있어요.

☞ 아이가 다칠세라 잠시도 눈을 떼지 않았는데요.

☞ 불면 날아갈세라 쥐면 깨질세라 한다.

연습문제

1. 다음 괄호 안에 알맞은 것을 고르십시오.

    (1) 그녀의 마음도 낙엽들이 우수수 깔린 을씨년스러운 거리처럼 (　) 있었다.
      ① 혼란해　　② 심란해　　③ 곤란해　　④ 방심해

    (2) 그의 생애에 곁들인 무수한 설화들은 그가 (　) 인물이었다는 것을 말해 주는 증거가 되는 것이다.
      ① 만만치 않은　　　　② 개의치 않는
      ③ 범상치 않은　　　　④ 심상치 않은

    (3) 그녀의 아름다운 마음씨는 메말랐던 나의 마음을 (　) 적셔 주었다.
      ① 촉촉하게　　　　② 딱딱하게
      ③ 칙칙하게　　　　④ 막막하게

    (4) 이 달빛을 타고 동편 마을에서 큰 아기들의 놀이 소리가 (　) 울려왔다.
      ① 그윽히　　② 어련히　　③ 짬짬이　　④ 아련히

    (5) 담당 쪽에서도 꽤나 귀찮고 성가셨음에도 (　) 참고 감당해 주었었다.
      ① 지그시　　② 은근히　　③ 무작정　　④ 꿋꿋이

2. 다음 (　) 안에 들어갈 수 있는 것을 고르십시오.

    (1) 오늘은 일요일이니 그가 어쩌면 (　)
      ① 집에 있을 지도 모른다.
      ② 돌아올 수 있을까?
      ③ 나한테 전화할 수 없다.
      ④ 집에 있겠는가?

(2) 아침부터 내리는 비가 좀처럼 (   )
   ① 더 억수로 퍼붓고 있다.
   ② 점심 때가 되어 그치기 시작했다.
   ③ 그냥 내리고 있다.
   ④ 그치지 않는다.
(3) 설마 돌아갔을까 하고 물어보았더니 (   )
   ① 과연 돌아가지 않았다고 대답한다.
   ② 과연 돌아갔다고 대답한다.
   ③ 비로소 돌아갔다고 대답했다.
   ④ 비로소 돌아가지 않았다고 대답했다.

3. 괄호 안에 알맞은 것을 넣으십시오.

> 둥실둥실, 가물가물, 껑충껑충, 하늘하늘, 오락가락, 굽이굽이, 지글지글, 띄엄띄엄

(1) 캥거루는 배꼽노리에 있는 아기 주머니에 새끼를 넣고 (   ) 뛴다.
(2) 할머니의 정신 상태가 (   ) 이상해져 있는 탓에 집안이 어수선하다.
(3) 그녀가 들고 있는 촛불이 (   ) 꺼지려 한다.
(4) 그는 (   ) 타 들어가는 곱창을 안주 삼아 다시 막걸리 한 사발을 들이켰다.
(5) 흰 장다리꽃이 바람에 (   ) 흔들린다.
(6) 여울의 얕은 곳을 따라 디딤돌이 (   ) 놓여 있었다.
(7) (   ) 구부러진 산길을 가쁜 숨을 몰아쉬며 올라갔다.
(8) 자기의 몸이 공중으로 구름을 타고 (   ) 올라가는 듯했다.

4. 다음 밑줄 친 곳 중 틀린 것을 고르십시오.

(1) (   )
① 저는 그 거래처와 계약을 연장할 의도가 <u>전혀</u> 없습니다.
② 하루 일을 마치고 집으로 돌아갈 때면 <u>이따금</u> 많은 피로를 느낀다.
③ 무더위에 자동차를 운전하는 것은 <u>여간</u> 고역이 아니다.
④ 물에 빠진 사람을 구할 경우 가장 유용하게 쓸 수 있는 것이 바로 주변에서 <u>차차</u> 볼 수 있는 빈 페트병을 활용하면 효과가 있다.

(2) (   )
① 얼마전 영화제에서 여우상을 수상하며 감격에 겨워하는 모습이 <u>마치</u> 인상적이다.
② 오랜 시간 수배 생활을 해온 범인은 <u>마침내</u> 부산으로 도주하는 도중에 검거되었다.
③ 사람은 기껏 <u>살아봐야</u> 100년이지만 유물은 수백년, 수천년 동안 전승된다.
④ 요즈음은 <u>특히나</u> 패션 모델을 꿈꾸는 젊은이들이 많다.

(3) (   )
① 누가 보기에도 멋지고 아무리 봐도 예쁜 여자애가 내게 온다면 <u>굳이</u> 마다할 것까지는 없을 것이다.
② 용기도 없고 게을렀으므로 무언가를 바꾸기보다는 적응하는 편이 <u>훨씬</u> 성격에 맞았던 것뿐이다.
③ 당신은 오류가 <u>일절</u> 없는 사람과 아무렇지도 않은 듯 마주할 수 있는가.
④ 강둑을 내려가면서 나는 갈대숲에 아버지가 <u>도저히</u> 부처의 모습처럼 앉아 있는 것을 보았다.

5. 다음 밑줄 친 것과 바꿔 쓸 수 있는 것을 고르십시오.

(1) 동생은 그 일을 <u>할까 말까</u> 주저하다가 끝내는 포기하고 말았다.
① 하든지 말든지   ② 하거든 말거든
③ 할지 말지   ④ 하거나 말거나

(2) 그 적수는 아무리 이기려야 이길 길이 없었다.
   ① 이기려고 해도 이길 수가 없었다
   ② 이기기 어려워도 노력해야 한다
   ③ 이기려고 해도 이길지 모르겠다
   ④ 이기기만 하면 된다
(3) 아들이 대학에 합격하여 부모는 기쁘기가 한량없다.
   ① 기가 그지없다   ② 기가 일쑤이다
   ③ 기가 마련이다   ④ 기 나름이다
(4) 그 애가 고주알미주알 캐물어서 매우 귀찮았다.
   ① 캐묻는 순간에   ② 캐묻는 통에
   ③ 캐묻는 동안에   ④ 캐묻는 것에

6. 다음 문장을 완성하십시오.

(1) 너 잘 만났다. 그렇지 않아도_____.
(2) 출발 시간을 다시 확인했으니 망정이지_____
   _____.
(3) 비가 굉장히 오면 몰라도_____.
(4) 아이가 다칠세라_____.

7. 다음 글을 읽고 물음에 답하십시오.

(가) 세종은 훈민정음 서문을 통해 "나라말이 달라 어리석은 백성들이 말하고 싶은 것이 있어도 제 뜻을 펴지 못하는 사람이 많다. 내가 이를 딱하게 여겨 새로 28자를 만들었다"라고 훈민정음 창제의 취지를 밝혔다.

(나) 봄에는 봄나들이 떠나는 병아리 떼처럼 앙증맞은 노란 꽃이 유난스럽게 많다. 냉이와 함께 피는 꽃다지가 그러하고, 길가에 나지막하게 피는 민들레, 가장 먼저 봄을 알리는 복수초, 동의나물과 애기똥풀, 그리고 노란 개나리가 모두 그러하다.
봄꽃 중에서도 앵초는 독특한 자태와 고운 빛깔로 바라보는 이의 마음을 한순간에 빼앗아 버린다. 들판에 아지랑이가 한창 피어 오를 무렵, 주로 물가에 피어나는 애초는 주름진 잎새와 진분홍 색의 작은 꽃송이들이 보는 이의 마음을 설레게 한다.

　(다) 붓꽃은 모양 자체가 워낙 독특한데다가 꽃색마저 신비스러운 보랏빛을 띠기 때문에 ⑤<u>많은 사람들의 사랑을 받는다</u>. 먹물을 머금은 붓과 같다고 해서 붙여진 것이다. 붓꽃은 서양에서도 많은 사랑을 받는데, 붓꽃의 서양 이름은 아이리스이다.

　(라) 조정은 현재 시가와 각종 경서를 훈민정음으로 번역하여 백성들에게 보급 중인데, 특히 여성층과 서민들의 호응도가 높은 것으로 알려지고 있다. 그러나 최만리, 김문 등 상당수 관리들은 "중국과 다른 문자를 만드는 것은 사대의 예에 어긋나며, 스스로 오랑캐가 되는 것"이라며 훈민정음의 보급을 탐탁치 않게 생각하고 있어 전면적인 보급에는 다소의 어려움이 따를 것으로 보인다.

(1) (가)에서 "근본 목적이나 의도"라는 의미를 가진 낱말을 찾아 쓰십시오.
　　(　　　　　　　　　　　　　　　　　　)
(2) (다)의 제목으로 가장 적절한 것은 무엇입니까?
　　① 붓꽃의 꽃말　　　　　　② 붓꽃의 쓰임새
　　③ 붓꽃의 생김새와 이름의 유래　　④ 붓꽃의 서식지
(3) ⑤의 이유를 두가지 들어보십시오.
　　(　　　　　　　　　　　　　　　　　　)
(4) (라)의 내용으로 보아, 최만리 등의 관리들이 훈민정음의 반포 및 상용에 반대하는 가장 큰 이유로 알맞은 것은 무엇입니까?
　　① 백성들은 문장을 알 필요가 없다.
　　② 중국을 섬기는 사대주의에 어긋난다.
　　③ 다른 오랑캐와 같은 대접을 받게 된다.
　　④ 중국과 동등한 나라로 발전할 기회를 잃게 된다.

8. 다음 글을 읽고 (   ) 안에 가장 알맞은 표현을 고르십시오.

　　우리 공장의 발명왕인 정복만 씨는 퇴근 후 생각에 잠겨 있었다. 적당한 모터만 있으면 일이 풀릴 것 같은데, 도대체 (　㉠　). 그때 문득 방을 따뜻하게 해 주는 보일러가 떠올랐다. 그는 보일러 모터를 빼내 공장으로 갔다. 고민거리가 그 모터로 깨끗이 해결되었다. 그때 공장으로 전화가 왔다. "아버지, 보일러가 이상해요. 날도 추운데 고장이 났나 봐요. 안 켜져요." 지금도 정복만 씨는 (　㉡　). 추위에 떨던 아내와 아이들에게 미안하다는 말을 하지 못했기 때문이다.

(1) (㉠)

① 어디에서나 그 모터를 사용할 줄 몰랐다.
② 어디에서 그 모터를 구해야 할지 몰랐다.
③ 어디에 그 모터를 넣어야 할지 알 수 없었다.
④ 어디에서든지 그 모터를 쉽게 찾을 수 있었다.

(2) (㉡)

① 그날 날씨가 몹시 춥지는 않았다고 생각한단다.
② 그날 가족들이 별로 고생하지 않았다고 생각한단다.
③ 그날을 생각하면 미안해서 얼굴이 달아오른다고 한다.
④ 그날의 잘못을 생각만 할 뿐 사과는 하지 않았다고 한다.

9. 다음 중국어 내용을 한국어로, 한국어 내용을 중국어로 번역하십시오.

(1) 韩国××大学校与中国××大学

交流合作意向书

　　韩国××大学校与中国××大学,为了增进两校之间的教育和学术交流以及合作,拟签订学术交流协议,现根据互惠平等的原则,达成如下意向。

1. 双方同意共同促进人员、物质等交流及合作事项。内容如下：
　　——共同讲座及共同教育软件的开发。
　　——以教育及研究为目的的本科生及研究生的交流及学分交换。
　　——以研究、授课及学术研讨为目的的教授级研究者的交流。

——共同举办学术会议、研讨会及研究者的相互友好访问。
——大学行政职员的相互友好访问。
——对学校活动的相互支持。
——两校研究设施的共同利用。
——其他合作领域的交流。

2. 本意向书中没有涉及,或在日后的交流合作中需要补充的事项,经两校同意,可增加相关内容或另行签订意向书。

3. 为使本意向书的合作项目顺利实施,尽早开展业务合作,并制订出具体的交流合作计划,双方确定联络负责人。韩国××大学由国际协力处处长负责,中国××大学由外事处处长负责。双方本着合作的精神,应尽最大的努力满足对方的要求。

  本意向书的有效期为,自签字之日起五年。如要修改或废除,必须提前六个月向对方提出书面通知。如果没有任何一方的书面通知,本意向书将以五年为期限,自动延续。

  本意向书用中文、韩文、英文三种文字书写,各种文字的文本具有同等效力。

  本意向书自双方校长签字之日起生效。

××年×月×日

韩国××大学   中国××大学
总长×××   校长×××

(2) 고려 말기에 『주자가례』가 한반도에 전수됐다. 고려의 문인, 학자들은 이를 진지하게 연구 학습했다. 이로 인해 바로 민간에도 널리 전파되기에 이르렀다. 한국에서 중요하게 생각되는 이른바 관혼상제는 바로 이 『주자가례』에 따른 것이다. 이후 정주이학의 대표작인 『주자집전』 역시 한반도에 전수됐다. 곧 바로 한국 문인, 학자들에게 대단한 사랑을 받았다. 심지어 한국 신유학파의 경전으로 받들어졌다. 아마도 이에 대해서는 조선의 정조대왕이 말한 찬사를 참고하는 것이 좋

을 듯하다. "주자는 공자 이후 첫 번째로 꼽히는 성인이다. 요순을 비롯해 우와 탕의 도는 공자로 인해 분명해졌다. 그러나 공자와 증자, 자사, 맹자의 학문은 주자가 있음으로 인해 전수됐다. 주자가 공경 받음으로 인해 공자도 비로소 존경을 받게 되었다. (이분들은) 천지를 위해 마음을 세우고 백성을 위해 명을 세웠다. 또 만세를 위해 태평성대를 열었다. 우주로부터 영원히 올바른 가르침을 이끌어내고 이것을 경전으로 삼아 당시의 중국에 널리 펼쳤다. 이로써 이단을 물리치고 민심을 안정시켰다."

10. 아래 제시된 내용을 모두 포함시켜 작문하십시오. (800-900자)

<교통문화를 바로 세우자>
자동차가 대중화 된 오늘날 자동차는 우리에게 많은 편리함을 주기도 하지만 자동차 때문에 많은 불편을 겪기도 하며 본인이 의도하든 아니든 다른 사람에게 피해를 줄 수도 있다. _____

<고쳐야 할 교통문화>
주정차 위반 / 신호 위반 / 경음기 사용 / 얌체 운전 / 음주 운전

제5과 숲 속의 곰금님

1. **작품 감상**

   평화로운 숲 속 마을에서는 모든 동물들이 평등하고 사이좋게 지내고 있었다. 그러던 어느날 덩치 큰 곰이 이사를 왔다. 자신의 일을 찾아서 열심히 일하던 곰은 위험에 처한 토끼를 도와준 후 마을 친구들의 존경을 얻게 되지만, 게을러진 곰은 힘으로 마을의 우두머리 행세를 하면서 점차 신임을 잃는다. 그러다가 우연히 이사 온 호랑이와의 만남에서 자신의 잘못을 깨닫게 된다.

2. **생각해 볼문제**
   ① 수평 구조에서 수직 구조로 변화하는 이유를 생각해 보세요.
   ② 스스로 높이는 것과 높임을 받는 것의 차이에 대해서 생각해 보세요.
   ③ 곰이 왕관을 녹여 반지를 만든 이유는 무엇인지, 반지의 의미에 대해서 생각해 보세요.
   ④ 이상적인 사회의 모습, 그것을 이루기 위한 행동에 대해서 생각해 보세요.

깊고 깊은 산속에 착한 동물들만 모여 사는 마을이 있었습니다. 토끼, 다람쥐, 염소, 너구리, 노루, 여우, 두더지……. 좌우지간 조그맣고 예쁜 동물들이 옹기종기 모여서 아기자기하게 사는 마을이었습니다. 아침이 밝으면 동물들은 기분 좋게 잠에서 깨어, 각자 자기가 가꾸는 조그마한 밭으로 가서 열심히 일했습니다. 토끼는 배추밭을 일구며 배추가 맛있게 자라도록 매일 돌봤고, 노루는 딸기가 빨갛고 커다랗게 열매 맺도록 신경을 썼습니다. 제일 작은 다람쥐마저 도토리랑 밤을 열심히 모으느라고 바쁘게 몸을 움직였습니다. 그리고 점심 먹을 시간이 되면 동물들은 마을 한가운데 있는 큰 나무 아래 풀밭에 앉아, 가지고 온 도시락을 맛있게 나누어 먹었습니다.

"여우야, 이 토마토 너무 달고 시원해."
"토끼야. 배추가 정말 맛있구나."

　동물들은 우애 좋게 음식을 먹고 다시 일터로 돌아가서 해가 질 때까지 열심히 자기가 맡은 일을 했습니다. 해가 지면 동물들은 힘들었지만 보람찬 하루를 정리하고 강가에 가서 땀을 씻은 다음, 너구리가 피워 놓은 모닥불 주변으로 모였습니다. 모닥불로 구워 놓은 고구마는 멧돼지가 캐어 온 것이지만, 멧돼지는 기쁜 마음으로 모두와 나누어 먹었습니다. 기분이 좋아진 여우가 피리를 불면 다람쥐와 두더지가 팔짱을 끼고 빙글빙글 돌며 춤을 추곤 했습니다. 재미있게 웃으면서 놀다가 하나둘씩 자기 집으로 돌아가 내일을 위해 잠을 청했습니다. 모닥불을 피우는 것도 너구리의 일이었고 모닥불을 안전하게 끄는 것도 너구리의 일이었습니다. 너구리는 모든 동물이 자기 집으로 돌아가면 잦아진 모닥불에 오줌을 눠서 불을 끄는 일을 절대 잊지 않았습니다. 산에서는 불조심하는 것이 아주 중요한 일이니까요.

　그러던 어느 날 아침 새로운 식구가 한 마리 숲 속으로 이사를 왔습니다.
"안녕, 난 곰이야. 앞으로 친하게 지내자."

　숲 속의 동물들은 인사를 하는 곰의 큰 덩치에 깜짝 놀랐습니다. 곰이 얼마나 큰지 다람쥐는 여우의 머리 위에 올라서서도 곰의 얼굴이 까마득히 멀어보였습니다. 그렇지만 곰의 웃는 얼굴이 아주 착하고 순해 보였기 때문에 무섭지는 않았습니다.

"어서 오렴. 여기에서는 자기가 제일 좋아하는 걸 키우면 돼. 넌 뭘 제일 좋아하니?"

　수염이 있어서 점잖아 보이는 염소가 헛기침을 '에헴' 하며 말했습니다.
"꿀! 난 꿀이 제일 좋아."

　곰은 말하는 것만으로도 침이 흐른다는 듯 입을 '슥' 닦으며 대답했습니다.
"어, 나도 꿀 되게 좋아하는데."

　너구리가 반가워서 손뼉을 쳤습니다.
"에헴, 꿀이 있으면 좋지. 딸기나 다른 과일에 찍어 먹어도 좋고."

　염소는 고개를 끄덕였습니다.

"꿀을 모으려면 언덕 아래에 있는 숲으로 가야해. 거기가 꿀벌들이 모여 사는 곳이거든."

"그럼 곰, 너는 꿀 따는 일을 해 줘. 열심히 해야 해."

토끼가 잘 왔다는 듯 곰의 손을 잡으며 말했습니다.

"맡겨 줘, 난 힘이 세서 일을 굉장히 잘하거든."

곰은 토끼를 번쩍 안아 올리며 웃었습니다. 숲 속의 모든 동물 친구가 기쁘게 웃으며 새 친구를 반겼습니다.

곰은 밑동에 구멍이 있는 큰 나무에서 살기로 하고 구멍 안에 나뭇잎을 채웠습니다. 그러자 순식간에 매우 훌륭한 굴이 만들어졌습니다. 다음 날 아침 일찍부터 곰은 열심히 꿀을 채집했습니다. 손을 깨끗이 씻고 나무를 타고 올라가서 벌통 안의 꿀을 반쯤 덜어 꿀 항아리에 담았습니다. 가끔 자기들이 힘들게 꽃에서 모아온 꿀을 가져가는 곰에게 화를 내며 쏘려는 벌들도 있었지만 곰의 가죽과 털은 아주 두꺼워서 조금도 아프지 않았습니다. 벌들이 윙윙거리며 쏘아 대면 곰은 손을 휘휘 저어서 쫓으며, "반은 남겨 뒀잖아. 너무 화내지들 마!"라고 말했습니다. 숲 속의 동물들이 모두 먹을 만큼의 꿀을 준비하는 일은 꽤 힘이 드는 것이었지만, 곰은 땀을 뻘뻘 흘리며 열심히 이 벌집, 저 벌집에서 꿀을 덜어 모았습니다. 숲 속의 모두 동물들도 곰 덕분에 꿀을 실컷 먹었고 점심과 저녁 식사는 더욱 윤택해졌습니다. 통밀로 만든 빵에 꿀을 발라서 한 입 가득 베어 먹은 토끼는 행복한 미소를 지었습니다. 너구리는 꿀을 탄 홍차 한 모금에 온 세상을 다 얻은 것 같았습니다.

염소조차도 나뭇잎에 꿀을 묻혀서 먹었습니다.

"곰, 우리 마을에 정말 잘 왔어. 참 좋은 친구야."

숲 속의 동물들은 곰을 썩 마음에 들어 했습니다. 그럴 때면 곰은 부끄러운 듯 머리를 긁적이며 웃었습니다. 꿀을 어느 정도 모아 놓은 후 곰은 숲 한구석의 평지를 갈아 감자밭을 만들었습니다. 곰이 정성껏 가꾼 덕분에 감자는 무럭무럭 자랐습니다. 그 곁을 지나던 동물이 "힘들지 않아?"하고 걱정해 줘도, 곰은 씩 웃으면서 "이 정도는 끄떡없어! 난 힘이 세니까."라고 대답했습니다.

곰이 이사 온 지 몇 달이 지났습니다. 우기가 찾아온 산에는 며칠 동안 계속해서 많은 비가 내렸습니다. 동물들은 비를 피해, 자기 집 안에서 하늘을 살피곤 했습니다. 곰도 나무 밑 자기 굴에 누워 찐 감자를 맛있게 먹고 있었습니다. 그 때 멀리서 염소가 다급하게 외치는 소리가 들렸습니다.

"토끼네 집이 무너졌다아! 토끼가 나무에 깔렸다아!"

그 소리를 들은 동물들은 모두 토끼의 집 쪽으로 뛰어갔습니다. 토끼는 무너진 집의 기둥과 기둥 사이에 끼어 있었습니다. 지금 당장은 크게 다친 곳이 없었지만 기둥이 완전히 넘어진다면 아주 위험해질 것 같았습니다.
 "이를 어째! 저 기둥을 어떻게 치운다지?"
  다람쥐가 발을 동동 구르며 안타까워했습니다. 너구리도 어쩔 줄 몰라 하며 허둥지둥 했습니다.
 "저리들 비켜 있어."
  그때 곰이 앞으로 쑥 나서며 다른 동물들을 물러서게 했습니다. "영차!" 곰은 굵은 기둥을 끌어안더니 용을 썼습니다. 그러자 그 크고 굵은 기둥이 젓가락처럼 들어올려졌습니다.
 "으랏차."
  곰은 기둥을 빼서 옆으로 던져 버리고 토끼를 들어 꺼냈습니다.
 "괜찮니, 토끼야? 어디 다친 곳은 없어?"
  토끼는 무섭기도 하고 놀라기도 하고 고맙기도 해서 눈물을 글썽이며 고맙다고 했습니다.
 "만세! 만세! 곰 만세!"
  숲 속의 동물들은 곰 주위를 둘러싸고 기뻐하며 만세를 불렀습니다.
 "곰은 정말 최고야. 네가 없었다면 토끼를 그렇게 무사히 구하지 못했을 거야."
  노루가 두 팔을 들어올리며 말했습니다.
 "맞아, 맞아."
  멧돼지와 여우, 염소도 고개를 끄덕였습니다.
 "곰은 우리를 지켜주기 위해서 왔나 봐, 너무 듬직해!"
  너구리가 덩실덩실 춤을 추며 말했습니다.
 "우리 이럴 게 아니라 곰에게 고맙다는 표시를 하자. 토끼를 구해준 일을 기념할 수 있게 말이야."
  여우의 제안에 모든 동물이 고개를 끄덕였습니다.
 "그러자! 그러자!"
 "근데 뭘 주지?"
  너구리가 고개를 갸웃거리며 물었습니다. 그러자 염소가 자랑스럽다는 듯 뽐내며 말했습니다.
 "에헴, 우리 집에 아주 좋은 게 있어. 오래전 우리 할아버지가 강에서 건진 물건

제5과 숲 속의 곰금님

이야. 인간 세상에서 머리에 쓰는 건데 번쩍번쩍하고 모양도 멋져. 잠깐만 기다려 봐."

잠시 후, 염소는 금으로 만들어진 멋진 왕관을 가지고 돌아왔습니다. 염소의 친척인 양이 잘 모르겠다는 표정으로 물었습니다.

"예쁘긴 한데 그런 게 무슨 선물이 될까? 먹을 수도 없고 머리에 써 봐야 잠들 때 불편하기만 할 텐데."

염소는 눈을 가늘게 뜨고 양을 힐끗 보더니 '메에' 하고 웃으며 말했습니다.

"바보 같은 소리 하지 마. 이건 왕관이라는 건데 인간들 중에서도 아주 높은 자리에 앉은 사람들만 쓸 수 있는 거야. 한 나라에 한 명씩 임금님이라고 불리는 사람이 있는데 그 나라에서 제일 훌륭한 사람이고 가장 힘이 세지. 그 임금님들의 머리에 쓰는 모자가 이 왕관이야. 즉, 힘이 세고 훌륭한 사람이라는 표시를 하는 거지."

"그러면 정말 곰에게 어울리는 거네. 곰은 힘도 세고 용감하고 토끼를 구해 준 훌륭한 동물이니까."

너구리가 손뼉을 치며 말했습니다.

"맞아, 맞아."

다른 동물들도 맞장구를 치며 좋아했습니다. 염소가 곰의 머리에 왕관을 씌워 주자 모두 환호하며 껑충껑충 뛰어다녔습니다. 곰은 조금 부끄러웠지만 친구들이 주는 선물이라서 기쁘게 받았습니다.

다음 날 비가 그치고 언제 흐렸냐는 듯 날씨가 화창해졌습니다. 해님이 다시 하늘 높이 올라서 쨍쨍 빛나고 있었습니다. 곰은 일터로 나가서 감자밭을 돌보고 벌통을 살펴보면서 열심히 일을 했습니다. 머리에 어젯밤 선물 받은 왕관을 쓰고서요.

"곰 임금님, 안녕?"

토끼였습니다. 토끼는 바구니 하나 가득 과일과 야채를 담아 이고 서 있었습니다.

"어, 토끼 안녕? 어디 아픈 데 없지?"

"덕분에, 곰 임금님 이거 먹어. 내가 밭에서 캔 것과 다른 동물들이랑 바꾼 것들이야. 밤에 출출할 때 먹어, 알았지?"

곰은 토끼의 마음이 고마웠지만, 그동안 힘들게 모아 왔던 먹을 것을 받을 수는 없었습니다. 그래서 사양해 보았지만 토끼는 완강하게 버텼습니다.

"내가 고마워서 그래. 너무 주고 싶어. 곰 임금님."
 하는 수 없이 곰은 토끼가 주는 것을 받고 고맙다고 했습니다. 토끼는 기분 좋게 웃으며 자기의 새집으로 뛰어갔습니다. 집이라고 해야 나무 사이에 풀을 덮은 간단한 것이었지만요. 토끼가 준 먹을거리를 굴에 갖다 놓은 후에, 곰은 다시 일터로 돌아와서 열심히 일했습니다. 너구리와 여우가 그 앞을 지나가다가 아는 체를 했습니다.
"여어, 곰 임금님. 일 좀 쉬엄쉬엄 해!"
 곰은 자꾸 자기를 임금님이라고 불러서 부끄러웠습니다.
"그 임금님이라는 말 좀 빼. 난 그냥 곰이야."
 그러자 여우가 자기 머리를 툭툭 치며 웃었습니다.
"어제 염소 말 못 들었어? 그 모자가 임금님의 표시라잖아!"
 너구리가 곧바로 끼어들었습니다.
"모자가 뭐냐? 무식하게. 왕관이라고 해야지."
 그렇게 농담을 늘어놓으며 두 마리는 가던 길을 갔습니다.
 점심 시간에 모두 모여 밥을 먹을 때에도 곰의 인기는 식을 줄을 몰랐습니다. 동물들은 힘센 곰에게 반했는지, 번갈아가며 곁으로 다가와서 입에 먹을 걸 넣어 주고 한 마디씩 호감을 표현했습니다. 그러면서 곰을 곰 임금님이라고 부르는 것도 잊지 않았고요. 그러던 중 다람쥐가 한 가지 제안을 했습니다.
"애들아, 곰을 곰 임금님이라고 부르는 거 좀 불편한 것 같지 않니? 'ㅁ'받침이 주욱 네 개나 있으니까 말이야."
"그러게 말이야, 임금님은 쉬운데 곰 임금님은 어려워, 빨리 말하면 '고미구미' 하게 되더라고."
 양이 고개를 끄덕였습니다. 다람쥐가 '그렇다니까.' 하는 표정으로 말을 계속했습니다.
"그래서 생각해 봤는데 곰이면서 동시에 임금님이니까 줄여 보면 좋을 것 같아. 곰금님이라고."
"곰금님, 곰금님. 어, 그거 훨씬 편한데."
 너구리가 입 안으로 몇 번 되뇌어 보더니 맘에 들어 했습니다. 다른 동물들도 모두 수군대며 연습을 해 봤습니다. 심지어 곰도요. 동물들의 호응을 얻어 결국 곰은 곰금님이라고 불리게 되었습니다. 말리던 곰도 귀찮아졌는지 그러자고 고개를 끄덕였습니다. 곰은, 아차 죄송합니다, 곰금님은 다음날 아침에도 일찍 일어났습니다.

"아, 잘 잤다. 자아, 일하러 가 보실까?"

그때 곰금님의 눈에 어제 토끼가 주고 간 바구니가 보였습니다. 감자, 배추, 당근, 사과. 여러 가지가 많이도 담겨 있었습니다. 토끼의 성의니까 썩어서 버리는 일없이 다 먹어야 하는 거라고 곰금님은 생각했습니다.

"날씨도 더운데 오늘은 집에서 이거나 먹으면서 쉴까?"

그래서 곰금님은 그날 마을에 이사 온 후 처음으로 하루 종일 일을 하지 않았습니다. 꿀통에 든 꿀도 먹고, 과일도 먹은 곰금님은 배가 불러서 졸렸습니다. 곰금님은 꾸벅거리다가 뒤로 벌렁 넘어져서 코까지 골며 잠이 들었습니다. 한편 점심을 먹으려고 모였던 동물들은 곰금님이 보이지 않자 걱정을 했습니다.

"아니, 밥 때 되면 일찌감치 와 있었는데 어떻게 된 거야. 어디 아픈가?"

"밭에도 없던데 말이야"

"하긴 일을 좀 열심히 했나? 얼마 전엔 비 오는데 용도 썼고. 병이 날 법도 하지."

결국 동물들은 먹을 것을 잔뜩 싸 들고 곰금님네 집으로 문병을 갔습니다.

"곰금님 자고 있어? 어디 아파?"

염소가 굴 안으로 머리를 들이밀며 안부를 물었습니다. 동물들의 발소리에 잠에서 깬 곰금님은 왠지 낮잠 잔 것이 부끄러워서 말을 얼버무렸습니다.

"으응, 그저 그래."

그러자 동물들은 걱정스러운 말투로 위로했습니다.

"곰금님이 너무 무리했나 봐, 며칠 푹 쉬어. 이거라도 먹으면서."

그러면서 전해 주는 음식이 몇 바구니가 됐습니다. 곰금님은 당황스러웠지만 이제 와서 안 아프다고 말하려니까 용기가 나질 않았습니다.

"이런 거 안 줘도 되는데, 내 밭에도 먹을 게 자라고 있으니까 말이야."

그러자 동물들은 오히려 한 술 더 떠서 그 밭도 갈아줄 테니 몸이 건강해질 때까지 푹 쉬기만 하라고 신신당부를 하며 돌아갔습니다. 곰금님은 동물들이 주고 간 음식을 굴 구석에 쌓아두고 밖을 내다봤습니다. 아직 환한 낮인데 지금이라도 일을 하러 갈까 하는 생각도 들었지만 아픈데 뭐 하러 나왔냐고 걱정할 토끼를 떠올리고는 다시 누워 버렸습니다.

'그래 이왕 이렇게 된 거, 오늘 하루만 쉬고 내일부터 열심히 일하면 되지.'

다시 잠이 든 곰금님이 깼을 때는 별이 하늘 천장에 걸려 있는 한 밤중이었습니다. 배에서는 꼬르륵 소리가 났습니다. 오늘은 아침 한 끼밖에 안 먹었던 겁니다. 곰금님은 아까 친구들이 가져온 음식을 먹었습니다. 그런데 다 먹고 누워도 잠이 오질 않고 눈이 말똥말똥했습니다. 그도 그럴 것이 오늘은 하루 종일 낮잠을 잤으니까요. 결국 곰금님은 밤새 뒤척이다가 동이 틀 무렵에야 겨우 잠들 수 있었습니다. 결국 다음 날도 그 전날과 똑같아졌습니다. 곰금님은 낮 동안 늘어지게 자고, 동물들은 문병을 오고, 그리고 매일매일이 똑같아졌습니다. 곰금님은 밤에는 친구들이 가져온 음식을 먹고, 낮에는 잠만 잤습니다. 그렇게 게으름을 피우던 곰금님의 머릿 속에 나쁜 생각이 스물스물 자라났습니다.

'일하지 않아도 먹을 게 생기는데. 땀 흘릴 필요가 없지. 난 그냥 곰이 아니라 곰금님이니까.'

곰금님은 점점 더 나쁜 동물이 되어갔습니다. 게으른 건 둘째치고 제멋대로 규칙을 정해서 다른 동물들을 짓누르기까지 했습니다. 곰금님이 만든 규칙에 따라 숲 속의 동물들은 먹을 걸 바쳐야 할 뿐 아니라 곰금님에게 깍듯한 존댓말도 써야 했습니다. 가끔 규칙을 안 지키는 동물이나, 노새처럼 머리가 나빠서 규칙을 잊어먹는 동물들은 곰금님의 큰 앞발로 꿀밤을 맞아야 했습니다. 동물들은 화가 나고 억울하고 어처구니없었지만 곰금님보다 힘이 약했기 때문에 별 도리가 없었습니다. 다만 몰래 숨어서 곰금님의 흉을 보는 게 유일한 분풀이 수단이었습니다.

그렇게 몇 달이 지나고 숲 속 마을에 새 식구가 하나 이사를 왔습니다. 커다란 호랑이였습니다. 호랑이는 눈이 부리부리하고 힘도 세 보였지만 조그만 굴로 집을 삼고 잡초가 많았던 곳을 갈아 밭으로 만들었을 뿐, 다른 동물들에게 불편을 끼치지는 않았습니다. 옛날 같으면 염소가 앞장을 서고 숲 속 동물들이 모두 인사를 하면서 먹을 것을 나누어 먹고 했겠지만, 한 번 곰금님에게 혼이 난 숲 속의 친구들은 호랑이에게도 일부러 친한 척을 하지 않았습니다. 그저 지나가다가 마주치면 "안녕"하는 정도였습니다. 곰금님도 호랑이가 새로 이사를 왔다는 소식은 들었지만 멀리서 보니까 덩치도 엄청 크고 힘도 세 보여서 굳이 건드릴 필요가 없다고 생각했습니다. 그냥 모른 체 내버려두고 자기는 늘 하던 대로 조그만 동물들에게서 먹을 것을 빼앗아 먹고 기분 좋게 잤습니다. 그런데 하루는 저녁 산책을 나갔다가 여우와 사슴이 소곤거리는 걸 우연히 엿듣게 되었습니다.

"곰금님이랑 호랑이랑 싸우면 누가 이길까?"

"글쎄, 아마 막상막하일 것 같은데. 둘 다 엄청나게 힘이 세니까 말이야."

"내가 볼 때는 호랑이가 이길 것 같아. 아주 날렵하게 생겼잖아."

"그러면 임금님이 바뀌는 건가? 곰금님에서 호금님으로?"

이야기를 들은 곰금님은 덜컥 겁이 났습니다. 호랑이가 싸우자고 달려들면 어쩌지? 내가 이길 수 있을까? 곰금님은 며칠 전에 봤던 호랑이를 떠올려 봤습니다. 큰 이빨에 물리면 엄청나게 아플 것 같았습니다. 만약 호랑이에게 진다면? 그땐 왕관도 곰금님 자리도 다 빼앗기게 될 텐데. 곰금님은 자신을 한 번 훑어봤습니다. 처음 이사 왔을 때보다 배가 엄청 나왔고 살도 많이 쪄서 덩치는 오히려 더 커져 있었습니다. 이번엔 나무를 흔들어 보았습니다. 영차, 아무리 용을 써도 나무는 끄덕도 하지 않았습니다.

'예전에는 나무를 흔들면 뿌리까지 들썩이곤 했었는데.'

곰금님은 자기의 힘이 약해진 것에 놀랐습니다. 그럴 수 밖에요. 일은 하나도 않고 먹고 자기만 하는 게으른 생활을 여러 달 동안 해 왔으니까요. 무서워진 곰금님은 자기 굴에 틀어박혀서 벌벌 떨었습니다. 동물들이 가져온 음식도 거의 다 떨어져 가는데 곰금님은 먹을 것을 바치라고 겁을 주면서 마을을 돌아다닐 수가 없었습니다. 호랑이를 만나게 될까 봐 무서웠거든요.

"휴우, 어쩔 수 없지. 내 손으로라도 뭘 좀 캐서 먹어야겠다."

하는 수 없이 곰금님은 자신의 밭으로 가 보기로 했습니다. 그런데 웬걸! 곰금님의 괭이는 다 녹이 슬고 자루는 썩어서 부서지기 직전이었고 밭은 오랫동안 돌봐주는 사람이 없어서 온통 잡초와 자갈투성이였습니다. 이도 저도 안 되는 바람에 낙담한 곰금님은 터덜터덜 자기 굴로 돌아왔습니다. 바로 그때 굴 앞에서 그만 호랑이와 정면으로 마주치게 되었습니다.

'아, 드디어 올 것이 왔구나. 난 이제 싸움에서 지고 쫓겨나나 보다.'

곰금님이 이런 생각을 하고 있는 순간에도 호랑이는 점점 가까이 다가왔습니다. 그리고 마침내 코 앞까지 온 호랑이가 오른손을 휙 뻗었습니다.

"으앗!"

자기가 맞는 줄 알고 곰금님은 머리를 감쌌습니다. 그러나 호랑이는 곰금님을 때리려던 것이 아니었습니다.

"이것 좀 먹어 봐, 곰. 내가 이 마을에서 처음 수확한 거라서 친구들에게 하나씩 돌리고 있어."

의외의 말에 눈을 뜬 곰금님은 엉겁결에 호랑이가 쥐어 준 고구마를 받아들었습니다.

"이걸 준다고? 왜?"

곰금님은 조심스레 물었습니다.

"그야 당연하지, 친구니까. 한 마을에 사는 친구끼리 나눠 먹고 그러는 거잖아."

"그렇지. 고마워. 잘 먹을게."

곰은 다행이다 싶어서 이마의 땀을 닦았습니다.

"그런데 네 밭은 어디니? 꽤 외진 곳인가 봐? 그동안 일하는 걸 본 적이 없는데?"

호랑이의 이 말에 곰금님은 뜨끔했습니다.

"으응, 내가 몸이 좀 아팠거든. 그래서 한동안 밭을 돌보질 못했어. 이제 다 나았으니까 열심히 일해야지."

"그랬구나. 혹시 일손이 필요하면 말만 해. 내가 저녁때 도와줄게."

호랑이는 기운차게 말했습니다. 곰금님은 고맙다고 했습니다. 호랑이가 돌아가고 곰금님은 고구마를 맛나게 먹었습니다. 그리고 곰곰이 생각을 했습니다.

'내가 미쳤었나봐. 왜 열심히 일을 하지 않고 착한 친구들을 괴롭혔을까?'

곰금님은 자신이 한 일이 너무 부끄러웠습니다. 곰금님은 녹슨 괭이를 갈고 자루를 바꿔 끼우며 내일부터 일할 준비를 했습니다. 준비를 다 끝낸 곰금님은 왕관을 벗어서 진흙 그릇에 담아 녹이기 시작했습니다. 그리고 그 녹인 금으로 조그만 반지들을 만들었습니다. 다람쥐부터 호랑이까지, 모든 동물의 수만큼 만들어진 반지들은 달빛 아래서 아름답게 반짝였습니다. 곰금님은 더 이상 존재하지 않았습니다. 곰은 잠을 청하면서 내일 동물 친구들에게 친구반지를 나누어 주며 어떻게 사과해야 할지를 생각했습니다.

"정말 미안해. 난 이제 절대 못된 짓 하지 않을게. 우리 다시 친구가 될 수 있겠니?"

곰은 진심 어린 사과의 말을 몇 번이고 소리 내어 연습했습니다. 이 모습을 달님이 웃으시며 바라보고 있었습니다.

아마 다 잘 될 것 같습니다. 숲 속의 친구들은 다들 정말 마음씨 곱고 착한 동물들이니까요.

단어

너구리	[명]	<동물> 갯과의 포유동물. 여우보다 작고 주둥이가 뾰족하며 꼬리가 뭉툭하다.
두더지	[명]	<동물> 두더짓과의 포유동물을 통틀어 이르는 말.
옹기종기	[부]	크기가 다른 작은 것들이 고르지 아니하게 많이 모여 있는 모양.
모닥불	[명]	잎나무나 검불 따위를 모아 놓고 피우는 불.
덩치	[명]	=몸집. 몸의 부피.
번쩍	[부]	① 물건을 매우 가볍게 들어 올리는 모양. ② 물건의 끝이 갑자기 아주 높이 들리는 모양. ③ 몸의 한 부분을 갑자기 위로 높이 들어 올리는 모양.
밑동	[명]	① 긴 물건의 맨 아랫동아리. ② 나무줄기에서 뿌리에 가까운 부분. ③ 채소 따위 식물의 굵게 살진 뿌리 부분.
벌통	[명]	꿀벌을 치는 통.
윤택하다	[형]	살림이 풍부하다.
통밀	[명]	가루로 빻지 아니한 통째 그대로의 밀.
우기	[명]	일 년 중 비가 많이 오는 시기.
깔리다	[동]	'깔다'의 피동사.
영차	[감탄사]	여러 사람이 힘을 합치면서 기운을 돋우려고 함께 내는 소리.
글썽	[부]	눈에 눈물이 넘칠 듯이 그득하게 고이는 모양.
듬직하다	[형]	① 사람됨이 믿음성 있게 묵직하다. ② 나이가 제법 많다. ③ 사물이 크고 묵직하여 군건하다.
덩실덩실	[부]	신이 나서 팔다리를 계속 흥겹게 놀리며 춤을 추는 모양.
뽐내다	[동]	① 의기가 양양하여 우쭐거리다. ② 자신의 어떠한 능력을 보라는 듯이 자랑하다.

힐끗	[부]	① 거볍게 슬쩍 한 번 흘겨보는 모양. '힐긋'보다 센 느낌을 준다. ② 눈에 언뜻 띄는 모양. '힐긋'보다 센 느낌을 준다.
쨍쨍	[부]	햇볕 따위가 몹시 내리쬐는 모양.
출출하다	[형]	배가 고픈 느낌이 있다.
쉬엄쉬엄	[부]	① 쉬어 가며 천천히 길을 가거나 일을 하는 모양. ② 그쳤다 계속되었다 하는 모양.
수군대다	[동]	=수군거리다. 남이 알아듣지 못하도록 낮은 목소리로 자꾸 가만가만 이야기하다.
용쓰다	[동]	① 한꺼번에 기운을 몰아 쓰다. ② 힘을 들여 괴로움을 억지로 참다.
얼버무리다	[동]	① 말이나 행동을 불분명하게 대충 하다. ② 여러 가지를 대충 뒤섞다.
신신당부	[명]	거듭하여 간곡히 하는 당부.
말똥말똥하다	[형]	눈빛이나 정신 따위가 맑고 생기가 있다.
	[동]	눈만 동그랗게 뜨고 다른 생각이 없이 말끄러미 쳐다보다.
뒤척이다	[동]	① 물건들을 이리저리 들추며 뒤지다. ② 물건이나 몸을 이리저리 뒤집다.
스물스물	[부]	'스멀스멀'의 잘못. 살갗에 벌레가 자꾸 기어가는 것처럼 근질근질한 느낌.
깍듯하다	[형]	예의범절을 갖추는 태도가 분명하다.
노새	[명]	<동물> 말과의 포유동물. 암말과 수나귀 사이에서 난 잡종으로 크기는 말만 하나, 머리 모양과 귀·꼬리·울음소리는 나귀를 닮았다.
꿀밤	[명]	주먹 끝으로 가볍게 머리를 때리는 짓.
어처구니없다	[형]	일이 너무 뜻밖이어서 기가 막히다.
부리부리하다	[형]	눈망울이 억실억실하게 크고 열기가 있다.
소곤거리다	[동]	남이 알아듣지 못하도록 작은 목소리로 자꾸 가만가만 이야기하다.
막상막하	[명]	더 낫고 더 못함의 차이가 거의 없음.

| 들썩이다 | [동] | ① 묵직한 물건이 떠들렸다 가라앉았다 하다. 또는 그렇게 되게 하다.
② 어깨나 엉덩이 따위가 들렸다 놓였다 하다. 또는 그렇게 되게 하다.
③ 마음이 자꾸 들떠서 움직이다. 또는 그렇게 하다.
④ 시끄럽고 부산하게 움직이다. 또는 그렇게 하다. |
| --- | --- | --- |
| 괭이 | [명] | <농업> 땅을 파거나 흙을 고르는 데 쓰는 농기구. 'ㄱ' 자 모양으로 생긴 쇠 부분의 한쪽에는 넓적한 날이 있고 다른 한쪽에는 괴구멍이 있는데, 이 괴구멍에 긴 자루를 끼워서 사용한다. |
| 자갈 | [명] | ① 강이나 바다의 바닥에서 오랫동안 갈리고 물에 씻겨 반질반질하게 된 잔돌.
② 자질구레하고 아무렇게나 생긴 돌멩이. |
| 낙담하다 | [형] | ① 바라던 일이 뜻대로 되지 않아 마음이 몹시 상함.
② 너무 놀라서 간이 떨어지는 듯함. |
| 터덜터덜 | [의성어] | ① 지치거나 느른하여 무거운 발걸음으로 힘없이 계속 걷는 소리. 또는 그 모양.
② 빈 수레 따위가 험한 길 위를 요란하게 지나가는 소리.
③ 깨어진 질그릇 따위가 잇따라 둔탁하게 부딪치는 소리. |
| 엉겁결에 | [부] | 자기도 미처 모르는 사이에 갑자기. |
| 뜨끔하다 | [형] | ① 갑자기 불에 닿은 것처럼 뜨겁다.
② 마음에 큰 자극을 받아 뜨겁다.
③ 찔리거나 얻어맞은 것처럼 아프다. |

보충지식

1. 상용 부사

* 주뼛하다: (물건 끝이)삐죽 솟아나와 있다. (센말)쭈뼛하다.
* 훌훌: ① 날짐승 따위가 가볍게 나는 모양. ② 가볍게 뛰어넘는 모양. ③ 물건을 가볍게 던지거나 뿌리는 모양. ④ 먼지 따위를 가볍게 떨어 버리는 모양. ⑤ 불이 세게 타오르는 모양. ⑥ 몸에 걸친 것을 거침없이 벗어 버리는 모양. ⑦ 물이나 묽은 죽 따위를 시원스럽게 들이마시는 모양. ⑧ (무엇을)입김으로 자꾸 부는 모양. ☞ 뜨거운 물을 훌훌 불어 가면서 마시다.
* 걸핏하면: 조금이라도 무슨 일이 있기만 하면☞ 저들은 걸핏하면 싸운다.
* 툭하면: 무슨 일이 있을라치면 버릇처럼 곧, 걸핏하면☞ 툭 하면 오라가라 한다.

2. 속담 및 관용구

* 눈 감아 주다: 남의 잘못을 못 본 척하여 주다.
* 눈이 높다: 무엇이나 좋은 것만 탐하는 버릇.
* 눈을 씻고 보아도: (뒤에 오는 부정어 '없다' 등과 함께 쓰이어)아무리 찾으려고 노력해도 없다.
* 도둑이 제발 저리다: 죄를 지은 자가 겁이 나서 스스로 제 약점을 드러낸다는 말.
* 모르는 게 약: 아무 것도 모르는 게 마음이 편하다는 뜻.

3. 관용표현

* -을 나위가 없다

관용적인 표현으로서 극히 일부 동사와만 어울린다. 더 없이 만족함을 나타내는 말이다.

☞ 이 상품은 더 말할 나위 없이 좋다.
☞ 그 회사 제품이라면 품질은 의심할 나위가 없다고 봅니다.
☞ 더 할 나위 없이 잘 해주는 아빠인데도 아이들은 불만인가 보다.

* -는 셈이다

사실 꼭 그렇지는 않지만 앞뒤의 상황으로 짐작해 볼 때 그런 정도이거나 결과라고 말할 수 있음을 뜻한다.
☞ 애기가 엄마와 있는 시간은 주말뿐이니 늘 떨어져 있는 셈이지요.
☞ 월급의 50% 이상을 예금하니까 많이 저축하는 셈이죠.

* -리가 없다/있다

관용적 표현으로 동사, 형용사, '이다' 동사와 어울려 쓰인다. 서술문에는 '-(으)리가 없다' 만 쓰고 '(으)리 있다' 는 의문 형태로만 쓰인다. 서술문이나 의문문 모두 부정을 나타낸다. '(으)까닭이 있다/없다' 의 뜻이다.
☞ 휴일인데 준수가 집에 있을 리가 없지요.
☞ 내가 네 이름을 잊을 리가 있니?

* -을 터이다

'-을' 이나 조사 '-일' 아래에 쓰이어 예정, 추측 등의 뜻을 나타낸다.
☞ 나는 기어이 해낼 터이다.
☞ 그가 꼭 올 터이니 기다리자.

연습문제

1. 다음 괄호 안에 알맞은 것을 고르십시오.

   (1) 정치의 수준만 드러낸 평은 과녁을 빗나가 풀섶에 떨어진 화살처럼 (   )하다.
      ① 유용   ② 무력   ③ 비상   ④ 실패
   (2) 공장의 준공식은 경기침체 등 최근 국내 상황에 맞게 (   ) 치뤄질 예정이다.
      ① 자유롭게   ② 밋밋하게   ③ 조촐하게   ④ 초라하게

(3) 소금강은 제2의 금강산으로 불릴 만큼 (　　) 자연경관을 자랑한다.
　　① 넉넉한　　② 경건한　　③ 낙후한　　④ 빼어난
(4) 이미 많은 비가 내렸기 때문에 또 다른 피해가 발생하지 않도록 (　　) 대비해야 한다.
　　① 철저히　　② 나란히　　③ 줄줄이　　④ 성급히
(5) 현재 한국 해양경찰청이 보유하고 있고 있는 함정은 작년보다 (　　) 26척이나 더 늘었다.
　　① 아직　　② 더욱　　③ 무려　　④ 여태

2. 다음 밑줄 친 부분과 의미가 가장 비슷한 것을 고르십시오

(1) 큰 부상으로 더 이상 재기가 어렵다는 판정을 받았음에도 불구하고 그 선수는 <u>부단한</u> 노력 끝에 우승을 차지했다.
　　① 헛된　　② 온갖　　③ 적잖은　　④ 끈질긴
(2) 물가가 오른다고 해서 <u>마구잡이로</u> 물건을 사들이는 태도는 지양해야 한다.
　　① 아쉬운 대로　　　　② 이로운 대로
　　③ 닥치는 대로　　　　④ 틈나는 대로
(3) 이제는 다리가 놓여서 배를 <u>타지 않더라도</u> 섬에 들어갈 수 있게 되었다.
　　① 타지 않고도　　　　② 타지 않은들
　　③ 타지 않거들랑　　　④ 타지 않으므로
(4) 자기 딴에는 그 말을 <u>위로하느라</u> 했겠지만 나에게는 그게 더 상처가 되었다.
　　① 위로하려니　　　　② 위로할지언정
　　③ 위로한다느니　　　④ 위로한답시고
(5) 시간이 지나면 좀 <u>나아지겠거니</u> 했는데 오히려 어깨가 점점 더 아프다.
　　① 나아지려고　　　　② 나아지기는
　　③ 나아지려나　　　　④ 나아지고서야

3. 다음 밑줄 친 부분이 틀린 것을 고르십시오.

(1) (　)
① 막내는 맛있는 음식만 보면 <u>눈에 불을 켜고</u> 달려든다.
② 승진 소식을 들은 김 과장은 회사에서 <u>어깨를 으쓱거리며</u> 다닌다.
③ 월말 실적 보고가 <u>코 앞에 닥쳤는데도</u> 그는 여행갈 생각만 하고 있다.
④ 부모님께서는 내가 성적이 떨어졌다고 <u>입에 침이 마르도록</u> 혼내셨다.

(2) (　)
① 광고 내용만 믿고 <u>섣불리</u> 주문했다가는 큰 코 다칠 수 있다.
② 홍보 기간이 짧았는데도 <u>무려</u> 오백 명이나 행사에 참가하였다.
③ 언니는 눈물이 나오는 걸 <u>가까스로</u> 참으며 미소를 지어 보였다.
④ 나는 제품 설명서를 <u>얼핏</u> 본 후에야 사용법을 정확히 이해했다.

4. 다음 글을 읽고 물음에 답하십시오.

사회가 개방화되고 교육 수준이 (㉠) 여성들의 사회 진출이 뚜렷이 증가하고 있다. 급기야 결혼을 (㉡) 사회 생활에만 전념하려는 여성들이 점차 늘어나고 있는 실정이다.

(1) ㉠에 알맞은 것을 고르십시오.
① 높아짐에 따라서　② 높아짐을 비롯해서
③ 높아짐을 무릅쓰고　④ 높아짐으로 미루어서

(2) ㉡에 알맞은 것을 고르십시오.
① 하지 않고서라도　② 하지 않을 바에야
③ 하지 않을지 몰라도　④ 하지 않을 리 없지만

5. 다음 글을 읽고 물음에 답하십시오

나는 한번도 목수가 되려고 생각한 적이 없었다. 그게 말이 쉽지 머리가 굵어지고 손이 굳은 뒤에 목수가 되기란 감히 꿈에도 넘볼 일이 아니다. 그런데 어느 날 목수가 되고 싶었다. 이렇게 '어느 날'이라고 말하는 것은 ㉠신중히 따져 볼 염도 내어 보지 않고 그저 그러고 싶었다는 이야기다. 집 짓는 대목은 못 되더라도, 주변에 있는 나무를 주워 와 쓸모를 찾는 (㉡) 못할 것도 없겠다 싶었던 것이다.

(1) ㉠과 바꾸어 쓸 때 알맞은 말을 고르십시오.
   ① 감을 잡아 볼   ② 앞뒤를 재어 볼
   ③ 눈길을 주어 볼   ④ 귀를 기울여 볼
(2) ㉡에 알맞은 말을 고르십시오.
   ① 목수이거늘   ② 목수라서야
   ③ 목수런마는   ④ 목수라면야

6. 아래의 문장들을 순서에 맞게 연결한 것을 고르십시오.

(1) (가) 그런데 그 날이 바로 그런 날이었다.
    (나) 바람이 세차게 부는 날이면 그 어려움이 몇 곱절 커진다.
    (다) 그래도 가야 한다.
    (라) 게다가 눈이 쌓이면 자전거 타기가 거의 불가능하다.
       ① (나)-(가)-(라)-(다)   ② (다)-(가)-(나)-(라)
       ③ (가)-(라)-(나)-(다)   ④ (나)-(라)-(가)-(다)

(2) (가) 소비자들에게 더 잘 봉사하는 자만이 살아남는 경쟁이다.
    (나) 그러나 경제논리가 말하는 경쟁은 그런 경쟁이 아니다.
    (다) 강자만이 살아남는 사회는 살 만한 사회가 아니라고.
    (라) 어떤 사람들은 경쟁이란 말에 벌써 진저리치고 있을지도 모르겠다.
       ① (다)-(라)-(나)-(가)   ② (라)-(다)-(나)-(가)
       ③ (라)-(나)-(가)-(다)   ④ (가)-(나)-(라)-(다)

7. 다음을 읽고 물음에 답하십시오.

"저도 형님의 그 생활 태도를 잘 알아요. 가난하더라도 깨끗이 살자는……. 그렇지요, 깨끗이 사는 게 좋지요. 그런데 형님 하나 깨끗하기 위하여 치르는 식구들의 희생이 너무 어처구니없이 크고 많단 말입니다. 헐벗고 굶주리고. 형님 자신만 해도 그렇죠. 밤낮 쑤시는 충치 하나 처치 못하시고. 이가 쑤시면 치과에 가서 치료를 하거나 빼어 버리거나 해야 할 거 아니에요? 그런데 형님은 그것을 참고 있어요. 물론 치료비가 없으니까 그럴 수밖에 없겠지요. 그건 틀렸습니다. 그렇게 사는 건 틀린 생각입니다. 무슨 일을 해서라도 그 돈을 구해야지요."

(1) 이 글은 어떤 성격의 글입니까?
　　① 해결 방법을 제시하는 글
　　② 사회 문제를 분석하는 글
　　③ 현재 상황을 설명하는 글
　　④ 삶의 방식을 비판하는 글
(2) 이 글의 내용과 같은 것을 고르십시오.
　　① 형님은 가난하다는 사실을 부끄러워하고 있다.
　　② 동생은 돈 문제를 해결할 수 있는 능력이 없다.
　　③ 동생은 어떻게든 돈을 벌어야 한다고 생각한다.
　　④ 형님은 가족들의 희생을 당연한 것으로 생각한다.

8. 다음 중국어 내용을 한국어로, 한국어 내용을 중국어로 번역하십시오.

（1）范进不看便罢,看了一遍,又念了一遍,自己把两手拍了一下,笑了一声,道:"噫! 好了! 我中了!"说着,往后一跌倒,不省人事。老太太慌了,慌将几口开水灌了过来。他爬起来,又拍着手大笑道:"噫! 好! 我中了!"笑着,不由分说,就往门外飞跑,把报录人和邻居都吓了一跳。走出大门不多路,一脚踹在塘里,挣扎起来,头发都跌散了,两手黄泥,淋淋漓漓一身的水。众人拉他不住,抬着笑着,一直走到集上去了。众人大眼望小眼,一齐道:"原来新贵人欢喜疯了。"

（2）한 신문은 어제일자 사회 면에서 변호사 업계에도 '얼짱' 열풍이 불고 있다고 보도했다. 외모가 뛰어난 여성 변호사들은 사법연수원을 마치기가 바쁘게 대형 로펌(Law Firm) 등에 곧바로 영입되지만, 자녀가 딸린 기혼 여성들이나 키가 작고 뚱뚱한 여성들은 자기소개서를 들고 이곳저곳을 기웃거려도 일자리를 잡기가 하늘의 별 따기만큼이나 어렵다는 것이다. 합리성을 중히 여긴다는 미국 사회에서도 외모가 평균 이하인 사람은 평균적인 외모를 가진 사람보다 임금을 9% 적게 받고, 잘 생긴 사람은 평균적인 사람보다 5%를 더 받는다는 조사결과도 있다. 또 미국 기업의 경영자들은 일반인의 평균 키보다 7.5cm가 더 큰 것으로 나타나 외모와 수입 사이에는 상당한 상관

관계가 존재한다는 것이다. 한국 사회의 외모 지상주의에 대해 한 사회학자는 '몸의 식민지화'라는 재미있는 설명을 한 적이 있다. 제 몸을 정신의 식민지쯤으로 생각하고 마음대로 조작하고 한다는 것이다. 이런 현상이 심해지면 결국 '몸 따로 마음 따로'라는 주체의 분열이 생겨난다는 것이 그의 주장이다. 자아가 둘로 갈라진다? 생각만 해도 끔찍한 일이다.

9. 다음 글을 읽고 (   )안에 알맞은 말을 쓰십시오.

(1) 많은 사람들이 크게 두 가지 이유에서 자신의 모국어 이외에 또 다른 언어를 배웁니다. 첫 번째는 다른 나라로 이민을 가는 경우나 유학을 가는 경우, 또는 사업상의 목적 등 개인적인 이유에서 다른 나라 말을 배웁니다. 두 번째는 그 사회에서 법으로 규정되었거나 공용어로 통용되는 언어를 배워야 하는 등 (   ). 그런데 이 둘은 정확히 분리되는 것은 아닙니다. 때로는 개인적인 이유와 사회·정치적인 이유가 서로 맞물려서 다른 언어를 배우기도 합니다.
(   )

(2) 장마가 끝난 후에 밭에 나가 보았다. 그런데 풀이 너무 자라서 우리 밭이 어디서부터 어디까지인지 분간이 안 될 정도였다. 아내와 나는 곧장 김매기 작업에 들어갔다. 풀은 뿌리까지 뽑아 내기가 무척 힘들었다. 그러나 (   ) 금방 또 자라기 때문에 꼭 호미로 뿌리째 캐 내야 한다. 김매기를 어느 정도 해 주니까 밭 모양이 되살아나기 시작했다.
(   )

10. 다음은 화제가 되고 있는 한 회사의 제품 판매 전략에 대한 신문 기사의 표제입니다. 아래에 제시된 표현을 모두 사용하여 이어지는 내용을 5문장 내외로 쓰십시오.

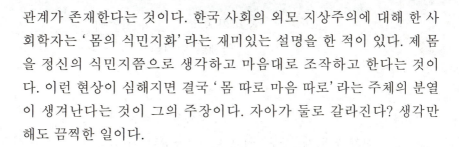

직접 체험 후 구매
"일단 한번 써 보세요"

소비자 만족도 높아 성공적
업체들 잇따라 시도

<사용 표현>
가전제품 업체, 무료, 써 보다, 만족하다, 구입하다, 새로운 시도, 매출액

제6과 사장

서광원

1. 작가 소개
서광원

1991년 <경향신문> 수습기자로 입사, 여러 부서를 거친 후 1997년부터 6년 동안 인터넷벤처기업 등을 설립, 운영했다. 2003년 1월부터는 중앙일보가 발행하는 경제주간지 <이코노미스트> 기자로 언론계에 복귀, CEO와 기업 경영에 관한 기사를 중점적으로 써오고 있다. 기업과 그 구성원의 생존, 그리고 이를 가능케 하는 리더십을 연구하고 있다.

2. 작품 감상
어떠한 분야든 리더란 자리는 늘 힘들고 어려운 자리다. 이 글은 대한민국 사장들의 소중한 경험과 내밀한 현실들을 그대로 보여주면서 리더가 누리는 성공의 달콤함 뒤에 숨겨진 책임과 인내, 고독을 보여주고 있다.

3. 생각해 볼 문제
① 사장이 갖춰야 할 자질과 리더십에 대해 생각해 보세요.
② '조조의 리더십'에 대해서 생각해보고, 긍정적인 면과 부정적인 면을 파악해 보세요.
③ 오늘날 '리더'라 불리는 사람들의 공통점을 생각해 보세요.

1. 사장은 새가슴

사업 5년차인 어느 중소기업 사장이 사업 15년차인 고참 선배 사장을 찾아갔다. 고민을 토로하기 위해서였다. 요즘 들어 부쩍 자신이 한 기업을 이끄는 사장으로서 너무 심약한 게 아닌가 하는 생각이 들었기 때문이다.

전에는 중요한 결정도 단칼에 내리치듯 하던 그였다. 하지만 돌이켜보면 다 아릿한 옛 추억일 뿐, 요새는 사정이 달랐다. 무슨 일이건 시작에 앞서 '해도 될까' 하는 마음부터 들고, 아래서 뭐가 새로운 프로젝트가 올라오면 가슴부터 덜컹내려앉았다. 그때마다 머릿속은 '내게 이익이 될까 안 될까', 계산기를 두들기느라 바빴다. 괜한 일에 한숨부터 내쉬고, 별일 아닌 것 같은데 잠을 설치는 날이 많아졌다.

'왜 나는 남들처럼 대담하지 못할까?'

'왜 나는 허구한 날 마음이 졸아드는 걸까?'

답답했다. 어느 순간, 그 자신이 회사 사장이라는 역할에 어울리지 않음을 느꼈다. 이렇게 심약해서야 어찌 사람들을 데리고 일을 할 수 있겠는가 싶었다.

그가 15년차 선배 사장을 찾아가 하소연한 것은 요즘 들어 생긴 이 '새가슴' 증상이었다. 마치 정신과 의사에게 상담하듯 그는 새벽마다 잠을 깨고, 밤이 되면 잠이 오지 않는 이유를 줄줄이 털어놓았다. '죽겠다'는 소리를 수십 번도 더한 듯 싶었다. 그의 긴 하소연이 끝나자, 선배 사장이 빙긋 웃더니 입을 열었다.

"그래. 듣고 보니 너는 새가슴이 맞는 것 같다."

"……"

설마, 하던 '병아리 사장'은 노련한 선배 사장이 내린 진단 결과에 가슴이 철렁했다. 마치 암 선고를 받은 기분이었다. '그렇구나! 나는 사장감이 아니구나.' 자신도 모르게 한숨을 폭 쉬었다. 선배 사장이 다시 말을 이었다.

"근데 말이야. 만약 네가 새가슴이라면 나는 새, 새, 새, 새,새, 새가슴일 거다. 너는 새가슴이 되려면 아직 멀었어. 사장 명함 들고 다닌 사람치고 새가슴 아닌 사람이 없을 걸."

웃어야 할지 울어야 할지…….

그날 이후 그는 새가슴은 사장이 되면 걸리는 병이라고 여기게 되었다. 사장이 아닌 월급쟁이였을 때는 있는지도 몰랐던 병이다. 그는 지금도 '새가슴'으로 살고 있다. 달라진 게 있다면, 전에는 사업이 안 되고 차음이어서 새가슴이 되는 줄 알았지만 지금은 사업이 잘 되면 잘 될수록 더 새가슴이 된다는 사실을 깨달았다는 점이다.

많은 이들이 착각을 한다. 보스는, 리더는, 사장은 배포가 크고 두둑하며 일의 큰 줄기만 이야기할 뿐 '쩨쩨하게' 이것 저것 신경 쓰지 않는다는 생각이 그것이다. 과연 그럴까?

《삼국지》에 나오는 조조는 두고두고 시대의 간웅으로 불리는데다, 삼국의 왕 중에서 가장 욕을 많이 먹는 인물이다. 그러나 일국의 경영이라는 측면에서 보면, 그는 사실 가장 효율적인 군주였다. 근래 들어 '조조 리더십'이라는 말이 심심찮게 나오는 것도 다 그런 연유에서다.

특히 조조는 삼국 군주 중, 통치 시스템을 확립하고 운영하는 데 뛰어난 면을 보였다. 뿐만 아니라, 그는 스스로 모범을 보인 군주이기도 했다. 어느 해인가, 조조는 수확철에 군대를 이끌고 전쟁에 임하면서 '백성들이 지어놓은 농사를 훼손하면 가차없이 사형에 처하겠노라' 공포했다. 그런데 아이러니컬하게도, 하필 그가 탄 말이 꿩 소리에 놀라 그만 밀밭을 밟고 말았다. 이때 조조는 즉석에서 칼을 뽑아 자신의 머리털을 싹둑 잘라 버렸다. 그의 변은 이랬다.

"명을 내린 내 목을 잘라야겠지만 총사령관이 자살을 할 수는 없으니 머리라도 자르겠다."

대단한 순발력이자, 스스로 규율을 엄격하게 적용하려는 리더의 모습이라 하지 않을 수 없다.

조조는 제도와 운영에 대한 아이디어도 많이 냈다. 방향을 제시하는 리더 본연의 역할도 했지만, 세세한 부분에도 곧잘 신경을 썼다. 처음 군사를 일으킬 때, 조조는 대장장이들과 함께 땀을 뻘뻘 흘리며 무기를 만들었다. 곁에서 이를 지켜보던 참모가 한마디 했다.

"주공께서는 귀한 분이신데, 큰 일이나 하면 그만이지 왜 이런 일까지 하십니까?"

그러자 조조는 참모를 힐끗 일별하더니, 태연하게 하던 일을 계속하며 말했다.

"큰 일도 잘하고, 작은 일도 잘하면 좋지 않은가."

성공한 창업자들을 보면 의외로 '소심하고 쩨쩨한' 면을 꽤 발견할 수 있다. 이병철 삼성그룹 전 회장도 꽤 '쩨쩨했던' 것 같다.

어느 날, 이 전 회장은 당시 삼성그룹 고문을 맡고 있던 이창우 성균관대 교수(현재 경영학부 명예교수)에게 이런 말을 했다.

"처음엔 그날그날 공장에서 물건 만들고 또 그 물건이 잘 팔리고 그래서 돈이 들어오는 것을 보면 '잘 되고 있구나'라고 여겼지요. 그러다가 어느 날 갑자기 이렇게 지내도 되나, 이 상태가 언제까지 계속될 수 있을 것인가 하는 불안감이 몰려옵디다. 정신이 번쩍 들었지요. 지금도 내가 해야 할 중요한 일을 빼먹지는 않았는지, 잊어버리고 있는 것은 없는지, 회사를 지금과 같이 운영하고 있어도 되는 건지, 불안하고 한편으론 궁금해질 때가 있어요."
　이 전 회장만 그랬을까? 고 정주영 현대그룹 회장은 평소 종이 한 장도 앞뒤 양면을 쓰게 하고, 공사 현장에서 자갈 몇 개가 허투루 버려져도 호되게 나무란 것으로 유명하다. 그는 말로만 그치지 않고, 절약을 강권하다시피 했다.
　"집도 없으면서 TV는 왜 사서 셋방으로 끌고 다니는가. 라디오 하나만 있으면 세상 돌아가는 것은 다 아니까 집 장만할 때까지는 라디오만으로 견뎌라. 커피도 담배도 집 장만할 때까지는 참아라. 양복은 한 벌만 사서 처가에 갈 때만 입어라."
　한국 기업사에 큰 족적을 남긴 두 전직 총수가 이럴진대, 일반 회사 사장이야 굳이 말할 필요도 없다. 사업이 잘 될 때야 세상을 다 가진 듯 하지만, 조금이라도 매출 곡선이 고개를 숙이면 죄지은 것도 아닌데 괜히 움츠러들고 숨 한 번 크게 못 쉬는 게 사장이다. 언젠가 지용근 글로벌리서치 대표는 한 신문 지면을 빌려 이런 마음을 아주 잘 표현한 적이 있다. 오랜만에 보는 진술한 내용이었다.
　사업을 시작한 후 몸에 이상한 징후가 한 가지 생겼다. 음식을 먹으면 심리적으로 늘 소화가 안 되고 얹힌 기분이다. 그 동안 그렇게 지내온 것 같다.
　우리 회사 주주 중에는 대기업 CEO가 몇 분 계신다. 이분들께서 까마득한 후배인 나에게 충고하신다. "지 사장, 회사가 안 될 때 긴장하는 것은 당연한 것이고, 잘 될 때에도 안 될 때를 생각하고 긴장해야 하네." 늘 긴장해야 한단다. 그래서 그런지 밥을 먹어도 밥맛이 없다.
　직원들과 함께 회식을 해도 다음날 발표할 보고회가 걱정이 된다. 일이 들어오지 않으면 걱정이 태산이다. 이러다 직원들 월급 못 주면 어떡하나. 일이 많이 들어와도 걱정이다. 이 많은 일을 우리 직원들이 해낼 수 있을까. 이러다 우리 직원들 다 지치는 거 아닌가.
　지난 주말에는 직원들 몇 명이 보고서 작성 때문에 주말 이틀 동안 꼬박 밤을 새워 일을 했다. 밤에 잠이 오질 않는다. 사장인 내가 직원들 고생하는데 잠만 자서 되는가. 일을 못 하는 직원이 있다. 어떻게 하면 이 직원의 역량을 키울 수 있을까. 일을 가르친다고 그 직원의 잘못된 점을 지적할라치면 상처받지는 않을까 걱정이다. 일을 잘하는 직원이 있다. 이렇게 많은 일을 하고 있다가 갑자기 다른 데 스카우트되어 가버리면 어떻게 하나. 생각이 부정적이고 비판적인 직원이 있다. 어떻게 하면 보다 긍정적인 사람으로 바꿀 수 있을까. 사람과 시설에 대한 투자로 회사 재무 상태가 좋아지지 않는다. 투명 경영이라 해서 이런 정보들까지 직원들에게 알려야 할지 고민이다. 다른 어느 사장보다 직원들을 위한다고 생각하는데 직원들이 날 인정하지 못하고 믿지 못하면 어떻게 하나.

이제부터 생각을 바꿔야겠다. 날 믿어주고 맡겨진 일을 위해 늦도록 일하고자 하는 직원들이 있어 감사하다. 비용을 한 푼이라도 아끼려고 애쓰는 직원들이 있어 감사하다. 아직 이름 없는 회사인데도 나와 직원들을 믿고 조사 용역을 기꺼이 맡겨주는 고객이 있어 감사하다. 조사 전문 회사로서 우리 사회에 등대와 같은 회사이며 건강하고 정직한 기업이 되고자 하는 비전이 있어 감사하다. 날 위해 항상 기도하는 가족이 있어 감사하다. 이런 감사의 마음으로 평생 사업하기를 소망한다.

취재를 하다 보면 이런 얘기를 가끔 접하곤 한다. 지난 2000년, 웹에이전시(web-agency)를 주력으로 하던 김화수 잡코리아(Job-korea) 사장은 과감하게 업종을 바꿨다. 시장이 포화 상태에 이르렀다는 판단에서였다. 그가 새롭게 선택한 분야는 온라인 리쿠르팅(recruiting 구인구직). 업종을 바꾸면서 조직 개편이 이루어졌고, 와중에 몇몇이 회사를 떠났다. 자신의 일이 사라졌다는 생각이 들었던 모양이다. 김 사장은 그들과 밤을 새워 술을 마셨다.

"사업가는 신뢰를 먹고 살아요. 어느 날 직원들로부터 들은 '감사하다'는 말 하나로 1년을 든든하게 살수 있는 게 CEO입니다. 사업가는 직원들과의 신뢰, 거래처와의 신뢰를 본능적으로 원하는데, 혹시 자리가 없어져서가 아니라 나에 대한 신뢰를 잃어서 떠나는 게 아닌가 싶었던 거죠. 직원들이 사표를 들고 오면 꼭 실연당한 기분이 듭니다. 지금도 그래요."

'실연'만 당한 게 아니었다. 새로 들어선 맨땅에 뿌리를 내리는 게 어디 쉬운 일인가. 2년여 동안 절치부심의 시간이 흘렀다. 임대료가 싼 곳으로 사무실을 옮기고 사방팔방으로 뛰었지만, 월급을 절반밖에 주지 못하는 날들이 이어졌다. '사업조차 뒷전으로 제쳐두고 오로지 어디서 돈을 구할까 하는 생각밖에 들지 않던 시절'이었다. 원급도 제대로 못 주는 사장을 직원들이 믿을까 싶어질 때마다 자괴감에 시달려야 했다. '왜 이걸 시작했을까' 하는 생각마저도 사치였던 시간이었다.

"인사를 못 받겠더군요. 그때는 정말 회사 들어갈 용기가 안 났어요. 한 사흘 못 들어갔을 겁니다. 사정을 아는 직원들은 별일 아니라고 생각하는데, 저 혼자 끙끙거렸던 거지요."

하루가 어떻게 가는지도 모르게 이리저리 뛰면서 조금씩 적응이 됐지만, 이번에는 매출에 목을 매달고 살아야 하는 날들이 계속됐다. 온라인 리쿠르팅은 말 그대로 분 단위로 매출액이 산출되는 '시시각각 시스템'이 아닌가. 요즘에야 패턴을 익혀 마음고생이 덜하지만, 초기에는 모니터에 나타나는 수치가 꼼짝 않고 있으면 숨이 막히고 호흡이 불규칙해졌다. 회의를 해도 머릿속은 왜 수치가 움직이지 않을까 하는 생각에 멍했다. '연습이 안 됐던' 까닭이었다.

"그럴 때면 저녁 식사를 하는 직원들을 봐도 괜히 이상한 생각만 듭니다. 평소에는 '저녁 먹고 또 일하려나 보다'고 생각하는데, 상황이 나빠지면 '밥만 먹고 가는 거 아닌가' 싶어 지거든요. 요즘에야 그런 날들이 옛날 일이 됐지만, 리더라는 자리가 갈수록 쉽지 않습니다."

리더의 새가슴에 대해 뭐라 할 일은 아니다. 새가슴이 되어야 리더가 되는 것인지 리더가 되어야 새가슴이 되는 것인지는 몰라도, 굳이 탓할 일은 아니다. 고민 없이, 노고 없이 이뤄지는 일이 세상에 뭐가 있겠는가?

지난 1993년 노쇠한 공룡처럼 쓰러져가는 IBM의 소방수로 등장, 80억 달러의 흑자를 내고 2002년 화려하게 퇴임한 루이스 거스너 전 회장도 그의 자서전에서 이렇게 말했다.

이 새로운 시장 지향 모델을 수용하게 만드는 데 5년 이상 걸렸다. 단 하루도 안심할 수 있는 날이 없었다. 이 과제는 다른 사람에게 위임할 수 없다. 누구에게 위임하겠는가? 결코 그럴 수 없다. 그것은 외로운 싸움이다.

2. 당해보지 않으면 모른다

오랜만에 평소 얼굴을 알고 지내는 중소기업 사장을 만났다. 열 명 정도의 직원을 데리고 서비스 관련 사업을 하는 이였다. 의례적으로 '잘 되시죠?'라는 인사를 건넸는데 돌아온 반응은 '의례'가 아니라 '실제'였다. 갑자기 우울한 얼굴로 '이제 한 명 남았다'는 게 아닌가.

무슨 말인가 싶었다. 사업이 안 된다는 건가, 다른 일이 있는 건가? 사연을 말해 달랬더니 일단 자세를 고쳐 앉은 후 말문을 열었다.

"날마다 스트레스였어요. 내가 내 돈 가지고 사업하는 건데, 그렇다고 악한 짓을 하는 것도 아닌데 날마다 화가 나서 참을 수가 없었습니다. 아무래도 이렇게 해서는 안 되겠다고 수십 번 수백 번 고민을 했지만 역시 결과는 마찬가지였어요. 얼마 전에 있는 돈 탈탈 털어 퇴직금으로 다 주고 전화 받는 직원 하나 데리고 사업합니다."

"하시던 사업은 어떻게 하고요?"

"그대로 해요. 여기저기 수소문하느라 애 좀 먹었지만 다 아웃소싱(outsourcing, 일을 외부에 나누어 맡기다) 줬어요. 찾아보니 혼자서 이런 저런 일감 받아 일하는 사람들이 있더라고요. 직원들 월급보다 돈을 좀 더 주지만 2년동안 한다고 계산해 보니 훨씬 적게 들더군요. 일삯만 주지 식사비 같은 잡비가 들어가지 않잖아요. 얼마나 속이 편한지 몰라요. 요즘엔 정말 살 맛 납니다. 체중이 2킬로그램이나 불었다니까요."

그는 정말 속이 후련한 듯 가슴과 배를 여러 번 쓰다듬었다. 채 가시지 않은 분이 좀 남아 있긴 했지만 목소리도 밝아졌다. 마치 새로운 사업을 발견한 사람처럼 그는 '왜 좀 더 일찍 방법을 찾아보지 않았는지 후회스럽다'고 말했다.

"아니, 직원들이 뭘 그렇게 속을 썩였는데요? 다른 분들도 다 그렇게 사업하시잖아요?"

"아이고, 말도 마세요. 지금 생각해 보니 어떻게 참았나 싶습니다. 요즘 젊은 사람들 어떤 줄이나 아세요? 하루에 무조건 2시간은 블로그에 채팅, 메신저를 해요. 기본이에요. '그런 것 좀 하지 말라'고 하면 입이 당장 석 자나 나옵니다. 그렇다고 안 하나요? 모니터에 숨겨놓고 다 해요. (제가)못 본 척하는 거죠. 신입사원 뽑아놓으면 며칠 나와서 일 해보고는 힘들다고 안 나옵니다. 말도 안 해요. (휴대)전화 꺼놓고 그냥 안 나와요. 그래 놓고서는 2~3주 지나면 메일로 '며칠 동안 일한 값 내놓으라'고 합니다. 전화도 아니고 메일로 말입니다. 인터넷에서 찾아봤는지 노동법이 어쩌고 하는 내용을 같이 보내는 녀석들도 있어요. 그런 메일 한번 받아 보세요. 분통이 터져요. 마음 같아서는 눈앞에 있으면 뭐라도 하나 분질러놓고 싶을 정돕니다. 2~3년차 되는 직원들도 그래요. 수틀리면 '내일부터 안 나오겠다'고 일방 통고합니다. '배 째라', '어쩌겠느냐'는 거죠. 그러면서도 연말이 다가오면 농담 반 진담 반으로 이런 저런 얘기를 하다가 말머리를 쓱 하니 연봉 올려달라는 쪽으로 돌립니다. 일 시켜 놓으면 하는 둥 마는둥 하면서 말입니다. 의외로 괜찮은 직원들은 그런 말도 별로 안 해요. 열심히 하는 직원들은 티가 나잖아요. 그러니까 소문이 나서 규모가 큰 업체로 스카우트돼 가기도 하고, 그런데 그런 사람들은 몇 안 돼요. 아깝기는 하지만 워낙 일 잘 하는 사람이라 보내주고 나서 가끔 만나기도 하고 그러죠. 아시다시피 저희 회사가 그렇게 월급이 박한 회사가 아니잖아요. 요즘 같으면 손님들이 찾아와 직원들 없는 것 보고 '이렇게 작은 규모냐'고 물어보거나 의아해하는 것만 빼면 세상 편해요."

그 정도일까? 그것도 10년 넘게 사업을 해온 '베테랑'이 정말 그 정도일까? 비슷한 이야기는 무수하게 들었다. 그때마다 나는 속으로 '부모가 잘 하면 자녀들이 가출할까' 하는 생각을 했었다.

그로부터 얼마 후 공장 직원까지 합쳐 전 조직원 수가 70,80명쯤 되는 식품업체 사장을 인터뷰한 일이 있었다. 인터뷰를 대략 마치고 이런 저런 이야기를 나누던 중 앞에 언급한 사장 말을 했더니 이 식품업체 사장 또한 장탄식을 했다. 그는 맨땅에서 자란 사업가가 아니었다. 서울대를 나와 행정고시에 합격한 뒤 잘나가는 정부 부처의 잘나가는 엘리트로 있다가 단지 가업을 이을 사람이 없어 자신의 길을 접고 부친의 사업을 물려받은 입장이었다.

"(공무원으로) 정책을 다룰 때는 정말 몰랐어요. 근데 이 코딱지만한 사업을 하다 보니 내가 얼마나 무기력한가를 뼈저리게 느낄 때가 한두 번이 아닙니다. 이런 구멍가게 하나 하는데 절절 매면서 어떻게 국가 일을 잘 하고 있다고 생각했는지 되돌아볼 때가 많아요. (중략) 바로 얼마 전 일이에요. 해외시장을 개척해 보려고 여기 저기에 채용 공고를 냈어요. 다른 건 필요 없고 이력서와 영문 자기소개서만 받겠다고 했습니다. 실업률이 높아 너무 많이 몰려오면 어쩌나 하는 즐거운 고민까지 했더랬죠. 근데 열흘 동안 딱 다섯 명이 지원했어요. 우리 회사가 중소기업이긴 하지만 브랜드 인지도는 좀 있는 편 아닙니까. 그런데도 다섯 명밖에 오지 않더라고요. 공고를 잘 못 냈나 싶어 다시 내봤습니다. 추가 모집 기간 열흘 동안 서너 명 더 왔어요. 그렇게 지원한 이들 중에 영문 자기소개서를 낸 사람은 단 한 명도 없었습니다."

'바빠서 한 시간밖에 짬이 없다'던 사장은 약속한 시간이 지났음에도 이야기를 끝낼 기미가 없었다. 누구에겐가 하소연이라도 해야 체증이 풀릴 것 같은 모양이었다.

"그래서 어떻게 하셨는데요?"

"어떻게 하긴요. 별 수 있습니까. 면접을 봤죠. 근데 면접보러 온 친구들이 또 가관이었어요. 지각은 물론이고 오자마자 발을 딱 꼬고 앉는 게 보통이에요. 게다가 약속이나 한 듯 첫 질문이 뭔 줄 아십니까? 면접에 들어가자마자 묻는다는 말이 '여기 주5일제 해요?' 였어요. 그 다음이 뭔 줄 아세요? '연봉은 얼마 주실 거예요?', 이렇게 묻더라고요. 그리곤 마음에 안 들면 내 얘기도 안 듣고 '저, 급한 일이 있어서요.' 하면서 나가 버리는 거예요. 면접관은 난데, 이건 완전히 주객이 전도돼도 한참 전도된 꼴이에요. 당황해선지 황당해선지 말이 안 나오더군요."

"그래서요?"

"별 수 있나요. 급하게 우선 한 명을 뽑았죠. (외국)연수도 갔다 왔다고 해서 뽑았는데, 웬걸, 마침 해외 나갈 일이 있어 같이 나갔습니다. 비행기 수속부터 시작해서 시종일관 제가 '모시고' 다녀야 했어요. 누가 사장이고 누가 사원인지 모르겠더군요. 그러더니 출장 갔다 온 다음날부터 안 나와요. 전화기도 꺼놓고. 이걸 도대체 어떻게 해야 합니까?"

어쩌면 이렇게 똑같을까? 누군가 일부러 교육이라도 시킨 것일까? 예의 식품업체 사장은 '회사 규모가 크면 좋을 텐데'라는 말을 여러 번 했다. 정부 부처에 있을 때 '똑똑함'에 둘러싸여 있었던 게 생각나는 모양이었다. 중소기업 사장들만이 겪는 애환이고 어려움이었다.

그렇다면 대기업 사장은 어떨까? 화려한 사무실에 윤이 나는 책상, 보기만 해도 품위가 묻어나는 안락의자……. 좋아 보이는가? 맞다. 그저 좋아 보일 뿐이다. 그곳에는 더 치열한 경쟁이 있고, 더 교묘하게 속을 썩이는 더 많은 사람들이 있다. 한 대기업 계열사 사장의 이야기를 들어보자.

"사장 승진 발령을 받았을 땐 정말이지 세상 모든 걸 다 가진 기분이었어요. 가슴이 다 부들부들 떨리더군요. 발령받은 계열사에 부임한 첫날 '잘 해보자'고 취임사도 하고, 인트라넷을 통해 전 직원에게 메일도 보냈습니다. 자리에 앉으니 가슴이 뿌듯하더군요. '드디어 내 식대로 경영을 해 볼 기회가 왔구나', 이렇게 생각했어요. 다음날부터 현장 순시부터 시작해 업무 파악을 하면서 나름대로 개혁을 진행했습니다. 눈에 보이는 허술하고 불합리한 점이 한두 가지가 아니었어요. 다 뜯어 고치라고 했습니다. 당장 하라고 했습니다. 아침에 눈을 뜨면 어서 빨리 회사에 가고 싶었습니다. 자신 있었습니다. 그런데 어느 날부터 책상에 결재가 쌓이더군요. 중간관리자였을 때 제가 모시던 분들이 뭉그적뭉그적하는 걸 보고 답답해한 적이 많았죠. 그래서 바로바로 결재를 하려고 했어요. 근데 이상한 건 굳이 내 결재를 받지 않아도 되는 사안들이 내 책상 위로 올라오는 겁니다. 안 되겠다 싶어 '회사 방향 설정이나 억 단위 이상의 자금 결재만 제외하고 다른 건 해당 부서 임원들이 하라'고 했어요. 모두들 반대하더군요. '걱정하지 말라'고 했어요. '다 내가 책임질 테니 알아서 자율적으로 하라'고 했어요. 전에 모든 사인을 사장이 다 하는 바람에 고생한 기억이 있었거든요. 직장 생활이라는 게 뭡니까? 사인하는 재미도 있잖아요. 그래야 아랫사람들에게 권위도 서고 폼도 좀 잡고 말이죠. 근데 그게 아니었어요. 회사에 소문이 나고 그룹에도 소문이 알려졌던 모양입니다. 아는 후배가 은근하게 술 한잔 사달라 하고는 '왜 책임을 회피하느냐'고

제6과 사장

묻더군요. '무슨 소리냐'고 했더니 '그쪽(자금, 영업 등) 전문가가 아니어서 책임을 지지 않으려고 사장이 사인을 안 한다'는 소문이 돈다는 겁니다. 기가 차더군요. 알고 보니 모든 임원들이 책임 회피 차원에서 내게 결재를 올리고 '새로운 사장이 하는 개혁은 우리 모두를 구조조정하자는 것'이라며 저항을 부추기고 있었습니다. 옆에 몽둥이가 있으면 누구라도 마구 패 주고 싶은 생각 해 본 적 있어요? 딱 그 생각이 들더군요. 맥이 탁 풀리면서 다리가 후들거립니다. 이런 사람들을 믿고 회사를 이끌어 가야 하는 건지, 나도 옛날에 저랬는지, 가능하면 한 사람도 희생시키지 않고 빨리 새로운 성장 동력을 찾아내 보너스도 주고 연봉도 올려주고 싶어 그렇게 했는데……. 배신 당한 기분 있잖아요? 정말 그 기분이었어요."

단어

고참	[명]	오래전부터 한 직위나 직장 따위에 머물러 있는 사람.
부쩍	[부]	① 외곬으로 빡빡하게 우기는 모양. ② 어떤 사물이나 현상의 상태, 빈도, 양 따위가 매우 거침새 없이 갑자기 늘거나 주는 모양. ③ 매우 가까이 달라붙는 모양. ④ 몹시 힘을 주거나 긴장하는 모양.
심약하다	[형]	마음이 여리고 약하다.
아릿하다	[형]	① 조금 아린 느낌이 있다. ② 눈앞에 어려 오는 것이 아렴풋하다.
덜컹	[부]	① 덜커덩'의 준말. ② 갑자기 놀라거나 겁에 질려서 가슴이 몹시 울렁거리는 모양.
괜하다	[형]	=공연하다(空然-).
졸아들다	[동]	① 액체가 증발하여 그 분량이 적어지다. ② 부피나 분량이 작게 되거나 적어지다. ③ 심리적으로 위축되다.
하소연	[명]	억울한 일이나 잘못된 일, 딱한 사정 따위를

		간곡히 호소함.
보스(boss)	[명]	실권을 쥐고 있는 최고 책임자.
리더	[명]	조직이나 단체 따위에서 전체를 이끌어 가는 위치에 있는 사람.
두둑하다	[형]	① 매우 두껍다. ② 넉넉하거나 풍부하다.
쩨쩨하다	[형]	① 너무 적거나 하찮아서 시시하고 신통치 않다. ② 사람이 잘고 인색하다.
두고두고	[부]	여러 번에 걸쳐 오랫동안.
간웅	[명]	간사한 꾀가 많은 영웅.
리더십	[명]	무리를 다스리거나 이끌어 가는 지도자로서의 능력.
심심찮다	[형]	드물지 않고 꽤 잦다.
가차	[명]	① 정하지 않고 잠시만 빌리는 것. '임시로 빌림'으로 순화. ② ('있다', '없다' 따위와 함께 쓰여) 사정을 보아줌.
아이러니컬하다[ironical]	[형]	아이러니의 속성이 있다. '모순적이다', '역설적이다'로 순화.
싹둑	[부]	연한 물건을 단번에 자르거나 베는 소리. 또는 그 모양. '삭둑'보다 센 느낌을 준다.
순발력	[명]	근육이 순간적으로 빨리 수축하면서 나는 힘
세세하다	[형]	① 매우 자세하다. ② 일 따위의 내용이 너무 잘아서 보잘것없다. ③ 사물의 굵기가 매우 가늘다.
대장장이	[명]	대장일을 하는 기술직 노동자.
뻘뻘	[부]	① 땀을 매우 많이 흘리는 모양. ② 몹시 바쁘게 여기저기 돌아다니는 모양.
힐끗	[부]	① 가볍게 슬쩍 한 번 흘겨보는 모양. '힐긋'보다 센 느낌을 준다. ② 눈에 언뜻 띄는 모양. '힐긋'보다 센 느낌을 준다.

일별	[명]	한 번 흘낏 봄.
빼먹다	[동]	①말 또는 글의 구절 따위를 빠뜨리다. ② 규칙적으로 하던 일을 안 하다. ③남의 물건을 몰래 빼내서 가지다.
허투루	[부]	아무렇게나 되는대로.
셋방	[명]	세를 내고 빌려 쓰는 방.
강권	[명]	내키지 아니한 것을 억지로 권함.
장만하다	[동]	필요한 것을 사거나 만들거나 하여 갖추다.
움츠러들다	[동]	① 몸이나 몸의 일부가 몹시 오그라져 들어가거나 작아지다. ② 겁을 먹거나 위압감 때문에 기를 펴지 못하고 몹시 주눅이 들다.
얹히다	[동]	① '얹다'의 피동. ② 남에게 의지하여 신세를 지다.
주주	[명]	주식을 가지고 직접 또는 간접으로 회사 경영에 참여하고 있는 개인이나 법인.
까마득하다	[형]	① 거리가 매우 멀어 아득하다. '가마득하다'보다 센 느낌을 준다. ② 시간이 아주 오래되어 아득하다. '가마득하다'보다 센 느낌을 준다.
꼬박	[부]	① 어떤 상태를 고스란히 그대로. ② 머리나 몸을 앞으로 조금 숙였다가 드는 모양. ③ 모르는 사이에 순간적으로 잠이 드는 모양.
스카우트	[명]	① 우수한 운동선수 또는 연예인, 특수 기술자와 같은 인재를 물색하고 발탁하는 일. '고르기', '골라 오기'로 순화. ② 보이 스카우트와 걸 스카우트를 통틀어 이르는 말.
용역	[명]	물질적 재화의 형태를 취하지 아니하고 생산과 소비에 필요한 노무를 제공하는 일. '품'으로 순화.
기꺼이	[부]	마음속으로 은근히 기쁘게.

웹 에이전시 [명]	웹 사이트를 제작하거나 인터넷 비즈니스 서비스에 필요한 솔루션(solution)을 제공하는 회사.
[web-agency]	
절치부심 [명]	몹시 분하여 이를 갈며 속을 썩임.
끙끙거리다 [동]	몹시 앓거나 힘에 겨운 일에 부대껴서 내는 소리를 자꾸 내다.
패턴 [명]	① 일정한 형태나 양식 또는 유형. '모형', '본새', '유형', '틀'로 순화. ② =본보기.
멍하다 [형]	① 정신이 나간 것처럼 자극에 대한 반응이 없다. ② 몹시 놀라거나 갑작스러운 일을 당하여 정신을 차리지 못하게 얼떨떨하다.
소방수 [명]	소방에 종사하는 사람.
의례적 [명]	①의례에 맞는. 또는 그런 것. ②형식이나 격식만을 갖춘. 또는 그런 것.
탈탈 [부]	① 먼지 따위를 털기 위하여 잇따라 가볍게 두드리는 소리. 또는 그 모양. ② 아무것도 남지 않게 털어 내는 모양. ③ 속이 텅 비어 있는 모양. ④ 낡은 자동차 따위가 흔들리면서 느리게 달리는 소리. 또는 그 모양.
수소문 [명]	세상에 떠도는 소문을 두루 찾아 살핌.
아웃소싱(outsourcing) [명]	자체 인력·설비·부품 등을 이용해 하던 일을 비용 절감과 효율성 증대를 목적으로 외부 용역이나 부품으로 대체하는 것.
일삯 [명]	'품삯'의 잘못. 품을 판 대가로 받거나, 품을 산 대가로 주는 돈이나 물건.
후련하다 [형]	① 좋지 아니하던 속이 풀리거나 내려서 시원하다. ② 답답하거나 갑갑하여 언짢던 것이 풀려 마음이 시원하다.
채팅 [명]	<컴퓨터> 전자 게시판이나 통신망에서, 여러

제6과 사장

		사용자가 다양한 주제를 가지고 실시간으로 모니터 화면을 통하여 대화를 나누는 일.
분지르다	[동]	=부러뜨리다. 단단한 물체를 꺾어서 부러지게 하다.
수틀리다	[동]	마음에 들지 않다.
베테랑	[명]	어떤 분야에 오랫동안 종사하여 기술이 뛰어나거나 노련한 사람. '숙련가', '전문가', '전문인'으로 순화.
엘리트	[명]	사회에서 뛰어난 능력이 있다고 인정한 사람. 또는 지도적 위치에 있는 사람. '우수', '정예'로 순화.
코딱지	[명]	① 콧구멍에 콧물과 먼지가 섞여 말라붙은 것. ② 아주 작고 보잘것없는 것을 비유적으로 이르는 말.
가관	[명]	① 꼴이 볼 만하다는 뜻으로, 남의 언행이나 어떤 상태를 비웃는 뜻으로 이르는 말. ② 경치 따위가 꽤 볼 만함.
인트라넷 [intranet]	[명]	인터넷을 이용하여 일정 지역 내에서 정보를 교환하거나 공동 작업을 하기 위하여 구축한 통신망.
허술하다	[형]	① 낡고 헐어서 보잘것없다. ② 치밀하지 못하고 엉성하여 빈틈이 있다. ③ 무심하고 소홀하다.
뜯어고치다	[동]	잘못되거나 나쁜 점을 새롭게 고치다.
뭉그적뭉그적	[부]	① 나아가지 못하고 제자리에서 조금 큰 동작으로 게으르게 행동하는 모양. ② 나아가지 못하고 제자리에서 몸이나 몸의 일부를 조금 큰 동작으로 자꾸 느리게 비비대는 모양.
몽둥이	[명]	조금 굵고 기름한 막대기.

보충지식

1. 상용 부사

* 자칫하면: (어떤 일이)조금이라도 어긋나면☞ 자칫하면 사고가 난다.
* 하마터면: 자칫 잘못 하였더라면(어떤 위험 따위를 가까스로 모면하였을 때 쓰이는 말) ☞ 하마터면 큰일 날 뻔하였다.
* 간신히: 힘들고 고생스럽다. ☞ 간신히 빠져나오다.
* 거침없이: ① 걸리거나 막히는 것이 없다. ② 거리낌없다. ☞ 푸른 하늘을 거침없이 날아가는 항공기.

2. 속담 및 관용구

* 못된 송아지 엉덩이에 뿔나다: 사람답지 못한 사람이 교만한 짓을 한다는 말.
* 믿는 도끼에 발등 찍히다: 믿고 있는 사람으로부터 오히려 해를 입는다는 말.
* 밑 빠진 독에 물 붓기: 아무리 애써 해도 아무 보람이 없다는 말.
* 바쁘다고 바늘허리에 실 매어 쓰랴: 아무리 바빠도 바늘허리에 실을 매어 쓸 수는 없다.
* 불똥이 튀다: 사건이나 말썽의 꼬투리가 엉뚱한 사람에게 번지다.

3. 관용표현

* -는즉/은즉

선행절이 후행절의 이유나 조건이 됨을 나타낸다. 후행절 서술어에는 현재와 미래 시상어미가 쓰지 않는다.
  ☞ 서류를 검토한즉 그는 3년 전에 퇴직했더군요.
  ☞ 내가 물은즉 그는 마지못해 대답했다.

* **-는 마당에**

    어떤 일이 벌어진 장면, 경우
    ☞ 이왕 이렇게 된 마당에.

* **-는 바람에**

    선행동작에 근거하여 혹은 그 영향으로 후행절에 어떤 결과가 나옴을 나타낸다. 문장의 내용은 대부분 부정적인 내용이다.
    ☞ 바람이 세게 부는 바람에 집이 다 날라 갔다.
    ☞ 회사에서 사고를 내는 바람에 그는 해고당했습니다.

* **-을 따름이다.**

    '을' 아래에 쓰이며 '그뿐'의 뜻을 나타내는 말.
    ☞ 오직 최선을 다할 따름이다.
    ☞ 선배님께는 항상 고마울 따름입니다.

연습문제

1. 다음 괄호 안에 알맞은 것을 고르십시오.

    (1) 끝까지 사양하고 싶었던 일이지만 일단 맡기로 (   ) 최선을 다하리라고 다짐했다.
       ① 하고자   ② 한 이상   ③ 하다 보니   ④ 한 셈치고
    (2) 이번에 개최된 시골 체험 캠프는 도시 아이들 (   ) 자연을 만끽할 수 있는 기회를 마련해 주었다.
       ① 로 하여금   ② 을 비롯해
       ③ 을 막론하고   ④ 로 말미암아
    (3) 우리 정부가 원만한 사태 해결을 위해 노력을 하고 (   ) 곧 좋은 소식이 있으리라 기대한다.
       ① 있으련만   ② 있거들랑
       ③ 있느니만큼   ④ 있다기보다

(4) 남극에서의 연구 활동을 마치고 귀국한 허 교수는 그곳에서의 생활이
상당히 (   ) 전혀 그런 내색을 하지 않았다.
① 힘들었던들   ② 힘든 나머지
③ 힘들다 보니   ④ 힘들었을 법도 한데

2. 다음 괄호 안에 들어갈 수 없는 단어를 고르십시오.

(1) 그때의 기억이 아직도 (   )게 떠오른다.
① 뼈아프(다)   ② 빈약하(다)   ③ 생생하(다)   ④ 역력하(다)
(2) 내 고향은 경치가 좋고 (   )이 좋은 마을이다.
① 인심   ② 민심   ③ 마음   ④ 양심
(3) 통신과 정보 수단의 발달은 지역 간의 (   )를 줄였다.
① 격차   ② 문제   ③ 왕래   ④ 차이

3. 다음 글을 읽고 물음에 답하십시오.

　　어린아이를 (㉠) 목덜미를 어루만져 주니 나귀는 코를 벌름거리고 입을 투르르거렸다. 콧물이 튀었다. 허 생원은 짐승 때문에 속도 무던히는 썩였다. 아이들의 장난이 심한 눈치여서 땀 밴 몸뚱어리가 부들부들 떨리고 좀체 흥분이 식지 않는 모양이었다. 굴레가 벗어지고 안장도 떨어졌다. "요 몹쓸 자식들." 하고 허 생원은 호령을 하였으나 패들은 벌써 줄행랑을 (㉡) 뒤요 몇 남지 않은 아이들이 호령에 놀라 비슬비슬 멀어졌다.

(1) ㉠에 들어갈 말로 알맞은 것을 고르십시오.
① 달래듯이   ② 달랬기에
③ 달래 봄 직하여   ④ 달랜다 할지라도

(2) ㉡에 들어갈 알맞은 낱말을 쓰십시오.
(　　　　　　　　　)

4. 다음은 신문 기사의 제목입니다. 가장 잘 설명한 것을 고르십시오.

(1) 불황 속 여름 휴가 "기간은 늘고 돈은 줄고"
① 날씨가 더워서 휴가 기간은 길어졌지만 돈은 많이 쓰지 않았다.

② 제품의 생산 주문이 밀려서 회사원들의 여름 휴가 사정이 어렵다.
③ 경기의 악화로 기업체의 휴가 기간이 길어지고 휴가비는 적어졌다.
④ 여름 휴가 기간이어서 제품 생산 시간은 길어진 반면 수입은 줄었다.
(2) 방송사들, 자사 드라마 띄우기 '해도 너무 해'
① 방송사들이 '해도 너무 해'라는 드라마를 적극적으로 홍보하고 있다.
② 방송사들이 프로그램에서 자기 회사 드라마를 지나치게 홍보하고 있다.
③ 방송사들이 자기 회사 프로그램까지도 지나치게 상업적이라고 비판하고 있다.
④ 방송사들이 자기 회사를 소재로 한 드라마를 만들어 적극적으로 홍보하고 있다.

5. 다음 글의 중심 내용으로 가장 알맞은 것을 고르십시오.

(1) 대기오염은 스모그 현상을 일으켜 교통장애, 호흡기질환 등을 일으킨다. 그리고 오존층을 파괴하여 피부암을 유발하는가 하면 곡물 생산량을 감소시키기도 한다. 또한 대기 오염으로 산성비가 내려 삼림과 농작물에 피해를 줄 뿐만 아니라, 토양을 산성화시키고 시설물을 부식시킨다.
① 오염의 종류와 원인   ② 오염 방지 대책의 필요성
③ 대기 오염의 피해 실태   ④ 대기 오염과 농작물의 관계
(2) 전자 오락실의 풍경은 한 마디로 시장판이다. 시장에 가면 소리 지르며 물건 파는 사람, 여기 저기 돌아다니며 물건을 사는 사람, 그냥 구경하는 사람 등 온갖 종류의 사람들로 시끌벅적하다. 전자 오락실도 마찬가지다. 전쟁 게임을 즐기며 소리지르는 아이, 춤추는 게임을 즐기는 아이, 친구 옆에서 말로 게임을 하는 아이 등으로 시장판 못지 않다.
① 소란한 전자 오락실의 풍경   ② 재래 시장의 풍경화
③ 오락실에 출입하는 사람들   ④ 전자 오락실의 시장 가치

(3) 바닷속에는 인류에게 유용한 생물 자원이 풍부하다. 김, 미역과 같은 해양 식물과 각종 어류, 고래 같은 해양 동물들. 해양 식물은 좋은 영양분을 함유하고 있어서 미래의 유망한 식량 자원이고, 해양 동물도 양질의 단백질과 지방분을 제공해 주는 훌륭한 식량 자원이다. 이러한 바다의 생물 자원을 잘 활용하면 우리 인류의 식량 문제를 해결할 수 있을 것이다.

① 바다의 유용한 생물 자원　② 해양 동·식물의 영양분
③ 해양 동물의 이용 방안　　④ 바다 생물 자원의 종류

(4) 우리 사회는 지금 발전 과정에 있다. 그러므로 정치와 경제에서, 학문과 예술에서, 그리고 그 밖의 모든 분야에서 성장을 계속하기 위한 노력이 필요하다. 우리가 착실하게 성장을 계속하기 위해서는 과학자가 그러하듯이 새로운 정보를 존중하여 항상 자신을 수정해야 하며, 민주주의자가 그러하듯이 독단과 독선을 버리고 여러 사람들의 의견을 존중해야 한다.

① 우리 사회 발전의 원동력　② 우리 사회와 과학자 정신
③ 우리 사회와 민주주의 정신　④ 우리 사회의 성장을 위해서 할 일

6. 다음 글을 읽고 물음에 답하십시오.

(가) ㉠'까치밥'만 해도 그렇다. 가을에 감을 딸 때에는 나무마다 몇 개씩을 꼭 남겨 두도록 하였다. 까치 같은 새들도 좀 먹어야 할 게 아니냐는 것이었다.

(나) 배나 사과를 딸 때에도 벌레 먹은 것이거나 ㉡시원찮은 것 등은 그냥 놓아 두게 하였고, 고욤이나 대추도 반드시 그 일부는 남겨 두었다. 특히, 밤을 떨 때에는 절대로 다 떨지 못하게 하였다. 그것은 떨어진 밤을 줍거나 남아 있는 밤을 떠는 동네 아이들이나 다람쥐 같은 짐승을 생각하는 배려에서였던 것이다.

(다) ㉢농작물을 수확할 때에도 이러한 배려는 마찬가지였다. 감자나 고구마를 캘 경우에 ㉣작은 것은 흙 속에 그냥 놓아 두었다. 그것은 마을 어린이들의 이삭줍기나 땅 속의 벌레를 생각하는 마음에서였음을 훨씬 뒤에야 깨달을 수 있었다.

(1) 이 글의 중심어를 글 (나) 에서 찾아 한 단어로 쓰십시오.
   (   )

(2) ㉠~㉣ 중 성격이 다른 하나를 고르십시오.
   ① ㉠   ② ㉡   ③ ㉢   ④ ㉣

7. 다음을 읽고 물음에 답하십시오.

요즘 청소년들 사이에 춤 열풍이 거세게 불고 있다. 그럼에도 이런 춤 열풍을 공교육에서 소화해 낼 방법은 여전히 마련되지 않고 있다. 결국 학교 안에서 춤을 배울 기회가 없는 청소년들은 대부분 학원에서 춤을 배우고 있다. 그러나 학원은 돈벌이에 치중한 나머지 학생들에게 춤추는 방법이 아니라 유행하는 춤을 똑같이 따라 하도록 가르치고 있다. 창의성이 부족한 기능 중심의 교육이 어떤 결과를 가져올지는 불 보듯 뻔하다. 더 늦기 전에 교육 당국은 춤을 교과 과정에 포함시켜야 한다. 그리고 춤을 가르치는 교사들은 학생들이 (   ).

(1) 필자가 이 글을 쓴 이유를 고르십시오.
   ① 청소년들의 춤 열풍을 이해하기 위해
   ② 학교에서 춤을 교육하도록 요청하기 위해
   ③ 기능 중심 교육의 문제점을 지적하기 위해
   ④ 새롭고 다양한 교육 방법을 제시하기 위해

(2) 이 글의 ( )안에 들어갈 내용으로 가장 알맞은 것을 고르십시오.
   ① 춤 동작 하나하나를 따라 하도록 해야 한다
   ② 자신만의 춤을 출 수 있도록 가르쳐 주어야 한다
   ③ 춤을 통해 학업 스트레스를 풀도록 해 주어야 한다
   ④ 남에게 춤을 가르칠 수 있을 정도로 연습시켜야 한다

8. 다음 중국어 내용을 한국어로, 한국어 내용을 중국어로 번역하십시오.

(1) 在闷热潮湿身体感觉不舒服的季节里,有一种不必流汗也可以进行的运动,那就是可以产生"内脏按摩"效果的"笑"。人们经常把"笑"比喻为"静止状态的运动"。不用花一分钱就会在身体里面形成一个运动场。有研究表明大笑一场,人体内的650个肌肉当中会有231个参与运动。"笑"对于精神健康和消除压力最有好处。有时候,一句幽默的话语可以使愤怒、不安、恐怖感全部消失。不是有那么一句话吗? 叫做"笑一笑,十年少"。

(2) 오른손잡이가 많은 인체 특성이나 교통안전 측면에서 우측보행이 훨씬 낫다는 것이 과학적인 분석 결과다. 오른손잡이는 우측보행이 심리적으로 편하다고 한다. 교통사고가 약 20% 감소한다는 조사 결과도 있다. 차도와 인도가 분리된 도로의 인도에서는 좌측보행을 하면 차도에 가까운 보행자는 차량과 같은 방향으로 가기 때문에 등 뒤에서 차량이 덮칠 경우 피할 수가 없다. 반대로 우측보행을 하는 보행자는 차량과 마주보고 걷게 된다. 차량의 움직임을 보면서 걷기 때문에 차량 움직임에 대처할 수 있고 사고 위험도 덜하다.

9. 다음 글을 읽고 (   )안에 알맞은 말을 쓰십시오.

> 컴퓨터의 구조는 크게 본체와 주변장치로 나누어 볼 수 있다. 본체는 중앙처리장치와 기억장치로 이루어져 있다. 그러나 컴퓨터는 본체만으로는 정보처리라는 기능을 충분히 발휘할 수 없다. 주변장치가 함께 붙어 있어야만 (   ). 주변장치로는 컴퓨터의 본체로 정보를 들여보내는 입력장치와, 본체를 통해 처리된 자료를 밖으로 드러내 보여 주는 출력장치가 있다.

(   )

10. 다음 글을 읽고 아래에 제시된 표현을 모두 사용하여 '일기 쓰기의 효과'라는 제목으로 글을 완성하십시오. (120~150자 내외)

> 일기는 무엇 때문에 쓰는 것인가? 그 이유는 일기가 생활의 기록으로서 마음의 수양이 되며, 관찰력과 문장력을 기르게 하기 때문이다. 우선, 일기는 그날 하루의 생활을 기록한 글이다. 그날의 일을 차근차근 생각하며 일기를 쓰게 되면, 자기가 겪은 일의 잘잘못을 깨닫게 되

고 자기의 허물을 뉘우치게 될 것이다. 그러므로 일기를 쓰면 마음의 수양이 될 수 있다. 둘째, _____
_____
_____
_____

　셋째, 일기를 쓰게 되면 글 쓰는 습관이 생기게 되고 표현이 세련되어 문장력이 늘게 된다. 결국 우리는 일기를 쓰면서 덧없이 지나가는 생활을 알뜰히 간직해 두고 되새겨 볼 수 있어 더욱 보람있게 살 수 있을 것이다.

<사용 표현>
돌이켜 생각하다, 되새기다, 되풀이하다, 사물을 살피다, 날카롭다

제7과 잊지 못할 윤동주(尹東柱)

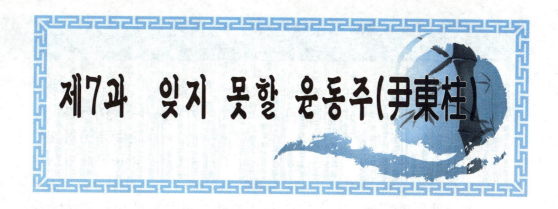

정병욱

1. 작가 소개
정병욱(1922—1982) 전 서울대 교수

   윤동주 시인의 하숙집 후배였던 정 전 서울대 교수는 윤 시인이 연희전문학교를 졸업하던 1941년 자선(自選)시집 '하늘과 바람과 별과 시'를 발간하려다 실패하고 일본으로 건너가면서 넘긴 원고를 자신이 학병으로 끌려가기 전 어머니에게 맡겨 보존했다. 이후 윤동주 시인의 유고는 1948년에 간행되었다.

   2007년에 광양에 있는 윤동주 시인의 유고('하늘과 바람과 별과 시' 친필원고)를 보존했던 정 전 서울대 교수의 가옥은 등록문화재 제341호로 등록되었다.

2. 작품 감상
   윤동주의 학교 후배인 정병욱 씨가 실제 체험을 바탕으로 윤동주의 삶과 인품, 그의 시와 창작 과정 등에 대해 수필 형식으로 쓴 평전이다. 작가에 대한 객관적이고 학술적인 접근보다는 개인적인 차원에서 주관적이고 정서적인 접근을 꾀하고 있는 글이라 볼 수 있다. 글쓴이는 성숙한 인격과 아름다운 영혼의 소유자인 '윤동주'라는 시인과 젊은 날을 함께 했던 것을 소중한 추억으로 간직하고 있다.

3. 생각해 볼 문제
① 인용된 윤동주의 시가 지닌 성격과 특징을 파악해 보세요.
② '시대적 아픔을 느끼고자 하는 성품'이 의미하는 바를 생각해 보세요.
③ '글쓴이의 충고로 덧붙이게 된 넉줄의 효과'에 대해 생각해 보세요.

윤동주(尹東柱)가 세상을 떠난 지 어느덧 30여 년의 세월이 흘렀다. 그가 즐겨 거닐던 서강(西江)일대에는 고층 건물이 즐비(櫛比)하게 들어서고, 창냇벌을 꿰뚫고 흐르던 창내가 자취를 감추어 버릴 만큼, 오늘날 신촌(新村)은 그 모습이 완전히 달라졌다. 달 밝은 밤이면 으레 나섰던 그의 산책길에 풀벌레 소리가 멈춘 지 오래고, 그가 사색(思索)의 보금자리로 삼았던 외인 묘지는 계절 감각을 상실한 지 오래다. 그가 묵었던 하숙집 아주머니는 어쩌면 이 세상을 하직하고 말았을지도 모르겠다. 이렇듯 세월은 모든 것을 바꾸어 놓고 마는 것이지만, 동주에 대한 나의 추억은 조금도 퇴색하지 않고 생생하게 살아 있다.

내가 동주를 처음 만난 것은 1940년, 연희전문학교(延禧專門學校) 기숙사에서였다. 오뚝하게 솟은 콧날, 부리부리한 눈망울, 한일(一)자로 굳게 다문 입, 그는 한 마디로 미남(美男)이었다. 투명한 살결, 날씬한 몸매, 단정(端正)한 옷매무새, 이렇듯 그는 멋쟁이였다. 그렇지만 그는 꾸며서 이루어지는 멋쟁이가 아니었다. 그는 천성(天性)에서 우러나는 멋을 지니고 있었다. 모자를 비스듬히 쓰는 일도 없었고, 교복의 단추를 기울어지게 다는 일도 없었다. 양복 바지의 무릎이 앞으로 튀어나오는 일도 없었고, 신발은 언제나 깨끗했다. 이처럼 그는 깔끔하고 결백(潔白)했다. 거기에다, 그는 바람이 불어도, 눈비가 휘갈겨도 요동(搖動)하지 않는 태산(泰山)처럼 믿음직하고 씩씩한 기상(氣像)을 지니고 있었다.

그는 연희전문학교 문과(文科)에서 나보다 두 학년 위인 상급생(上級生)이었고, 나이는 나보다 다섯 살 위였다. 그는 나를 아우처럼 귀여워해 주었고, 나는 그를 형처럼 따랐다. 신입생(新入生)인 나는 모든 생활의 대중을 그로 말미암아 잡아 갔고, 촌뜨기의 때도 그로 말미암아 벗을 수 있었다. 책방에 가서도 그에게 물어 보고 나서야 책을 샀고, 시골 동생들의 선물(膳物)도 그가 골라 주는 것을 사서 보냈다. 오늘날, 나에게 문학(文學)을 이해하고, 민족(民族)을 사랑하고, 인생(人生)의 참뜻을 아는 어떤 면이 있다고 하면, 그것은 오로지 그가 심어 준 씨앗의 결실(結實)임을 나는 굳게 믿고 있다. 그러기에 이 글을 쓰는 순간(瞬間)에도 그가 내 곁에서 나를 지켜 보고 있는 것 같은 느낌이 든다.

그는 달이 밝으면 곧잘 내 방문을 두드려서 침대 위에 웅크리고 있는 나를 이끌어 내어, 연희의 숲을 누비고, 서강의 뜰을 꿰뚫는 두어 시간의 산책(散策)을 즐기고 돌아오곤 했다. 그 시간 동안 그는 입을 여는 일이 별로 없었기 때문에, 무슨 생각을 했는지는 지금도 수수께끼이다. 가끔은 "정 형, 아까 읽던 책 재미있어요?" 하는 정도의 질문(質問)을 했는데, 그것에 대해 내가 무슨 대답(對答)을 했는지는 뚜럿이 생각나지 않지만, 그는, "그 책은 그저 그렇게 읽는 겁니다."라고 하기도 했고, 어떤 때에는 "그 책은 대강 읽어서는 안 돼요, 무척 고심(苦心)하면서 읽어도 이해하기가 어려운 책입니다."라고 일러 주기도 했다. 그만큼 그는 독서(讀書)의 범위가 넓었다.

　문학, 역사, 철학 이런 책들을 그는 그야말로 종이 뒤가 뚫어지도록 정독(精讀)을 했다. 이럴 때, 입을 꾹 다문 그의 눈에서는 불덩이가 튀는 듯했다. 어떤 때에는 눈을 감고 한참 동안을 새김질을 하고 나서 다음 구절로 넘어가기도 하고, 어떤 때에는 공책에 메모를 하기도 했다. 그러나 그는 읽는 책에 좀처럼 줄을 치는 일은 없었던 것으로 기억된다. 그만큼 그는 결벽성(潔癖性)이 있었다.

　태평양전쟁(太平洋戰爭)이 벌어지자, 일본의 혹독(酷毒)한 식량 정책(食糧政策)이 더욱 악랄(惡辣)해졌다. 기숙사의 식탁은 날이 갈수록 조잡해졌다. 학생들이 맹렬히 항의(抗議)를 해 보았으나, 일본(日本) 당국의 감시가 워낙 철저하기 때문에 어쩔 수 없다고 했다. 1941년, 동주가 4학년으로, 내가 2학년으로 진급(進級)하던 해 봄에, 우리는 하는 수 없이 기숙사를 떠나기로 했다. 마침, 나의 한 반 친구의 알선(斡旋)이 있어서, 조용하고 조촐한 하숙집을 쉽게 얻을 수 있었다. 우리는 그 곳에서 매우 즐겁고 유쾌한 하숙 생활(下宿生活)을 누릴 수 있었다. 그러나 우리는 하숙집 사정으로 한 달 후에 그 집을 떠나야만 했다.

　그 해 5월 그믐께, 다른 하숙집을 알아보기 위해, 아쉬움이 가득 찬 마음으로 누상동(樓上洞) 하숙집을 나섰다. 옥인동(玉仁洞)으로 내려오는 길에서 우연히, 전신주에 붙어 있는 하숙집 광고 쪽지를 보았다. 그것을 보고 찾아간 집은 문패에 '김송(金松)'이라고 적혀 있었다. 설마 하고 문을 두드려 보았더니, 과연 나타난 주인은 바로 소설가 김송, 그분이었다.

　우리는 김송 씨의 식구(食口)로 끼어 들어 새로운 하숙 생활을 시작하게 되었다. 저녁 식사가 끝나면, 우리는 대청(大廳)에서 차(茶)를 마시며 음악(音樂)을 즐기고, 문학(文學)을 담론(談論)하기도 했으며, 때로는 성악가(聲樂家)인 그의 부인(婦人)의 아름다운 노랫소리를 듣기도 했다. 그만큼 우리의 생활은 알차고 보람이 있었다.

　동주의 시집(詩集) 제1부에 실린 많은 작품들이 그 해 5월과 6월 사이에 쓰인 이유가 바로 여기에 있다고 하겠다. 비록 쓸모는 없었지만, 마음을 주고받는 글벗이 곁에 있었고, 암울(暗鬱)한 세태(世態) 속에서도 환대(歡待)해 주는 주인 내외분이 있었기에, 즐거운 가운데서 마음껏 시(詩)를 쓸 수 있었으리라.

제7과　잊지 못할 윤동주(尹東柱)

동주의 주변(周邊)에도 내 주변에도, 별반 술꾼이 없었기 때문에, 그가 술자리에 어울리는 일은 별로 없었다. 가끔 영화관(映畵館)에 들렀다가 저녁때가 늦으면 중국집에서 외식(外食)을 했는데, 그 때 더러는 술을 청(請)하는 일이 있었다. 주기(酒氣)가 올라도 그의 언동(言動)에는 그리 두드러진 변화가 없었다. 평소(平素)보다 약간 말이 많은 정도였다. 그러나 비록 취중(醉中)이라도 화제가 바뀌는 일은 없었다. 그의 성격(性格) 중에서 본받을 점이 많이 있지만, 그 중에서도 가장 본받아야 할 것의 하나는 결코 남을 헐뜯는 말을 입 밖에 내지 않는다는 점이다. 술이 들어가면 사람들의 입에서는 으레 남에 대한 비판(批判)이나 공격(攻擊)이 오르내리게 마련이지만, 그가 남을 헐뜯는 말을 나는 들어 본 기억이 없다.
　1941년 9월, 우리의 알차고 즐거운 생활에 난데없는 횡액(橫厄)이 닥쳐왔다. 당시에 김송 씨가 요시찰 인물(要視察人物)이었던 데다가 집에 묵고 있는 학생들이 연희전문학교 학생들이었기 때문에, 우리를 감시(監視)하는 일제(日帝)의 눈초리는 날이 갈수록 날카로워졌다. 일본 고등계(高等係) 형사가 무시(無時)로 찾아와 우리 방 서가(書架)에 꽂혀 있는 책 이름을 적어 가기도 하고, 고리짝을 뒤져서 편지를 빼앗아 가기도 하면서 우리를 괴롭혔다. 우리는 다시 하숙집을 옮기지 않을 수 없었다. 그 때 마침, 졸업반이었던 동주는 생활이 무척 바쁘게 돌아가고 있는 형편이었다. 진학에 대한 고민, 시국(時局)에 대한 불안, 가정에 대한 걱정, 이런 가운데 하숙집을 또 옮겨야 하는 일이 겹치면서 동주는 무척 괴로워하는 눈치였다. 이런 절박한 상황 속에서도 그는, 그의 대표작으로 널리 알려진 중요한 작품들을 썼다. '또 다른 고향(故鄕)', '별 헤는 밤', '서시(序詩)' 등은 이 무렵에 쓴 시들이다.
　동주는 시를 함부로 써서 원고지(原稿紙) 위에서 고치는 일이 별로 없었다. 즉, 한 편의 시가 이루어지기까지는 몇 주일, 몇 달 동안을 마음 속에서 고민(苦悶)하다가, 한 번 종이 위에 옮기면 그것으로 완성되는 것이었다. 그의 시집을 보면, 1941년 5월 31일 하루에는 '또 태초(太初)의 아침', '십자가(十字架)', '눈을 감고 간다' 등 세 편을 썼고, 6월 2일에는 '바람이 불어'를 썼는데, 동주와 같은 과작(寡作)의 시인(詩人)이 하루에 세 편의 시를 쏟아 놓고, 이틀 뒤에 또 한 편을 썼다는 사실은 믿어지지 않는 일이다. 그것은 머릿속에서 완성된 시를 다만 원고지에 옮겨 적은 날이라고 생각할 때에야 비로소 수긍(首肯)이 가는 일이다. 그는 이처럼 마음 속에서 시를 다듬었기 때문에, 한 마디의 시어(詩語) 때문에도 몇 달을 고민하기도 했다. 유명한 '또 다른 고향(故鄕)'에서

어둠 속에서 곱게 풍화 작용(風化作用)하는
　　백골(白骨)을 들여다보며
　　눈물짓는 것이 내가 우는 것이냐?
라는 구절에서 '풍화 작용'이란 말을 놓고, 그것이 시어답지 못하다고 매우 불만스러워한 적이 있었다. 그러나 고칠 수 있는 적당한 말을 찾지 못해 그대로 두었지만, 끝내 만족해하지를 않았다.
　그렇다고 자기의 작품(作品)을 지나치게 고집(固執)하거나 집착(執着)하지도 않았다. '별 헤는 밤'에서 그는
　　따는(딴은) 밤을 새워 우는 벌레는
　　부끄러운 이름을 슬퍼하는 까닭입니다.
로 첫 원고(原稿)를 끝내고 나에게 보여 주었다. 나는 그에게 넌지시 "어쩐지 끝이 좀 허(虛)한 느낌이 드네요."하고 느낀 바를 말했었다. 그 후, 현재의 시집(詩集) 제1부에 해당하는 부분의 원고를 정리하여 '서시(序詩)'까지 붙여 나에게 한 부(部)를 주면서 "지난번 정 형이 '별 헤는 밤'의 끝 부분이 허하다고 하셨지요. 이렇게 끝에다가 덧붙여 보았습니다." 하면서 마지막 넉 줄을 적어 넣어 주는 것이었다.
　　그러나 겨울이 지나고 나의 별에도 봄이 오면
　　무덤 우에 파란 잔디가 피어나듯이
　　내 이름자 묻힌 언덕 위에도
　　자랑처럼 풀이 무성할 게외다.
　이처럼, 나의 하찮은 충고(忠告)에도 귀를 기울여 수용할 줄 아는 태도(態度)란, 시인으로서는 매우 어려운 일임을 생각하면, 동주의 그 너그러운 마음에 다시금 머리가 숙여지고 존경하는 마음이 새삼스레 우러나게 된다.
　동주가 졸업 기념(卒業紀念)으로 엮은 자선 시집(自選詩集) '하늘과 바람과 별과 시(詩)'의 자필(自筆) 시고(詩稿)는 모두 3부였다. 그 하나는 자신이 가졌고, 한 부는 이양하(李敭河) 선생께, 그리고 나머지 한 부는 내게 주었다. 이 시집에 실린 19편의 작품 중에서, 제일 마지막에 수록된 시가 '별 헤는 밤'으로 1941년 11월 15일로 적혀 있고, '서시(序詩)'를 쓴 것은 11월 20일로 되어 있다. 이로 보아, 그는 자선 시집을 만들어 졸업 기념으로 출판(出版)하기를 계획했던 것 같다. 그러나 이 시고를 받아 보신 이양하 선생께서는 출판을 보류하도록 권하였다 한다. '십자가(十字架)', '슬픈 족속(族屬)', '또 다른 고향(故鄕)'과 같은 작품들이

일본 관헌(日本官憲)의 검열(檢閱)에 통과될 수 없을 뿐 아니라, 그의 신변(身邊)에 위험(危險)이 따를 것이니, 때를 기다리라고 하셨다는 것이다. 그러나 그는 결코 실망(失望)의 빛을 보이지 않았다. 선생의 충고는 당연한 것이었고, 또 시집 출간을 서두를 필요도 없다고 생각했기 때문이었을 것이다.

시집 출판을 단념(斷念)한 동주는 1941년 11월 29일에 '간(肝)'을 썼다. 작품 발표와 출판의 자유를 빼앗긴 지성인(知性人)의 분노(忿怒)가 폭발한 것이리라. 그러나 그는 스스로를 달래지 않을 수 없었다. 그 노여움이 가라앉으면서 1942년 1월 24일에 차분히 '참회록(懺悔錄)'을 썼다. 어쩌면 이것이 고국(故國)에서의 마지막 작품이었을지도 모른다. 1942년 유학(留學)을 위해 일본으로 건너갔던 그는, 이듬해인 1943년 7월 독립 운동(獨立運動) 혐의(嫌疑)로 체포(逮捕)되어 2년 형을 언도(言渡)받고, 후쿠오카(福岡) 감옥(監獄)에서 복역하던 중, 조국 광복(祖國光復)을 불과 반 년 앞둔 1945년 2월 16일, 감옥 안에서 28세의 젊은 나이로 원통하게 눈을 감았다.

이제, 동주는 세상을 떠나고 없다. 그러나 오늘날 이 땅의 많은 젊은이들이 즐겨 외는, 그의 대표작 '별 헤는 밤'의 끝 넉 줄은, 단순히 시구(詩句)로만 끝난 것이 아니라 현실(現實)이 되었다. 그의 고향인 북간도(北間道) 용정(龍井)에 있는 동산 마루턱에 묻힌 그의 무덤 위에는 이 봄에도 파란 잔디가 자랑처럼 돋아나 있을 것이다. 그러나 동주는 멀리 북간도에만 있는 것이 아니다. 그의 시 속에 배어 있는 겨레 사랑의 정신은 그를 사랑하는 모든 사람의 가슴 속에 영원히 살아 남아 있을 것이다.

즐비하다	[형]	빗살처럼 줄지어 빽빽하게 늘어서 있다.
창낸벌	[명]	벌판의 이름.
자취를 감추다	[관용구]	① 남이 모르게 어디로 가거나 숨다.
		② 어떤 사물이나 현상 따위가 사라지다.
보금자리	[명]	① 새가 알을 낳거나 깃들이는 곳.
		② 지내기에 매우 포근하고 아늑한 곳을 비유적으로 이르는 말.

하직	[명]	① 먼 길을 떠날 때 웃어른께 작별을 고하는 것.
		② '죽음'을 비유적으로 이르는 말.
		③ 무슨 일이 마지막이거나 무슨 일을 그만둠을 이르는 말.
		④ 어떤 곳에서 떠남.
퇴색하다	[동]	① 빛이나 색이 바래다.
		② 무엇이 낡거나 몰락하면서 그 존재가 희미해지거나 볼품없이 됨을 비유한다.
오뚝하다	[형]	① 작은 물건이 도드라지게 높이 솟아 있다.
		② 갑자기 발딱 일어서다.
콧날	[명]	콧마루의 날을 이룬 부분.
부리부리	[부]	눈망울이 억실억실하게 크고 열기가 있는 모양.
살결	[명]	살갗의 결.
옷매무새	[명]	=매무새. 옷을 입은 맵시.
우러나다	[동]	① 액체 속에 잠겨 있는 물질의 빛깔이나 맛 따위의 성질이 액체 속으로 배어들다.
		② =우러나오다.
비스듬하다	[형]	수평이나 수직이 되지 아니하고 한쪽으로 기운 듯하다.
기울어지다	[동]	① 비스듬하게 한쪽이 낮아지거나 비뚤어지게 되다.
		② 마음이나 생각 따위가 어느 한쪽으로 쏠리게 되다.
		③ 해나 달 따위가 저물어 가다.
		④ 형세가 이전보다 못하게 되다.
촌뜨기	[명]	'촌사람'을 낮잡아 이르는 말.
씨앗	[명]	① 곡식이나 채소 따위의 씨.
		② 앞으로 커질 수 있는 근원을 비유적으로 이르는 말.
결실	[명]	① 식물이 열매를 맺거나 맺은 열매가 여묾. 또는 그런 열매.

		② 일의 결과가 잘 맺어짐. 또는 그런 성과.
웅크리다	[동]	몸 따위를 움츠러들이다.
누비다	[동]	① 두 겹의 천 사이에 솜을 넣고 줄이 죽죽 지게 박다.
		② 이리저리 거리낌 없이 다니다.
꿰뚫다	[동]	① 이쪽에서 저쪽까지 꿰어서 뚫다.
		② 길 따위가 통하여 나거나 강물 따위가 가로질러 흐르다.
		③ 어떤 일의 내용이나 본질을 잘 알다.
새김질	[명]	잊지 아니하도록 마음속에 깊이 기억함.
결벽성	[명]	유난스럽게 깨끗한 것을 좋아하는 성질.
혹독하다	[형]	① 몹시 심하다.
		② 성질이나 하는 짓이 몹시 모질고 악하다.
악랄	[명]	악독하고 잔인함.
조잡하다	[형]	① 말이나 행동, 솜씨 따위가 거칠고 잡스러워 품위가 없다.
		② 빽빽하고 복잡하다.
알선[斡旋]	[명]	① 남의 일이 잘되도록 주선하는 일.
		② <법률> 노동 쟁의를 조정하는 제도의 하나. 노동 위원회가 위촉한 알선 위원은 쌍방의 주장의 요점을 확인하여, 스스로 해결할 수 있도록 노력하여야 하며 어떤 해결안을 제시하지 않는 것이 원칙이다.
		③ <법률> 장물인 줄 알면서도 매매를 주선하고 수수료를 받는 행위.
조촐하다	[형]	① 아담하고 깨끗하다.
		② 행동, 행실 따위가 깔끔하고 얌전하다.
		③ 외모나 모습 따위가 말쑥하고 맵시가 있다.
		④ 호젓하고 단출하다.
전신주	[명]	=전봇대. 전선이나 통신선을 늘여 매기 위하여 세운 기둥.
끼어들다	[동]	자기 순서나 자리가 아닌 틈 사이를 비집고 들어서다.

알차다	[형]	속이 꽉 차거나 내용이 아주 충실하다.
암울	[명]	① 어두컴컴하고 답답함.
		② 절망적이고 침울함.
내외분	[명]	'부부'를 높여 이르는 말.
별반	[명]	보통과 다름.
	[부]	따로 별다르게.
더러	[부]	① 전체 가운데 얼마쯤.
		② 이따금 드물게.
헐뜯다	[동]	남을 해치려고 헐거나 해서서 말하다.
난데없다	[형]	갑자기 불쑥 나타나다.
횡액	[명]	=횡래지액. 뜻밖에 닥쳐오는 불행
닥쳐오다	[동]	어떤 일이나 대상 따위가 가까이 다다라 오다.
요시찰 인물	[명]	<법률> 사상이나 보안 문제 따위와 관련하여 행정 당국이나 경찰이 감시하여야 할 사람.
무시로	[부]	특별히 정한 때가 없이 아무 때나.
고리짝	[명]	① 고리의 낱개.
		② =고리
과작	[명]	작품 따위를 적게 지음.
수긍	[명]	옳다고 인정함. '옳게 여김'으로 순화.
불만스럽다	[형]	=불만족스럽다.집착하다
넌지시	[부]	드러나지 않게 가만히.
덧붙다	[동]	① 붙은 위에 겹쳐 붙다.
		② 군더더기로 딸려 있다.
하찮다	[형]	① 그다지 훌륭하지 아니하다.
		② 대수롭지 아니하다.
다시금	[부]	'다시'를 강조하여 이르는 말.
단념	[명]	품었던 생각을 아주 끊어 버림.
체포	[명]	① <법률> 형법에서, 사람의 신체에 대하여 직접적이고 현실적인 구속을 가하여 행동의 자유를 빼앗는 일.
		② 형사 소송법에서, 검찰 수사관이나 사법 경찰관이 법관이 발부하는 영장에 따라

		피의자를 잡아서 일정 기간 유치하는 일. 또는 그런 강제 처분.
언도	[명]	<법률> 재판장이 판결을 알림. '선고'로 순화.
복역	[명]	① 공역(公役), 병역(兵役) 따위에 종사함. ② 징역을 삶.
원통하다	[형]	분하고 억울하다.
마루턱	[명]	'마루터기'의 준말.
귀를 기울이다	[관용구]	남의 이야기나 의견에 관심을 가지고 주의를 모으다.

보충지식

1. 상용 부사

* 무려: (어떤 큰 수효 앞에 쓰이어) 생각보다 많음을 나타낼 때 '자그마치', '엄청나게도'와 같은 뜻을 나타냄. ☞ 무려 10만 명이나 되는 병력.
* 문득: (생각이나 느낌 따위가) 갑자기 떠오르는 모양. ☞ 문득 고향 생각이 나다. (센말) 문뜩.
* 벌떡: ① 누웠거나 앉았다가 갑자기 급하게 일어나는 모양. ② 별안간 뒤로 자빠지는 모양. (작은말) 발딱. (센말) 벌떡벌떡.
* 벌렁: 갑자기 뒤로 눕거나 넘어지는 모양. (작은말) 발랑. 벌렁벌렁.

2. 속담 및 관용구

* 소 잃고 외양간 고치다: 이미 일을 그르친 뒤에는 뉘우쳐도 소용없다는 말.
* 소귀에 경 읽기: 둔한 사람은 아무리 일러도 알아듣지 못한다는 뜻.
* 손 없는 날: 귀신이 없다는 날.
* 손에 장을 지지다: 안 되는 일을 비유하여 이르는 말.
* 손을 잡다: 서로 힘을 합치어 같이 일하다.

3. 관용표현

* **-다시피**

'거의 선행 동작과 같이'의 뜻으로 쓰이거나 재확인을 나타낸다.
1) '거의 앞에 동사와 같이'의 뜻으로 쓰이는 경우
☞ 우리는 싸우다시피 해서 이 장소를 빌렸습니다.
☞ 사업 실패로 그의 집은 거의 망하다시피 하였습니다.
2) 청자가 이미 알고 있는 사실을 재확인하는 경우
☞ 보시다시피 우리가 가진 것은 두 주먹뿐입니다.
☞ 보시다시피 요즘은 신문 볼 틈도 없습니다

* **-다(가) 보면**

동사에 붙어서 '선행동사와 같은 행위를 하거나 그러한 상태로 있음을 전제로 한다면 후행절과 같은 일이 생긴다.'의 뜻을 나타낸다.
☞ 바쁘게 지내다 보면 결혼기념일을 잊어버릴 수도 있지요.
☞ 운전을 하다 보면 사고를 낼 때가 있어요.

* **-다(가) 보니**

'선행동사와 같은 행위를 하거나 그러한 상태가 계속되다가 그 결과로 후행절과 같은 일이 생긴다.'의 뜻을 나타낸다.
☞ 가까운 친구로 지내다 보니 서로 사랑하게 되었어요.
☞ 회사 일이 바쁘다 보니 자주 연락을 드리지 못했어요.

* **-인 셈치고**

일부 동사와 형용사와 결합한다. 선행의 내용으로 미루어 가정하고 후행 동작을 함을 나타낸다. 앞뒤 문장이 도치 형식으로 되면 문장 끝이 '-는 셈 치다'의 형태로 쓰인다.
☞ 그 사람한테 속는 셈 치고 빌려주었어요.
☞ 빌려준 책은 잃어버린 셈치고 달라고 하지 않았다.

연습문제

1. 다음 괄호 안에 알맞은 것을 고르십시오.

   (1) 우리 회사는 젊은 경영자가 아주 (   )으로 회사를 경영하고 있는 견실한 회사이다.
      ① 정열적   ② 의욕적   ③ 학구적   ④ 해학적
   (2) 이 책의 특징은 검은 테두리 선 안에 (   )한 원색으로 채워넣은 단순한 그림이다.
      ① 아글타글   ② 울퉁불퉁   ③ 알록달록   ④ 알콩달콩
   (3) 영양소들에 대해 최대 섭취량을 정한 새 영양섭취기준이 (   ).
      ① 파괴된다   ② 마련된다   ③ 각별하다   ④ 돈독하다
   (4) 어느 곳을 둘러봐도 그림엽서 같은 풍경에 모두들 감탄을 (   ).
      ① 배려했다   ② 분명했다   ③ 소심했다   ④ 연발했다
   (5) 태풍이 올 수 있다는 기상예보에 많은 걱정을 했지만 (   ) 따스한 날씨에 한시름이 놓였다.
      ① 정작   ② 사뭇   ③ 막상   ④ 미처

2. 다음 (   )안에 알맞은 것을 고르십시오.

   (1) 과연 신입사원이 혼자서 그 많은 일을 제대로 (   ).
      ① 해 낼 법하다   ② 해 낼까 싶다
      ③ 해 낼 뻔했다   ④ 해 내고 말 것이다
   (2) 지난 달보다 용돈이 두 배나 늘었는데도 여전히 부족한 걸 보면 역시 돈은 (   ).
      ① 쓰기 마련이다   ② 쓰기 망정이다
      ③ 쓰기 나름이다   ④ 쓰기 십상이다
   (3) 불량품이 많다는 소비자들의 불만이 쏟아진 이후로 그 상품은 인기가 (   ) 이제는 아무도 찾지를 않는다.
      ① 떨어지느냐 마느냐   ② 떨어지면 떨어질수록
      ③ 떨어질 대로 떨어져서   ④ 떨어지는 둥 마는 둥 해서

(4) 처음 박물관을 찾은 관광객들은 안내원의 설명을 하나라도 (   ) 귀 기울여 들었다.
① 놓칠세라　　　　　　② 놓치련만
③ 놓치랴마는　　　　　④ 놓칠지언정

3. 다음 글을 읽고 물음에 답하십시오.

식물은 태양 에너지와 공기, 그리고 땅 속의 물과 양분을 이용하여 탄소동화 작용을 한다. 이 과정에서 식물은 공기 중의 이산화탄소를 흡수하고 산소를 (㉠)한다. 인간의 삶에 필수적인 산소를 만들어 낸다는 점에서, 식물은 인간의 생존 환경을 조성하는 데 일정한 역할을 한다. 인간은 자원의 획득과 개발을 위하여 숲을 (㉡) 파괴해왔지만, 이러한 행위는 곧 인간 자신의 생존 기반을 파괴하는 어리석은 일이 아닐 수 없다.

(1) ㉠ 에 알맞은 말을 두 글자로 쓰십시오. (4점)
(　　　　　　　)

(2) ㉡ 에 들어갈 말로 알맞지 않은 것을 고르십시오. (3점)
① 함부로　　　　　　② 대수롭게
③ 마구잡이로　　　　④ 닥치는 대로

4. 다음은 어떤 종류의 글인지 고르십시오.

(1) 영화 "텔 미 섬딩"은 화가인 아버지에게 성폭행을 당했던 딸이 아버지를 비롯한 주변 인물을 연쇄 살인한다는 내용의 영화이다. 여기에는 중요한 역할을 하는 명화 두 점이 등장하는데 그 중 하나가 영국 화가 존 에버릿 밀레이의 '오필리아' 이다. 이 그림은 물에 빠져 죽어가는 햄릿의 연인을 그린 것으로 보티첼리의 '비너스 탄생'을 표본으로 했으며 이를 그리기 위해 라파엘전파의 화가들이 모두 동원되었다고 한다.
① 영화평　　　　　　② 책 안내
③ 독서 감상문　　　　④ 미술 작품 해설

(2) 소비자의 건강은 무엇보다도 중요하다. 그것은 이번 협상에서 얻을 수 있는 그 어떤 이익과도 바꿀 수 없는 것이다. 정부는 국민의 건강에 가

장 높은 가치를 두어야 한다. 정부가 국민 건강에 대해 확고한 의지를 가져야만 수입 식품의 허술한 검사, 식품의 무책임한 유통 등의 문제에 효과적으로 대처할 수 있을 것이다.
① 대상을 평가하는 글
② 사실을 설명하는 글
③ 자기 주장을 담은 글
④ 작품에 대한 느낌을 쓴 글

5. 다음 글을 읽고 물음에 답하십시오.

(1) 이 글에서 대상에 대한 글쓴이의 태도로 알맞은 것을 고르십시오.

까치 소리는 반갑다. 아름답게 굴린다거나 구슬프게 노래한다거나 그런 것이 아니고 기교 없이 가볍고 솔직하게 짖는 단 두 음절 '깍 깍'. 첫 '깍' 은 높고 둘째 '깍' 은 낮게 계속되는 단순하고 간단한 그 음정이 그저 반갑다. 나는 어려서부터 까치 소리를 좋아했다. 지금도 아침에 문을 나설 때 까치 소리를 들으면 그 날은 기분이 좋다.
① 분석적   ② 객관적
③ 논리적   ④ 비판적

(2) 밑줄 친 부분이 가리키는 말을 찾아 쓰십시오.

첫째, 문학은 어떤 대상에 대하여 새로운 측면을 제시해 주므로 우리는 문학을 통해 모르고 있던 새로운 사실을 알게 되고, 체험을 확대하는 즐거움을 느낄 수 있다. 둘째, 문학은 대표성, 보편성이 있는 사실을 다루기 때문에 우리는 문학을 통해 두루 가치 있는 보편적 사실을 깨닫게 된다. 따라서, 문학 작품을 통하여 우리는 우리의 삶에 의미 있고 중요한 사실을 알게 되고, 이를 통해 즐거움을 느낄 수 있다.
(   )

(3) (   ) 안에 앞 뒤 문장을 자연스럽게 연결해 주는 말을 넣으십시오.

답사를 하느라 팔도를 돌아다니다 보니 나는 참으로 기발한 간판을 많이 본다. 성남에서 이천 쪽으로 가다 보면 '베드로 횟집'이 나온다. '그렇지! 베드로는 어부였고, 이 길은 천주교 성지 순례 코스지.' 라는 생각을 하고 웃은 적도 있다. 우리는 간판을 사용 가치의 측면에서만 보고 말지만 이것은 아주 중요한 문화인류학적 유물이요, 이 시대의 얼굴이

기도 하다. (   ) 답사 여행에서는 작은 것 하나도 예사로 보아 넘길 수 없다.
(   )

(4) 밑줄 친 부분이 비유하는 것은 무엇인지 쓰십시오.

학문은 누구도 모르고 있던 진실을 밝혀 새로운 지식을 만들어 내는 제조업이다. 일단 제조한 지식을 전달하고 보급하는 유통업은 학문이 아니다. 제조업을 하자면 유통업의 도움이 필요하다. 유통업의 기여를 무시할 수 없다. 그러나 기여하는 바가 크다 하더라도 유통업을 제조업으로 간주할 수 없다. 외국 학문의 최신 흐름을 신속하게 소개하는 것을 자랑으로 삼는 사람을 학자라고 할 수는 없다. 지식의 제조업과 <u>유통업</u>은 서로 다른 활동이다.
(   )

(5) 다음 글을 읽고 가장 중요한 말을 고르십시오.

문화를 인간성의 일반적 표현이라고 한다면 민족 문화란 한 민족이 같은 지리적 환경에서 같은 역사적 과정을 거치며 살아가는 동안에 이루어지는 생활 및 사고 방식의 공통된 표현이라고 할 수 있다. 다시 말하면 민족 문화란 주어진 사회 안에서 형성되는 그 민족의 사상, 감정, 정치, 경제, 도덕, 예술 등의 공동 생활 양식을 말한다. 이는 곧 그 민족의 생활 역량이 표현된 결과라 하겠다.

① 문화   ② 생활 양식
③ 사회   ④ 민족 문화

6. 다음 글을 읽고 물음에 답하십시오.

(가) 아이들은 학교와 직장에 다들 나가고 집에는 아내와 나만 남아서 집을 보고 있다. 아니, 집을 보고 있는 것은 아내이고, 나는 '외가'라는 주제의 수필을 청탁 받고 무엇을 쓸 것인가 고민 중이다. 마당 한쪽 어린애 엉덩이만한 데에는 상추가 자라고 있어서 한껏 시골집의 한가로운 분위기를 느끼게 한다.

(나) 문득 제목부터 떠올랐다. '외가 만들기'다. 그렇다. 바로 이것이다. 내 집이 외가가 되는 꿈을 그려보기로 했다. 아내가 나에게 시집와 준 나이

를 생각할 때, ㉠큰딸과 작은딸은 벌써 결혼해서 아이 한둘쯤은 두었음직 하다. 그러니 나의 '외가 만들기' 설계는 현실성이 충분하다고 본다.

(다) 우리가 보통 떠올리고 있는 외가의 이미지는 무엇일까? 어린 오누이가 몇 킬로미터쯤 걸어가서 산자락 밑에 엎디어 있는 어느 초가에 들어서면 외할머니와 외할아버지가 "㉡우리 강아지들 왔구나!" 하고 반기면서 맞는 집이 바로 외가이다.

(라) 우리 속담에 "외갓집 들어가듯 한다."는 말처럼 ㉢외손자들은 아무 거리낌이 없이 들어서자마자 뛰고 달리고 제 하고 싶은 것을 다 할 것이다. 외할머니, 외할아버지의 야단은 아랑곳하지 않고 저희들 마음대로 ㉣떠들고 노는 녀석들을 상상해 보면 지금부터 벌써 유쾌해지기만 한다.

(1) 다음 중 알맞은 설명을 하나 고르십시오.
　① 글쓴이의 집은 시골 정취가 있는 집이다.
　② 우리가 생각하는 외가의 이미지는 도시적이다.
　③ 글쓴이는 두 딸이 결혼해서 외손자가 있는 사람이다.
　④ 보통 외할머니, 외할아버지는 야단을 많이 치는 사람이다.

(2) 위의 밑줄 친 말 중 가리키는 것이 다른 하나를 고르십시오.
　① ㉠　　② ㉡　　③ ㉢　　④ ㉣

(3) 밑줄 친 '외갓집 들어가듯 한다'의 의미를 알맞게 설명한 것을 고르십시오.
　① 아주 조심스럽게 들어간다.
　② 아무 망설임 없이 들어간다.
　③ 아무도 눈치채지 못하게 들어간다.
　④ 예의를 잘 갖추고 들어간다.

7. 다음을 읽고 물음에 답하십시오.

많은 기업들이 경영 합리화를 위해 구조 조정을 실시하면서 해고되는 직장인이 늘고 있다. 개미처럼 열심히 일하지 않는 사람들이 주요 정리 대상이다. 그런데 최근 이런 경영 방식의 효과를 부인하는 '개미 이론'이 나와 주목을 받고 있다. 이에 따르면 개미는 고작해야 여섯 시간 일하는데 먹이를 얻기 위해 일하는 비율은 전체 개미의 20% 정도에 불과하고 그 개미들이 나머지 빈둥거리는 동료들을 먹여 살린다는 것이다. 더욱 흥미로운 것은 일하는 개미만을 뽑아 따로 새로운 집단을 구성해 주면 이중 80%는 다시 놀기 시작한다는 점이다. 결국 개미는 전체 구성원 수에 관계없이 항상 20%만 일하는 것이다.

(1) 구조 조정에 대한 필자의 태도로 가장 알맞은 것을 고르십시오.
　　① 부정적　　　　② 방관적
　　③ 이중적　　　　④ 중립적

(2) 이 글의 내용과 같은 것을 고르십시오.
　　① 열심히 일하는 개미는 항상 열심히 일한다.
　　② 개미는 먹이를 얻기 위해 하루 종일 일한다.
　　③ 개미 이론은 경영 합리화 방법에 잘 맞는다.
　　④ 노는 개미를 모아 두면 그 중 20%는 일을 한다.

8. 다음 중국어 내용을 한국어로, 한국어 내용을 중국어로 번역하십시오.

(1) 窗外在下着雪,是春雪。没有风,雪轻轻地飘落下来。看着那轻轻飘落的雪,人的心情也会变得很平静。雪花落到地面上以后不留痕迹地融化掉了,雪花不断地落到运动场边的樱桃树上,樱桃树马上伸展出了白色的胳膊,这景色就像一幅图画。在白色的树枝中间喜鹊们在忙着修理去年的窝。在江对面村子后山的田野里,在通向田里的蜿蜒小路上,都没有被雪覆盖。被悄无声息的雪花浸湿的地面上,已经长出了嫩绿的小草,有的草还已经开了花。在白雪飘飞的日子里盛开的小野花感受着雪花的冰冷。

(2) 한국은 인류의 축제인 88올림픽을 개최했으며, 또한 21세기 서막을 여는 2002년 월드컵경기의 주최국 중의 하나이며 또한 태권도의 종주국이기도 하다. 한국을 방문하게 되면 여기저기에 친절한 사람과 사람을 황홀케 하는 경치가 있으며, 또한 경제가 비약적으로 발전된 기적을 이루어낸 나라임을 발견하게 될 것이다. 한국은 "아시아의 네 마리 용" 중의 하나라고 불리는데, 경제 수준은 아시아 국가 중 선두그룹에 위치하며, 경제성장 속도는 세계의 선두그룹에 위치한다.

9. 다음 글을 읽고 ( ) 안에 알맞은 말을 쓰십시오.

(1) 레스토랑 하면 '화려하다, 멋있다' 등의 말이 떠오른다. 그러나 정작 설계자들은 손님의 입장에서 본 미적 측면보다 종업원의 입장에서 본 실용성을 강조한다. 일하는 사람들이 가장 편하게 움직일 수 있도록 배려하는 것이 좋은 설계의 첫걸음이라는 것이다. 음식을 나르는 공간, 음료수와 디저트의 배치, 쓰레기통의 위치 등을 고려하지 않으면 종업원들이 신속하게 움직이지 못하고 일이 두 배로 많아져서 서비스를 제대로 제공할 수 없다. 요컨대 ( ) 설계이고, 결과적으로는 고객들도 만족하게 된다는 것이다.
( )

(2) 사람은 변화를 싫어하고 안주하기를 원하는 것 같다. 어느 강연회에서 강사가 "변화를 좋아하는 분, 손들어 보세요."라고 말했더니 청중의 10%도 손을 들지 않았다. 다시 "오늘 입은 옷을 내일 똑같이 입고 싶지 않은 분은 손들어 보세요."라고 말했더니 모두 손을 들었다. 사람은 변화 자체를 싫어하는 것이 아니라 강요된 변화를 싫어할 뿐이다. 즉 자신이 선택하거나 주도하는 변화를 바란다. 변화에 대한 생각을 옷을 갈아입는 것에 비유하는 것이 적절한지는 모르겠으나 이 이야기는 사람들이 어떤 변화를 원하는지를 말해 준다. 그것은 바로 사람들은 ( ) 변화를 원한다는 것이다.
( )

10. 다음 글을 읽고 아래에 제시된 표현을 모두 사용하여 '첫번째 성공 비결'을 완성하십시오. (120자 내외)

> 국내 한 기업이 자국어 인터넷 주소 시장에서 기술 표준을 만들어 가며 성공을 거두고 있다. 자국어 인터넷 주소 서비스는 인터넷 창에 'www'를 치는 대신에 한글 등 각 언어로 주소를 치면 편리하게 원하는 곳에 접속할 수 있는 새로운 기술이다.
> 이 회사가 성공할 수 있었던 것은 무엇보다 뚜렷한 사업 목표와 독자적인 신기술이 있었기 때문이다.

첫 번째 성공 비결은 _____
　두 번째 성공 비결은 독자적인 신기술에 있었다. 그 신기술은 95개 나라에서 인정하였고, 지금 당장 모든 국가에서 이 기술을 이용해도 전혀 문제가 없을 정도로 기술적인 검증을 끝낸 상태이다.

사용 표현
뚜렷한 사업 목표, 자국어 인터넷 주소 기술, 전세계에 보급하다, 쉽고 편리한 인터넷 이용 환경

제8과 동백꽃

김유정

1. 작가 소개

김유정 [金裕貞, 1908~1937], 한국의 소설가. 1935년 소설 《소낙비》가 《조선일보》 신춘문예에, 《노다지》가 《중외일보》에 각각 당선됨으로써 문단에 데뷔하였다. 《봄봄》, 《금 따는 콩밭》, 《동백꽃》, 《따라지》등의 소설을 내놓았고 29세로 요절할 때까지 30편에 가까운 작품을 발표했다.

2. 작품 감상

향토색 짙은 농촌을 배경으로 인생의 봄을 맞이하여 성장해 가는 충동적인 청춘남녀의 애정을 해학적으로 그리고 있다. 특히, 여러 번의 닭싸움을 통하여 두 사람의 갈등화해 관계가 이루어지는 심리적 전개가 소설적 재미를 더해주며, 마름의 딸과 소작인의 아들이라는 신분적 차이를 웃음으로 처리하는 기법이 두드러진다.

3. 생각해 볼 문제

① 이 작품 전체에서 '나'란 인물이 점순이에게 주눅이 들어 있는 이유가 무엇인지 생각해 보세요.
② <현재-과거-현재>의 역전구성을 취한 이유에 대해서 생각해 보자. 특히 사건의 진행과 인과 관계에 주목해서 생각해 보세요.
③ '닭싸움'은 중요한 의미를 갖고 있다. 그 의미에 대해서 생각해 보세요.

오늘도 또 우리 수탉이 막 쪼이었다. 내가 점심을 먹고 나무를 하러 갈 양으로 나올 때이었다. 산으로 올라서려니까 등뒤에서 푸드덕, 푸드덕 하고 닭의 횃소리가 야단이다. 깜짝 놀라며 고개를 돌려 보니 아니나다르랴, 두 놈이 또 얼리었다.

점순네 수탉(대강이가 크고 또 오소리같이 실팍하게 생긴 놈)이 덩저리 작은 우리 수탉을 함부로 해내는 것이다. 그것도 그냥 해내는 것이 아니라 푸드덕 하고 면두를 쪼고 물러섰다가 좀 사이를 두고 또 푸드덕 하고 모가지를 쪼았다. 이렇게 멋을 부려 가며 여지없이 닦아 놓는다. 그러면 이 못생긴 것은 쪼일 적마다 주둥이로 당을 받으며 그 비명이 킥, 킥 할 뿐이다. 물론, 미처 아물지도 않은 면두를 또 쪼이어 붉은 선혈은 뚝뚝 떨어진다.
   이걸 가만히 내려다보자니 내 대강이가 터져서 피가 흐르는 것같이 두 눈에서 불이 번쩍 난다. 대뜸 지게 막대기를 메고 달겨들어 점순네 닭을 후리칠까 하다가 생각을 고쳐 먹고 헛매질로 떼어만 놓았다.
   이번에도 점순이가 쌈을 붙여놨을 것이다. 바짝바짝 내 기를 올리느라고 그랬음에 틀림없을 것이다.
   고놈의 계집애가 요새로 들어서서 왜 나를 잡아먹겠다고 고렇게 아르릉거리는지 모른다.
   나흘 전 감자 조각만 하더라도 나는 저에게 조금도 잘못한 것은 없다. 계집애가 나물을 캐러 가면 갔지 남 울타리 엮는데 쌩이질을 하는 것은 다 뭐냐. 그것도 발소리를 죽여 가지고 등뒤로 살며시 와서
   "얘! 너 혼자만 일하니?"
   하고 긴치 않은 수작을 하는 것이었다.
   어제까지도 저와 나는 이야기도 잘 않고 서로 만나도 본 척만 척하고 이렇게 점잖게 지내던 터이련만, 오늘로 갑작스레 대견해졌음은 웬일인가. 황차 망아지만 한 계집애가 남 일하는 놈 보구……
   "그럼 혼자 하지 떼루 하디?"
   내가 이렇게 내배앝는 소리를 하니까
   "너, 일하기 좋니?"
   또는,
   "한여름이나 되거든 하지 벌써 울타리를 하니?"
   잔소리를 두루 늘어놓다가 남이 들을까 봐 손으로 입을 틀어막고는 그 속에서 깔깔댄다. 별로 우스울 것도 없는데, 날씨가 풀리더니 이놈의 계집애가 미쳤나 하고 의심하였다. 게다가 조금 뒤에는 제 집께를 할금할금 돌아보더니 행주치마의 속으로 꼈던 바른손을 뽑아서 나의 턱밑으로 불쑥 내미는 것이다. 언제 구웠는지 아직도 김이 홱 끼치는 굵은 감자 세 개가 손에 뿌듯이 쥐었다.

"너의 집엔 이거 없지?"

하고 생색 있는 큰소리를 하고는, 제가 준 것을 남이 알면 큰일날 테니 얼른 먹어 버리란다. 그리고 또 하는 소리가

"너, 봄 감자가 맛있단다."

"난 감자 안 먹는다, 니나 먹어라."

나는 고개도 돌리려지 않고 일하던 손으로 그 감자를 도로 어깨 너머로 쑥 밀어 버렸다. 그랬더니 그래도 가는 기색이 없고, 뿐만 아니라, 쌔근쌔근하고 심상치 않게 숨소리가 점점 거칠어진다. 이건 또 뭐냐 싶어서 그 때에야 비로소 돌아다보니 나는 참으로 놀랐다. 우리가 이 동리에 들어온 것은 근 삼 년째 되어오지만, 여지껏 가무잡잡한 점순이의 얼굴이 이렇게까지 홍당무처럼 새빨개진 법이 없었다. 게다 눈에 독을 올리고 한참 나를 요렇게 쏘아보더니 나중에는 눈물까지 어리는 것이 아니냐. 그리고 바구니를 다시 집어들더니 이를 꼭 악물고는 엎어질 듯 자빠질 듯 논둑으로 횡하게 달아나는 것이다.

어쩌다 동리 어른이,

"너 얼른 시집 가야지?"

하고 웃으면

"염려 마세유. 갈 때 되면 어련이 갈라구……"

이렇게 천연덕스레 받는 점순이었다. 본시 부끄러움을 타는 계집애도 아니거니와 또한 분하다고 눈에 눈물을 보일 얼병이도 아니다. 분하면 차라리 나의 등허리를 바구니로 한번 모질게 후려때리고 달아날지언정.

그런데 고약한 그 꼴을 하고 가더니 그 뒤로는 나를 보면 잡아먹으려고 기를 복복 쓰는 것이다.

설혹 주는 감자를 안 받아 먹은 것이 실례라 하면, 주면 그냥 주었지 "너의 집엔 이거 없지?"는 다 뭐냐, 그렇잖아도 저희는 마름이고 우리는 그 손에서 땅을 얻어 부치므로 일상 굽실거린다. 우리가 이 마을에 처음 들어와 집이 없어서 곤란으로 지낼 제, 집터를 빌리고 그 위에 집을 짓도록 마련해 준 것도 점순네의 호의였다. 그리고 우리 어머니 아버지도 농사 때 양식이 딸리면 점순네한테 가서 부지런히 꾸어다 먹으면서, 인품 그런 집은 다시 없으리라고 침이 마르도록 칭찬하곤 하는 것이다. 그러면서도 열일곱씩이나 된 것들이 수군수군하고 붙어 다니면 동리의 소문이 사납다고 주의를 시켜준 것도 또 어머니였다. 왜냐하면, 내가 점순이하고 일을 저질렀다가는 점순네가 노할 것이고, 그러면 우리는 땅도 떨어지고 집도

내쫓기고 하지 않으면 안 되는 까닭이었다.
 그런데 이놈의 계집애가 까닭없이 기를 복복 쓰며 나를 말려 죽이려고 드는 것이다.
 눈물을 흘리고 간 담날 저녁 나절이었다. 나무를 한 짐 잔뜩 지고 산을 내려오려니까 어디서 닭이 죽는 소리를 친다. 이거 뉘 집에서 닭을 잡나 하고 점순네 울 뒤로 돌아오다가 나는 고만 두 눈이 똥그래졌다. 점순이가 저희 집 봉당에 홀로 걸터 앉았는데, 이게 치마 앞에다 우리 씨암탉을 꼭 붙들어 놓고는
 "이놈의 닭! 죽어라, 죽어라."
 요렇게 암팡스레 패 주는 것이 아닌가. 그것도 대가리나 치면 모른다마는 아주 알도 못 낳으라고 그 볼기짝게를 주먹으로 콕콕 쥐어박는 것이다.
 나는 눈에 쌍심지가 오르고 사지가 부르르 떨렸으나, 사방을 휘둘러보고야 그제서 점순이 집에 아무도 없음을 알았다. 잡은 참지게 막대기를 들어 울타리의 중턱을 후리치며
 "이놈의 계집애! 남의 닭 알 못 낳으라구 그러니?"
 하고 소리를 뺙 질렀다.
 그러나 점순이는 조금도 놀라는 기색이 없고, 그대로 의젓이 앉아서 제 닭 가지고 하듯이 또 죽어라, 죽어라 하고 패는 것이다. 이걸 보면 내가 산에서 내려올 때를 겨냥해 가지고 미리부터 닭을 잡아 가지고 있다가 너 보란 듯이 내 앞에 쥐지르고 있음이 확실하다.
 그러나 나는 그렇다고 남의 집에 튀어들어가 계집애하고 싸울 수도 없는 노릇이고, 형편이 썩 불리함을 알았다. 그래 닭이 맞을 적마다 지게 막대기로 울타리를 후퍼칠 수 밖에 별 도리가 없다. 왜냐 하면, 울타리를 치면 칠수록 울섶이 물러앉으며 뼈대만 남기 때문이다. 허나, 아무리 생각하여도 나만 밑지는 노릇이다.
 "아, 이년아! 남의 닭 아주 죽일 터이냐?"
 내가 도끼눈을 뜨고 다시 꽥 호령을 하니까, 그제서야 울타리께로 쪼르르 오더니 울 밖에 섰는 나의 머리를 겨누고 닭을 내팽개친다.
 "에이 더럽다! 더럽다!"
 "더러운 걸 널더러 입때 끼고 있으랬니? 망할 계집애년 같으니."
 하고 나도 더럽단 듯이 울타리께를 횡하게 돌아내리며 약이 오를 대로 다 올랐다라고 하는 것은, 암탉이 풍기는 서슬에 나의 이마빼기에다 물찌똥을 찍 깔겼는데, 그걸 본다면 알집만 터졌을 뿐 아니라 골병은 단단히 든 듯 싶다. 그리고 나의

등 뒤를 향하여 나에게만 들릴 듯 말 듯한 음성으로
"이 바보 녀석아!"
"얘! 너 배냇병신이지?"
그만도 좋으련만
"얘! 너 느 아버지가 고자라지?"
"뭐? 울 아버지가 그래 고자야?"
할 양으로 열벙거지가 나서 고개를 홱 돌리어 바라봤더니, 그때까지 울타리 위로 나와 있어야 할 점순이의 대가리가 어디를 갔는지 보이지를 않는다. 그러다 돌아서서 오자면 아까에 한 욕을 울 밖으로 또 퍼붓는 것이다. 욕을 이토록 먹어 가면서도 대거리 한 마디 못하는 걸 생각하니 돌부리에 채이어 발톱 밑이 터지는 것도 모를 만큼 분하고, 급기야는 두 눈에 눈물까지 불끈 내솟는다.
그러나 점순이의 침해는 이것뿐이 아니다.
사람들이 없으면 틈틈이 제 집 수탉을 몰고 와서 우리 수탉과 쌈을 붙여 놓는다. 제 집 수탉은 썩 험상궂게 생기고 쌈이라면 홰를 치는 고로 으레 이길 것을 알기 때문이다. 그래서 툭하면 우리 수탉이 면두며 눈깔이 피로 흐드르하게 되도록 해 놓는다. 어떤 때에는 우리 수탉이 나오지를 않으니까 요놈의 계집애가 모이를 쥐고 와서 꾀어내다가 쌈을 붙인다.
이렇게 되면 나도 다른 배차를 차리지 않을 수 없었다. 하루는 우리 수탉을 붙들어 가지고 넌지시 장독께로 갔다. 쌈닭에게 고추장을 먹이면, 병든 황소가 살모사를 먹고 용을 쓰는 것처럼 기운이 뻗친다 한다. 장독에서 고추장 한 접시를 떠서 닭 주둥아리께로 들이밀고 먹여 보았다. 닭도 고추장에 맛을 들였는지 거스르지 않고 거진 반 접시 턱이나 곧잘 먹는다.
그리고 먹고 금세는 용을 못 쓸 터이므로 얼마쯤 기운이 들도록 홰 속에다 가두어 두었다.
밭에 두엄을 두어 짐 져내고 나서 쉴 참에 그 닭을 안고 밖으로 나왔다. 마침 밖에는 아무도 없고 점순이만 저희 울안에서 헌옷을 뜯는지 혹은 솜을 터는지 웅크리고 앉아서 일을 할 뿐이다.
나는 점순네 수탉이 노는 밭으로 가서 닭을 내려놓고 가만히 맥을 보았다. 두 닭은 여전히 얼리어 쌈을 하는데 처음에는 아무 보람이 없다. 멋지게 쪼는 바람에 우리 닭은 또 피를 흘리고 그러면서도 날갯죽지만 푸드덕, 푸드덕 하고 올라뛰고 뛰고 할 뿐으로 제법 한 번 쪼아 보지도 못한다.

그러나 한 번은 어쩐 일인지 용을 쓰고 펄쩍 뛰더니 발톱으로 눈을 하비고 내려오며 면두를 쪼았다. 큰 닭도 여기에는 놀랐는지 뒤로 멈씰하며 물러난다. 이 기회를 타서 작은 우리 수탉이 또 날쌔게 덤벼들어 다시 면두를 쪼니 그제서는 검때사나운 그 대강이에서도 피가 흐르지 않을 수 없었다. 옳다 옳았다. 고추장만 먹이면 되는구나 하고 나는 속으로 아주 쟁그러워 죽겠다. 그 때에는 뜻밖에 내가 닭쌈을 붙여 놓는 데 놀라서, 울 밖으로 내다보고 섰던 점순이도 입맛이 쓴지 살을 찌푸렸다.
  나는 두 손으로 볼기짝을 두드리며 연방
  "잘 한다! 잘 한다!"
  하고 신이 머리끝까지 뻗치었다.
  그러나 얼마 되지 않아서 나는 넋이 풀리어 기둥같이 묵묵히 서 있게 되었다. 왜냐하면, 큰 닭이 한 번 쪼인 앙갚음으로 호들갑스레 연거푸 쪼는 서슬에 우리 수탉은 찔끔 못하고 막 곯는다. 이걸 보고서 이번에는 점순이가 깔깔거리고 되도록 이쪽에서 많이 들으라고 웃는 것이다.
  나는 보다못하여 덤벼들어서 우리 수탉을 붙들어 가지고 도로 집으로 돌아왔다. 고추장을 좀더 먹였더라면 좋았을걸. 너무 급하게 쌈을 붙인 것이 퍽 후회가 난다. 장독께로 돌아와서 다시 턱 밑에 고추장을 들이댔다. 흥분으로 말미암아 그런지 당초에 먹질 않는다.
  나는 하릴없이 닭을 반듯이 눕히고 그 입에다 궐련 물부리를 물리었다. 그리고 고추장 물을 타서 그 구멍으로 조금씩 들이부었다. 닭은 좀 괴로운지 킥킥 하고 재채기를 하는 모양이나, 그러나 당장의 괴로움은 매일같이 피를 흘리는 데 댈 게 아니라 생각하였다.
  그러나 한 두어 종지 가량 고추장 물을 먹이고 나서는 나는 고만 풀이 죽었다. 싱싱하던 닭이 왜 그런지 고개를 살며시 뒤틀고는 손아귀에서 뻐드러지는 것이 아닌가. 아버지가 볼까 봐서 얼른 홰에다 감추어 두었더니 오늘 아침에서야 겨우 정신이 든 모양 같다.
  그랬던 걸 이렇게 오다 보니까 또 쌈을 붙여 놓으니 이 망할 계집애가 필연 우리 집에 아무도 없는 틈을 타서 제가 들어와 홰에서 꺼내 가지고 나간 것이 분명하다.
  나는 다시 닭을 잡아다 가두고, 염려는 스러우나 그렇다고 산으로 나무를 하러 가지 않을 수도 없는 형편이었다.

소나무 삭정이를 따며 가만히 생각해 보니 암만 해도 고년이 목쟁이를 돌려 놓고 싶다. 이번에 내려가면 망할 년 등줄기를 한 번 되게 후려치겠다 하고 성둥겅둥 나무를 지고는 부리나케 내려왔다.
　거지반 집에 다 내려와서 나는 호드기 소리를 듣고 발이 딱 멈추었다. 산기슭에 널려 있는 굵은 바윗돌 틈에 노란 동백꽃이 소보록하니 깔리었다. 그 틈에 끼어 앉아서 점순이가 청승맞게스리 호드기를 불고 있는 것이다. 그보다도 더 놀란 것은 그 앞에서 또 푸드덕, 푸드덕 하고 들리는 닭의 횃소리다. 필연코 요년이 나의 약을 올리느라고 또 닭을 집어내다가 내가 내려올 길목에다 쌈을 시켜 놓고, 저는 그 앞에 앉아서 호드기를 불고 있음에 틀림없으리라.
　나는 약이 으를 대로 다 올라서 두 눈에서 불과 함께 눈물이 퍽 쏟아졌다. 나뭇지게도 벗어 놓을 새 없이 그대로 내동댕이치고는 지게 막대기를 벋치고 허둥지둥 달려들었다.
　가까이 와 보니, 과연 나의 짐작대로 우리 수탉이 피를 흘리고 거의 빈사 지경에 이르렀다. 닭도 닭이려니와 그러함에도 불구하고 눈 하나 깜짝 없이 고대로 앉아서 호드기만 부는 그 꼴에 더욱 치가 떨린다. 동네에서도 소문이 났거니와 나도 한때는 걱실걱실히 일 잘하고 얼굴 예쁜 계집애인 줄 알았더니, 시방 보니까 그 눈깔이 꼭 여우 새끼 같다.
　나는 대뜸 달려들어서 나도 모르는 사이에 큰 수탉을 단매로 때려 엎었다. 닭은 폭 엎어진 채 다리 하나 꼼짝 못하고 그대로 죽어버렸다. 그리고 나는 멍하니 섰다가 점순이가 매섭게 눈을 흡뜨고 닥치는 바람에 뒤로 벌렁 나자빠졌다.
　"이놈아! 너, 왜 남의 닭을 때려죽이니?"
　"그럼 어때?"
　하고 일어나다가
　"뭐, 이 자식아! 누 집 닭인데?"
　하고 복장을 떼미는 바람에 다시 벌렁 자빠졌다. 그러고 나서 가만히 생각을 하니 분하기도 하고 무안도 스럽고, 또 한편 일을 저질렀으니 인젠 땅이 떨어지고 집도 내쫓기고 해야 될는지 모른다.
　나는 비슬비슬 일어나며 소맷자락으로 눈을 가리고는 얼김에 엉 하고 울음을 놓았다. 그러다 점순이가 앞으로 다가와서,
　"그럼 너, 이담부터 안 그럴 테냐?"
　하고 물을 때에야 비로소 살길을 찾은 듯싶었다. 나는 눈물을 우선 씻고 뭘 안

그러는지 명색도 모르건만
"그래!"
하고 무턱대고 대답하였다.
"요담부터 또 그래 봐라, 내 자꾸 못살게 굴 테니."
"그래 그래, 인젠 안 그럴 테야."
"닭 죽은 건 염려 마라. 내 안 이를 테니."
그리고 뭣에 떠다밀렸는지 나의 어깨를 짚은 채 그대로 퍽 쓰러진다. 그 바람에 나의 몸뚱이도 겹쳐서 쓰러지며 한창 피어 퍼드러진 노란 동백꽃 속으로 폭 파묻혀 버렸다.
알싸한 그리고 향긋한 그 냄새에 나는 땅이 꺼지는 듯이 온 정신이 고만 아찔하였다.
"너, 말 마라."
"그래!"
조금 있더니 요 아래서,
"점순아! 점순아! 이년이 바느질을 하다 말구 어딜 갔어?"하고 어딜 갔다 온 듯 싶은 그 어머니가 역정이 대단히 났다.
점순이가 겁을 잔뜩 집어먹고 꽃 밑을 살금살금 기어서 산 아래로 내려간 다음, 나는 바위를 끼고 엉금엉금 기어서 산 위로 치빼지 않을 수 없었다.

단어

푸드덕	[부]	① 큰 새가 힘 있게 날개를 치는 소리. 또는 그 모양.
		② 3큰 물고기가 힘 있게 꼬리를 치는 소리. 또는 그 모양.
홰소리	[명]	날짐승이 크게 날개짓을 하면서 탁탁 치는 소리.
얼리다	[동]	서로 얽히다
대강이	[명]	'머리'를 속되게 이르는 말.

오소리	[명]	<동물> 족제빗과의 하나. 너구리와 비슷하고 몸의 길이는 70~90cm이며, 등 쪽은 갈색, 털 끝은 잿빛을 띤 백색이다. 얼굴은 원뿔 모양이고, 다리는 짧고 굵으며 앞발에는 큰 발톱이 있다.
실팍하다	[형]	보기에 옹골차고 다부지다
덩저리	[명]	① 좀 크게 뭉쳐서 쌓인 물건의 부피. ② '몸집'을 낮잡아 이르는 말.
면두	[명]	'볏'의 경기, 강원 사투리. '볏'은 닭, 꿩 등의 머리 위에 세로로 붙은 톱니 모양의 붉은 살 조각
모가지	[명]	① '목'을 속되게 이르는 말. ② '해고(解雇)'나 '면직(免職)'을 속되게 이르는 말.
아물다	[동]	부스럼이나 상처가 다 나아 살갗이 맞붙다.
대뜸	[부]	이것 저것 생각할 것 없이 그 자리에서 곧.
달기다	[동]	[방언] '달리다'의 방언(경상, 함북).
바짝바짝	[부]	① 물기가 자꾸 매우 마르거나 줄아붙거나 타 버리는 모양. ② 자꾸 매우 가까이 달라붙거나 세게 죄는 모양. ③ 매우 거침새 없이 자꾸 늘거나 주는 모양. ④ 자꾸 매우 긴장하거나 힘 주는 모양. ⑤ 몸이 자꾸 매우 마르는 모양. ⑥ 무슨 일을 자꾸 매우 거침새 없이 빨리 마무르는 모양.
쌩이질	[명]	'씨양이질'의 준말. 한창 바쁠 때에 쓸데없는 일로 남을 귀찮게 구는 짓.
수작	[명]	① 서로 말을 주고받음. 또는 그 말. ② 남의 말이나 행동, 계획을 낮잡아 이르는 말.
황차	[부]	=하물며.
깔깔대다	[동]	=깔깔거리다. 되바라진 목소리로 못 참을 듯

		이 계속 웃다.
집께	[명]	집 주변.(방언)
할금할금	[부]	곁눈으로 살그머니 자꾸 할겨 보는 모양.
끼치다	[동]	기운이나 냄새 따위가 덮치듯이 확 밀려들다.
생색	[명]	다른 사람 앞에 당당히 나설 수 있거나 자랑할 수 있는 체면.
쌔근쌔근	[부]	① 고르지 아니하고 가쁘게 자꾸 숨쉬는 소리. 또는 그 모양. '새근새근'보다 센 느낌을 준다. ② 어린아이가 곤히 잠들어 조용하게 자꾸 숨쉬는 소리. 또는 그 모양. '새근새근'보다 센 느낌을 준다.
동리	[명]	=마을.
가무잡잡하다	[형]	약간 짙게 가무스름하다.
자빠지다	[동]	<넘어지다>의 경상도 사투리.충청도에서도 쓰임.
횅하다	[형]	무슨 일에나 막힘이 없이 다 잘 알아 매우 환하다.
천연덕스럽다	[형]	생긴대로 조작이나 거짓이 없이 자연스럽게
얼병이	[명]	얼간이랑 같은 말. 좀 모자란 사람
복복	[부]	① 보드랍고 무른 물건의 거죽을 자꾸 세게 갈거나 긁는 소리. ② 두툼한 물건이나 조금 질기고 얇은 종이, 천 따위를 자꾸 세게 찢는 소리. 또는 그 모양.
설혹	[부]	=설령(設令). 가정해서 말하여. 주로 부정적인 뜻을 가진 문장에 쓴다.
마름	[명]	지주를 대리하여 소작권을 관리하는 사람.
굽실거리다	[동]	① 고개나 허리를 자꾸 가볍게 구푸렸다 펴다. ② 남의 비위를 맞추느라고 자꾸 비굴하게 행동하다.
수군수군	[부]	남이 알아듣지 못하도록 낮은 목소리로 자꾸

		가만가만 이야기하는 소리. 또는 그 모양.
짐	[명]	한 사람이 한 번 지어 나를 만한 분량의 꾸러미를 세는 단위.
봉당	[명]	재래식 한옥에서 안방과 건넌방 사이의 마루를 놓을 자리에 흙바닥을 그대로 둔 곳.
암팡스레	[부]	몸은 작아도 야무지고 다부진 면이 있는 모양
볼기짝	[명]	'볼기'를 낮잡아 이르는 말. 뒤쪽 허리 아래, 허벅다리 위의 양쪽으로 살이 불룩한 부분
콕콕	[부]	작게 또는 야무지게 잇따라 찌르거나 박거나 찍는 모양.
뻑	[부]	① 야무지게 긁거나 문대는 소리. 또는 그 모양. '벅'보다 센 느낌을 준다. ② 얇고 질긴 종이나 천 따위를 대번에 찢는 소리. 또는 그 모양. '벅'보다 센 느낌을 준다.
겨냥하다	[동]	① 목표물을 겨누다. ② 행동의 대상으로 삼다.
줴지르다	[동]	'쥐어지르다'의 준말. 주먹으로 힘껏 내지르다.
울섶	[명]	울타리를 만드는 데 쓰는 섶나무.
밑지다	[동]	들인 밑천이나 제 값어치보다 얻는 것이 적다. 또는 손해를 보다.
꽥	[부]	갑자기 목청을 높여 지르는 소리. 또는 그 모양.
서슬	[명]	① 쇠붙이로 만든 연장이나 유리 조각 따위의 날카로운 부분. ② 강하고 날카로운 기세.
이마빼기	[명]	'이마'를 속되게 이르는 말.
물찌똥	[명]	① 설사할 때 나오는, 물기가 많은 묽은 똥. ② 튀겨서 일어나는 크고 작은 물덩이.
깔기다	[동]	똥, 오줌, 침 따위를 함부로 아무 데나 싸거나 뱉다. '갈기다'보다 센 느낌을 준다.
골병	[명]	① 겉으로 드러나지 아니하고 속으로 깊이 든 병. ② 심한 타격을 받아 입은 손해를 비유적으

로 이르는 말.

배냇병신	[명]	'선천성 기형'을 일상적으로 이르는 말.
고자[鼓子]	[명]	생식기가 불완전한 남자.
열병거지	[명]	'열화(熱火)'를 속되게 이르는 말.
대거리	[명]	상대편에게 언짢은 기분이나 태도로 맞서서 대듦. 또는 그런 말이나 행동.
험상궂다	[형]	모양이나 상태가 매우 거칠고 험하다.
흐드르하다	[동]	물 같은 것이 많이 괴거나 묻어서 번드르르하다
배차	[명]	차례를 정함. 또는 그 차례.
거진	[부]	[거의,거의 다]의 경상도 사투리.
두엄	[명]	<농업> 풀, 짚 또는 가축의 배설물 따위를 썩힌 거름.
웅크리다	[동]	몸 따위를 움츠러들이다. '웅그리다' 보다 거센 느낌을 준다.
날갯죽지	[명]	① 날개가 몸에 붙어 있는 부분. ② '날개'를 속되게 이르는 말.
하비다	[동]	① 손톱이나 날카로운 물건 따위로 조금 긁어 파다. ② 남의 결점을 드러내어 헐뜯다. ③ 아픈 마음을 자극하다.
멈씰하다	[동]	[방언]'멈칫하다'의 방언.(강원) 하던 일이나 동작을 갑자기 멈추다.
덤벼들다	[동]	① 함부로 대들거나 달려들다. ② 무엇을 이루어 보려고 적극적으로 뛰어들다.
쟁그럽다	[형]	웃음이 명랑하게 자꾸 피어나다. '쟁글거리다'에서 온 말
앙갚음	[명]	남이 저에게 해를 준 대로 저도 그에게 해를 줌.
호들갑스럽다	[형]	말이나 하는 짓이 야단스럽고 방정맞다.
찔끔	[부]	① 액체 따위가 조금 새어 흐르거나 나왔다 그치는 모양. '질금'보다 센 느낌을 준다. ② 비가 아주 조금 내렸다 그치는 모양.

제8과 **동백꽃**

곯다	[동]	① 속이 물크러져 상하다.
		② (비유적으로) 은근히 해를 입어 골병이 들다.
당최	[부]	'도무지', '영'의 뜻을 나타내는 말.
대다	[동]	비교하다. 댈 게 아니다는 비교할 게 아니다의 뜻.
종지	[명]	① 간장·고추장 따위를 담아서 상에 놓는, 종발보다 작은 그릇.
		② 간장이나 고추장 따위를 세는 단위
뻐드러지다	[동]	① 끝이 밖으로 벌어져 나오다.
		② 굳어서 뻣뻣하게 되다. '버드러지다'보다 센 느낌을 준다.
삭정이	[명]	살아 있는 나무에 붙어 있는, 말라 죽은 가지.
목쟁이	[명]	<의학> '목정강이'의 잘못. 목덜미를 이루고 있는 뼈.
싱둥겅둥	[부]	'건성건성'의 잘못. 정성을 들이지 않고 대강대강 일을 하는 모양.
부리나케	[부]	서둘러서 아주 급하게.
거지반	[부]	거의 절반 가까이.
호드기	[명]	봄철에 물오른 버드나무 가지의 껍질을 고루 비틀어 뽑은 껍질이나 짤막한 밀짚 토막 따위로 만든 피리.
동백꽃	[명]	동백나무의 꽃.
소보록하다	[형]	① 물건이 많이 담기거나 쌓여 좀 볼록하게 도드라져 있다.
		② 식물이나 털 따위가 좀 빽빽하고 길다.
		③ 살이 붓거나 쩐 데가 좀 도드라져 있다.
청승맞다	[형]	궁상스럽고 처량하여 보기에 몹시 언짢다.
내동댕이치다	[동]	① 아무렇게나 힘껏 마구 내던지다.
		② 어떤 것을 버리거나 포기하다.
빈사	[명]	=반죽음. 거의 죽게 됨. 또는 그런 상태.
걱실걱실	[부]	성질이 너그러워 말과 행동을 시원시원하게 하는 모양.

시방	[명]	=지금(只今).
대뜸	[부]	이것저것 생각할 것 없이 그 자리에서 곧.
단매	[명]	한 번에 가하는 강한 타격을 뜻하는 북한말
벌렁	[부]	'벌러덩'의 준말. 발이나 팔을 활짝 벌린 상태로 맥없이 굼뜨게 뒤로 자빠지거나 눕는 모양.
떼밀다	[동]	남의 몸이나 어떤 물체 따위를 힘을 주어 밀다.
비슬비슬	[부]	힘없이 자꾸 비틀거리는 모양.
얼김	[명]	어떤 일이 벌어지는 바람에 자기도 모르게 정신이 얼떨떨한 상태.
무턱대고	[부]	잘 헤아려 보지도 아니하고 마구.
역정	[명]	몹시 언짢거나 못마땅하여서 내는 성.
엉금엉금	[부]	큰 동작으로 느리게 걷거나 기는 모양.
치빼다	[동]	(속되게) 냅다 달아나다.

보충지식

1. 상용 부사

* 별안간(瞥眼間): (눈 깜박하는 동안이란 뜻으로)갑작스럽고 아주 짧은 동안. ☞ 별안간에 일어난 일이라 영문을 모르겠다.
* 선뜻: (동작이)시원스럽고 날렵한 모양. ☞ 달라는 대로 돈을 선뜻 내주었다. (작은말)산뜻.
* 섣불리: 섣부르게. 어설프게. ☞ 섣불리 다루다가는 큰일 난다.
* 설령: (뒤에 오는 '-다 하더라도' 따위와 함께 쓰이어)그렇다 하더라도. 설사. 설약. 설혹. ☞ 설령 내가 거기 있었다 하더라도 별 수 없었겠지.

2. 속담 및 관용구

* 손이 많이 가다: 어떤 일을 하는 데 수고가 많이 들다.

* 손이 모자라다: 일손이 모자라다.
* 수박 겉 핥기: 일이나 물건의 본질을 모르고 겉만 건드림을 비유하여 이르는 말.
* 시작이 반이다: 무슨 일이든지 시작하기가 어렵지 일단 하기만 하면 절반 이상은 한 것이나 다름이 없다는 말.
* 시치미 떼다: 짐짓 알고도 모르는 체하거나 하고도 안 한 체함을 이르는 말.시치미: 매의 임자를 밝히기 위해 주소를 적은 매 꽁지 위의 털 속에 매어두는 뿔.

3. 관용표현

* -되:

동사에 붙어서 선행절을 후행절에 종속적으로 연결한다. 앞의 사실을 인정하거나 허락하지만 후행절과 같은 제한적 조건이 있음을 나타내는 연결어미이다.

☞ 술을 마시되 취하지 않을 정도로 마시세요.
☞ 이 방을 쓰되 어질러 놓지는 말아라.

* -기로서니:

양보를 나타내는 말로서 선행절의 사실을 인정한다고 해도 후행절의 사실처럼 되는 것은 인정할 수 없다는 말이다. 보통 문장 첫머리에는 자주 '아무리'를 쓴다. 후행절에는 의문 형태나 '-는담' '-는단 말입니까' 등 원망을 나타내는 표현을 쓴다.

☞ 아무리 바쁘기로서니 전화 한번 할 시간이 없단 말이니?
☞ 아무리 어렵기로서니 포기를 해서야 되겠어요?

* -(으)락 -(으)락 하다:

서로 관계가 있거나 혹은 상반되는 뜻을 가진 두 개의 동사에 붙어서 전체가 문장의 서술어로 된다. 시상 어미나 존대형 어미는 쓰지 않는다. 첫째 동사와 두 번째 동작이 교체되면서 반복됨을 나타낸다.

☞ 관절염 때문에 계단을 오르락내리락 하기가 힘들다.
☞ 그는 화가 나서 얼굴이 붉으락 푸르락 한다. (형용사에 붙는 경우)

* -(을)락 말락하다:

　동사에 붙어서 전체가 문장의 서술어로 된다. 동작이 이루어지다가 안 이루어지다가 하는 경계에 있음을 나타내는 말이다. 동작의 상태를 나타낸다.
☞ 안개 때문에 차가 보일락 말락 한다.
☞ 머리가 어깨에 닿을락 말락 하게 잘라 주세요.

연습문제

1. **다음 괄호 안에 알맞은 것을 고르십시오.**

　(1) 그 책의 장점은 읽으면 읽을수록 흥미를 느끼도록 (　　) 구성했다는 점이다.
　　① 확고하게　② 신중하게　③ 치밀하게　④ 쾌적하게

　(2) 하루 일과를 마친 후 가족들이 상에 둘러앉아 김이 (　　) 나는 저녁 식사를 함께 하는 것은 그야말로 훈훈한 장면이다.
　　① 꼬박꼬박　② 드문드문　③ 두고두고　④ 모락모락

　(3) 2009 부천 국제 독립 영화제에는 스무 개가 넘는 팀이 참가해 (　　) 경쟁을 벌였다.
　　① 화려한　② 거대한　③ 치열한　④ 엄격한

　(4) 한 집단의 언어 사용의 모습을 보면 그 조직의 (　　)을/를 쉽게 알 수 있다.
　　① 인성　② 정신　③ 현상　④ 면모

　(5) 혼자 있을 때는 잘 하다가도 (　　) 여러 사람 앞에서 하려니까 너무 떨렸다.
　　① 막상　② 미처　③ 으레　④ 하필

2. 다음 괄호 안에 알맞은 것을 고르십시오.
   (1) 급한 일로 선생님을 (   ) 이른 아침부터 학교 앞에서 기다렸다.
       ① 뵙자니   ② 뵙느니
       ③ 뵙고자   ④ 뵙다가
   (2) 누가 나를 (   ) 조금만 기다리라고 전해 주기 바란다.
       ① 찾아오자   ② 찾아오거든
       ③ 찾아올지언정   ④ 찾아오거니와
   (3) 강의 시간에 옆에서 하도 시끄럽게 (   ) 선생님의 중요한 이야기를 못 들었다.
       ① 떠들다 보면   ② 떠드는 반면에
       ③ 떠드는 통에   ④ 떠드는 척해서
   (4) 정치판에서는 (   ) 이해 관계에 따라 오늘의 친구가 내일의 적이 되기도 한다.
       ① 여야를 마다하고   ② 여야를 고사하고
       ③ 여야를 막론하고   ④ 여야를 무릅쓰고

3. 다음 글을 읽고 물음에 답하십시오.

   어젯밤 전국에 걸쳐 집중 호우가 있었다. 어제 하루 내린 비의 양이 700밀리미터에 달한 지역도 있었다. 어젯밤 실종된 사람은 39명이고, 재산 피해액은 약 10억 원에 이를 것으로 집계되었다. 오늘 새벽에 비가 ㉠(그치다) 인근 군부대 군인들이 실종자를 찾기 위한 수색 작업을 시작했고, 주민들은 수해 복구 작업에 나섰다. 그러나 인원이 (㉡) 부족해, 쓰러진 곡식들을 세우고 무너진 집을 보수하는 데는 많은 시간이 걸릴 것으로 보인다. 정부도 수해 복구를 지원할 대책을 마련하는 중이다.

   (1) ㉠을 문맥에 맞게 쓴 것을 고르십시오.
       ① 그치자   ② 그칠수록
       ③ 그치겠거니   ④ 그치다가도
   (2) ㉡에 들어갈 말로 알맞지 않은 것을 고르십시오.
       ① 많이   ② 턱없이
       ③ 누누이   ④ 절대적으로

4. 다음 기사를 읽고 내용과 일치하는 것을 고르십시오.

(1) 그의 작품이 몇 종인지, 총 몇 권이나 되는지 정확히 아는 사람은 없다. 그러나 1980~90년대 만화 가게를 들락거렸던 세대라면 그의 이름은 친숙하다. 주먹 세계, 혹은 기업 경영을 배경으로 하여 초인적인 주인공의 성공 신화를 그려온 ○○○(54) 씨. 한국 장편만화 장르의 개척자. 그가 올해로 데뷔 30주년을 맞았다.
① 이 만화가의 많은 작품이 1980~90년대에 영화화되었다.
② 이 만화가는 30대 중반의 늦은 나이에 만화를 그리기 시작했다.
③ 이 만화가의 작품에는 사업에 성공하는 주인공이 많이 등장한다.
④ 이 만화가는 짧은 이야기 속에서 시대 문제를 날카롭게 지적한다.

(2) 자살이 들불처럼 번지고 있다. 생활의 어려움을 비관해 자살한 주부, 현실 도피를 위해 자살을 선택한 회사원, 학업 문제로 아파트 옥상에서 뛰어 내린 여고생 등 사연과 계층이 다양하다. 겉으로 볼 때 자살의 이유는 다양하지만 자살의 근본 원인은 대체로 우울증이다. 하지만, 최근 자살이 늘고 있는 것은 우울증 환자가 늘어서라기보다 사회, 경제, 문화적으로 자살을 부추기는 환경 때문이다.
① 최근 우울증 환자의 증가로 자살이 급증하고 있다.
② 자살의 밑바탕에는 우울증이 깔려 있는 경우가 많다.
③ 요즘 자살은 중·장년층에서 많이 일어나는 경향이 있다.
④ 요즘 자살의 전형적 유형은 생활의 어려움을 비관한 자살이다.

(3) 애견 소리 번역기에 이어 아기가 왜 우는지 그 이유를 알려 주는 아기 울음 번역기가 국내에 첫선을 보인다. '왜 우니'라는 이름의 이 번역기는 다음 달부터 전국 유명 백화점과 유아용품 전문점에서 판매될 예정이다. 이 기계는 아기가 우는 원인을 배고픔, 졸림, 스트레스, 불편함, 따분함 등 다섯 가지 감정으로 구분해 그림으로 보여 준다. 서유럽 국가에서는 이 번역기는 아이디어 상품으로 선정되기도 했으나 국내에서 어떤 반응을 보일지는 미지수다.
① 한국에서 소리 번역기는 아이 울음 번역기가 처음이다.
② 이 번역기는 서유럽 국가에 이어 국내에서도 인기가 아주 많다.
③ 이 번역기는 아기 울음 소리를 듣고 그 원인을 분석해 그림으로 표시한다.

④ 지금 백화점에서는 이 제품을 전시하고 예약 판매를 실시하고 있다.
(4) 훈련이나 운동 등 지구력을 요하는 활동을 할 때 너무 많은 수분을 취하면 뇌장애로 인해 사망할 수도 있다고 영국 의학지가 보도했다. 이 질환에는 군인이나 여성 운동 선수들이 가장 취약한 집단이며 지금까지 이로 인해 최소한 일곱 명이 사망했다고 한다. 이 질환은 마라톤에 참가한 한 여성이 다량의 스포츠 음료를 마신 뒤 숨진 사건으로 인해 의학계의 주목을 끌기 시작했다.
① 마라톤을 할 때 스포츠 음료를 마시면 안 된다.
② 여성 운동 선수들은 비교적 이 질환에 적응을 잘 하는 편이다.
③ 지금까지 사망자는 일곱 명뿐이지만 앞으로 더 많아질 전망이다.
④ 긴 시간 운동을 할 경우 너무 많은 물을 마시면 죽을 수도 있다.

5. 다음 글을 읽고 물음에 답하십시오.

> 1) 건전지를 난로, 전자 렌지 등에 절대 넣지 마십시오.
>   - 폭발할 위험이 있습니다.
> 2) 지정된 충전기만 사용하십시오.
>   - 우리 회사 충전기가 아닌 경우 건전지가 지나치게 충전되어 과열 및 폭발의 위험이 있으며 고장의 원인이 됩니다.
> 3) 건전지를 직사광선이 드는 자동차 유리창 부근 등 밀폐된 고온의 장소에 두지 말고 0℃~40℃ 사이에서 보관해 주십시오.
>   - 고온에서는 겉모양이 변형되고 고장이 날 수도 있습니다.
> 4) 어린아이들의 손이 닿지 않는 곳에 보관하십시오.
>   - 건전지를 입에 넣거나 파손된 건전지를 사용할 경우 인체에 영향을 줄 수 있습니다. 만약, 내부에 있는 액체가 흘러나와 피부에 묻었을 경우에는 흐르는 물에 1~2분 간 충분히 씻어 주십시오.

(1) 이 글은 휴대 전화 사용 설명서의 한 부분입니다. 이 글의 제목을 쓰십시오. (10자 내외)
(   )

(2) 다음 중 이 글에서 설명하지 않는 것을 고르십시오.
① 아무 충전기나 사용해서는 안 된다.
② 높은 열을 받으면 고장날 수 있다.
③ 건전지의 액체는 먹거나 피부에 닿으면 안 된다.
④ 사용자가 마음대로 분해해서 수리하면 안 된다.

6. 다음 글을 읽고 물음에 답하십시오.

미국의 해양 생물학자 레이첼 카슨은 환경 운동 초기 역사에서 위대한 업적을 남긴 사람으로 기록되어 있다. 그가 환경과 관련을 갖게 된 것은 1962년에 「침묵의 봄」을 출판하면서부터이다. 미시간 주의 이스트랜싱 시는 느릅나무를 갉아먹는 딱정벌레를 박멸시키기 위해 나무에 D.D.T.를 뿌렸다. 가을이 되자 나뭇잎은 낙엽이 되어 땅에 떨어졌고 벌레들이 그 나뭇잎을 먹었다. 봄이 되자 울새들이 이 벌레들을 잡아먹었으며 1주일 사이에 이스트랜싱 시의 울새들이 거의 모두 죽었다. 이것이 「침묵의 봄」의 내용이었다. 놀랍고 충격적인 사실이었다. 카슨은 이 책의 서문에 다음과 같이 썼다. "자연은 침묵했다. 새들은 어디로 갔는가. 정원의 모이통은 텅 비어 있다. ㉠봄은 왔지만 침묵의 봄이었다. 적으로부터 공격을 받은 것도 아니었다. 모두 인간이 스스로 부른 재앙이었다." 「침묵의 봄」은 마침내 미국에서 (㉡). 「침묵의 봄」이 환경보호의 역사에서 큰 의미를 갖는 이유가 바로 여기에 있다.
※ D.D.T. : 벌레를 죽이기 위해 뿌리는 농업용 살충제.

(1) 이 글의 제목으로 알맞은 것을 고르십시오.
① 울새들의 죽음
② 환경 운동의 역사
③ 레이첼 카슨의 「침묵의 봄」
④ 인간의 탐욕과 환경 파괴

(2) ㉠이 의미하는 것을 쓰십시오.
(   )

(3) ⓒ에 들어갈 가장 알맞은 내용을 고르십시오.
① 출판이 금지되어 독자들의 곁을 떠나게 되었다
② 벌레와 새들을 없애기 위한 안내 책자로 재출판되었다
③ D.D.T. 사용을 금지하는 법안을 통과시키게 만들었다
④ D.D.T. 사용을 부추겨 자연을 파괴하는 결과를 낳았다

7. 다음을 읽고 물음에 답하십시오.

"응, 이 꽃! 저, 사랑 아저씨가 엄마 갖다 주라고 해."하고 불쑥 말했습니다. 그런 거짓말이 어디서 그렇게 툭 튀어나왔는지 나도 모르지요. 꽃을 들고 냄새를 맡고 있던 어머니는 내 말이 끝나기가 무섭게 무엇에 몹시 놀란 사람처럼 화다닥하였습니다. 그리고는, 금시에 어머니 얼굴이 그 꽃보다 더 빨갛게 되었습니다. 그 꽃을 든 어머니 손가락이 파르르 떠는 것을 나는 보았습니다. 어머니는 무슨 무서운 것을 생각하는 듯이 방 안을 휘 한 번 둘러보시더니,"옥희야, 그런 걸 받아 오면 안 돼."하고 말하는 목소리는 몹시 떨렸습니다. 나는 꽃을 그렇게도 좋아하는 어머니가, 이 꽃을 받고 그처럼 성을 낼 줄은 참으로 뜻밖이었습니다.

(1) 이 글은 어떤 성격의 글입니까?
① 상대를 비판하는 글
② 이유를 제시하는 글
③ 주장을 강조하는 글
④ 감정을 묘사하는 글

(2) 이 글의 내용과 같지 않은 것을 고르십시오.
① 어머니는 꽃을 아주 좋아한다.
② 어머니는 몹시 긴장을 하였다.
③ 어머니는 꽃 냄새 때문에 놀랐다.
④ 어머니는 옥희의 거짓말을 모른다.

8. 다음 중국어 내용을 한국어로, 한국어 내용을 중국어로 번역하세요.

(1) 自荐信

1) 成长过程

我于1981年2月28日出生于北京。2001年进入北京大学韩国语专业学习, 2005年毕业。在大学期间, 2003年在韩国大学进行了为期6个月的语言进修。语言进修成了我对韩国和韩国语产生浓厚兴趣的契机, 一毕业我就开始作去韩国公司求职的准备。

2) 专业与获奖经历

出于对韩国文化的兴趣, 我在大学入学时选择了韩国语专业。在大学的4年间, 加入"韩国文化研究会"学会, 参加了与韩国语及韩国文化相关的研讨会。在该过程中认识到中国与韩国在文化上存在着共同点, 并坚信日后中国和韩国的交流会更加频繁。为了能正确掌握韩国语, 不仅需要掌握日常会话, 还需要了解专业用语和各领域的专业知识, 所以我在课外学习了贸易和IT领域专业翻译所需的内容。在大四的时候拿到了学校给予的全额奖学金。另外, 在韩中文化协会主办的2005年"第六届外国人讲韩国语大赛"上获得了大学生组优秀奖。

3) 其他特长

大学期间, 在国际交流处参加了国际礼仪的培训。我学习韩国语的理由之一是为了了解和他人进行沟通的方法。虽然说得多, 说得好是很重要的, 但我认为彬彬有礼地对待对方的态度也很重要。尤其是要掌握在国际会议上以国际性的礼节进行活动的方式。2004年, 我在韩中大学校长会议上, 在《朝鲜日报》、《中央日报》等代表性的舆论媒体进行采访时担任了口译。在2003年北京召开的世界教育博览会上, 还负责了韩国展厅的口译。

4) 人生观

我父亲常说"谋事在人, 成事在天", 教导我凡事要尽最大的努力去争取, 并等待结果。我认为与个人的超常能力相比, 有着不同长处的人聚集在一起能取得更大的成果。因此, 我认为与他人一起讨论问题的过程很重要。我希望与有着新点子的职员一起展开活跃的讨论, 并相互合作, 以争取在贵公司成为一名优秀的人才。

(2) 내향적인 사람은 자신이 없다. 어딘가 모자란 듯 싶은 자기 부족감에 고민하고 있다. 적극성도 없고 매사에 용기도 없으니, 해보기도 전에 패배감부터 든다. 이들이 열등감에 잘 빠지는 것도 이 때문이다. 내향적인 성격 때문에 정상적으로 사회활동을 하지 못하고 깊은 수렁에 빠져버리는 이들도 없진 않다. 하지만, 내향적인 사람 모두가 좌절의 늪에 가라앉는 것은 아니다. 그들 중에서 많은 이들은 자기의 성격 때문에 더 열심히 일하고 공부한다. 그것 밖에 이들에게 주어진 무기는 없기 때문이다. 노력형, 근검형이 될 수밖에 없는 숙명을 타고난 셈이다.

9. 다음 글을 읽고 (   )안에 알맞은 말을 쓰십시오.

(1) 작가는 완벽한 작품을 만들기 위해 불필요한 것이 없는 전체를 지향하여 모든 재료들을 유기적으로 짜 놓아야 한다. 다시 말해서 완벽한 작품은 처음, 중간, 끝이 있는 것으로서, 처음이란 그 앞에 아무것도 없으나 뒤에 무엇인가가 반드시 딸린 것을 말하며, (   ), 끝이라는 것은 반드시 앞의 것을 따르되, 뒤에는 아무것도 따르지 않는 것을 말한다.

(2) 한 실험에 의하면 남성은 자신의 맞은편 자리에, 여성은 옆 자리에 앉은 낯선 사람에게 더 부정적인 반응을 보인다고 한다. 남성은 자신들이 좋아하는 상대가 맞은편 자리에 앉는 것을 좋아하고, (   ). 그러나 남자든 여자든 좋아하는 상대를 위해 자리를 남겨 놓는 경향이 있기 때문에 낯선 사람이 그 자리에 앉게 되면 그 사람을 거부하게 된다. 결국 남녀 간에 선호하는 좌석이 차이가 있는 것이다.
(   )

10. 다음을 읽고 700~800자로 글을 쓰십시오.

> 다음 글을 읽고 '동물실험'에 대한 자신의 견해를 서술하십시오. (찬성하거나 반대하는 입장 중 하나를 선택하여 서술하되, 아래 제시된 각 입장의 논거 중 두 개 이상을 사용할 것)

전 세계적으로 의학, 약학, 생물학 등 다양한 분야에서 동물실험이 이루어지고 있다. 동물들은 의약품이나 식품의 안전성 평가 및 개발을 위한 연구에 주로 이용된다. 이러한 동물실험에 대해 찬성하는 입장과 반대하는 입장이 대립하고 있다.

찬성 반대
- 인간의 생명 연장
- 안전성
- 경제성
- 동물의 생명권
- 인간의 이기적 태도
- 자연과의 공존

* **원고지 쓰기 예**

	세	계	적	으	로		의	학	,	약	학	,	생	물	학		등		다	양	한
분	야	에	서		동	물	실	험	이		이	루	어	지	고		있	다	.		

제9과 소나기

황순원

1. 작가 소개

　　황순원 [黃順元, 1915.3.26~2000.9.14], 서정적인 아름다움과 소설문학이 추구할 수 있는 예술적 성과의 한 극치를 시현한 소설가. 주요 작품《목넘이 마을의 개》,《카인의 후예》등을 통해 우리 정신사에 대한 적절한 조명을 하였다.

　　간결하고 세련된 문체, 소설 미학의 전범을 보여주는 다양한 기법적 장치들, 소박하면서도 치열한 휴머니즘의 정신, 한국인의 전통적인 삶에 대한 애정 등을 고루 갖춤으로써 황순원의 작품들은 한국 현대소설의 전범으로 평가받고 있다.

　　이밖에도《돼지계》(1938),《암골》(1942),《모자》(1950),《간도삽화》(1953),《윤삼이》(1954),《필묵장수》(1955),《소나기》(1959),《마지막 잔》(1974),《나의 죽부인전》(1985),《땅울림》(1985) 등이 있다.

2. 작품 감상

　　'만남 - 조약돌과 호두알로 비유되는 감정의 교류, 소나기를 만남, 소녀의 병세의 악화 - 이별(소녀의 죽음)' - 이러한 줄거리 속에서 사랑이 움트는 소년과 소녀의 미묘한 감정을 표면화하면서, 내면적으로는 소년이 소녀와의 만남과 이별을 통해 유년기를 벗어나는 통과 의례의 아픔을 그리고 있다.

3. 생각해 볼 문제

　　① '복선'이란 작가가 뒤에 일어날 사건과 관련된 것을 미리 암시해 두어 사건 전개에 필연성을 부여하기 위한 장치를 말한다. 이 소설에서 복선

> 의 역할을 하는 것은 무엇인지 생각해 보세요.
> ② 소나기의 상징적 의미와 역할에 대해 생각해 보세요.
> ③ 소녀의 죽음이 소년에게 미친 영향에 대해 생각해 보세요.

 소년은 개울가에서 소녀를 보자 곧 윤 초시네 증손녀딸이라는 걸 알 수 있었다. 소녀는 개울에다 손을 잠그고 물장난을 하고 있는 것이다. 서울서는 이런 개울물을 보지 못하기나 한 듯이.
 벌써 며칠째 소녀는 학교에서 돌아오는 길에 물장난이었다. 그런데 어제까지 개울 기슭에서 하더니, 오늘은 징검다리 한가운데 앉아서 하고 있다.
 소년은 개울둑에 앉아 버렸다. 소녀가 비키기를 기다리자는 것이다.
 요행 지나가는 사람이 있어, 소녀가 길을 비켜 주었다.
 다음 날은 좀 늦게 개울가로 나왔다.
 이 날은 소녀가 징검다리 한가운데 앉아 세수를 하고 있었다. 분홍 스웨터 소매를 걷어올린 목덜미가 마냥 희었다.
 한참 세수를 하고 나더니, 이번에는 물 속을 빤히 들여다본다. 얼굴이라도 비추어 보는 것이리라. 갑자기 물을 움켜 낸다. 고기 새끼라도 지나가는 듯.
 소녀는 소년이 개울둑에 앉아 있는 걸 아는지 모르는지 그냥 날쌔게 물만 움켜 낸다. 그러나 번번이 허탕이다. 그대로 재미있는 양, 자꾸 물만 움킨다. 어제처럼 개울을 건너는 사람이 있어야 길을 비킬 모양이다.
 그러다가 소녀가 물 속에서 무엇을 하나 집어낸다. 하얀 조약돌이었다. 그리고는 벌떡 일어나 팔짝팔짝 징검다리를 뛰어 건너간다.
 다 건너가더니만 홱 이리로 돌아서며, "이 바보."
 조약돌이 날아왔다.
 소년은 저도 모르게 벌떡 일어섰다.
 단발 머리를 나풀거리며 소녀가 막 달린다. 갈밭 사잇길로 들어섰다. 뒤에는 청량한 가을 햇빛 아래 빛나는 갈꽃뿐.
 이제 저쯤 갈밭머리로 소녀가 나타나리라. 꽤 오랜 시간이 지났다고 생각됐다. 그런데도 소녀는 나타나지 않는다. 발돋움을 했다. 그러고도 상당한 시간이 지났다고 생각됐다.
 저 쪽 갈밭머리에 갈꽃이 한 옴큼 움직였다. 소녀가 갈꽃을 안고 있었다. 그리고, 이제는 천천한 걸음이었다. 유난히 맑은 가을 햇살이 소녀의 갈꽃머리에서 반짝거렸다. 소녀 아닌 갈꽃이 들길을 걸어가는 것만 같았다.

　소년은 이 갈꽃이 아주 뵈지 않게 되기까지 그대로 서 있었다. 문득, 소녀가 던진 조약돌을 내려다보았다. 물기가 걷혀 있었다. 소년은 조약돌을 집어 주머니에 넣었다.

　다음 날부터 좀 더 늦게 개울가로 나왔다. 소녀의 그림자가 뵈지 않았다. 다행이었다.

　그러나, 이상한 일이었다. 소녀의 그림자가 뵈지 않는 날이 계속될수록 소년의 가슴 한 구석에는 어딘가 허전함이 자리잡는 것이었다. 주머니 속 조약돌을 주무르는 버릇이 생겼다.

　그러한 어떤 날, 소년은 전에 소녀가 앉아 물장난을 하던 징검다리 한가운데에 앉아 보았다. 물 속에 손을 잠갔다. 세수를 하였다. 물 속을 들여다보았다. 검게 탄 얼굴이 그대로 비치었다. 싫었다.

　소년은 두 손으로 물 속의 얼굴을 움키었다. 몇 번이고 움키었다. 그러다가 깜짝 놀라 일어나고 말았다. 소녀가 이리 건너오고 있지 않느냐.

　'숨어서 내가 하는 일을 엿보고 있었구나.' 소년은 달리기 시작했다. 디딤돌을 헛디뎠다. 한 발이 물 속에 빠졌다. 더 달렸다.

　몸을 가릴 데가 있어 줬으면 좋겠다. 이쪽 길에는 갈밭도 없다. 메밀밭이다. 전에 없이 메밀꽃 냄새가 짜릿하게 코를 찌른다고 생각됐다. 미간이 아찔했다. 찝찔한 액체가 흘러들었다. 코피였다.

　소년은 한 손으로 코피를 훔쳐내면서 그냥 달렸다. 어디선가 '바보, 바보' 하는 소리가 자꾸만 뒤따라오는 것 같았다.

　토요일이었다.

　개울가에 이르니, 며칠째 보이지 않던 소녀가 건너편 가에 앉아 물장난을 하고 있었다. 모르는 체 징검다리를 건너기 시작했다. 얼마 전에 소녀 앞에서 한 번 실수를 했을 뿐, 여태 큰길 가듯이 건너던 징검다리를 오늘은 조심스럽게 건넌다.

　"얘."

　못 들은 체 했다. 뚝 위로 올라섰다.

　"얘, 이게 무슨 조개지?"

　자기도 모르게 돌아섰다. 소녀의 맑고 검은 눈과 마주쳤다. 얼른 소녀의 손바닥으로 눈을 떨구었다.

"비단조개."

"이름도 참 곱다."

갈림길에 왔다. 여기서 소녀는 아래편으로 한 삼 마장쯤, 소년은 위켠으로 한 십 리 가까운 길을 가야 한다.

소녀가 걸음을 멈추며, "너, 저 산 너머에 가 본 일 있니?"

벌 끝을 가리켰다.

"없다."

"우리 가 보지 않으련? 시골 오니까 혼자서 심심해 못 견디겠다."

"저래 뵈도 멀다."

"멀면 얼마나 멀기에? 서울 있을 땐 사뭇 먼 데까지 소풍 갔었다."

소녀의 눈이 금세 '바보, 바보' 할 것만 같았다.

논 사잇길로 들어섰다. 벼 가을걷이하는 곁을 지났다.

허수아비가 서 있었다. 소년이 새끼줄을 흔들었다. 참새가 몇 마리 날아간다. '참, 오늘은 일찍 집으로 돌아가 텃논의 참새를 봐야 할 걸' 하는 생각이 든다.

"야, 재밌다!"

소녀가 허수아비 줄을 잡더니 흔들어 댄다. 허수아비가 자꾸 우쭐거리며 춤을 춘다. 소녀의 왼쪽 볼에 살포시 보조개가 패었다.

논이 끝난 곳에 도랑이 하나 있었다. 소녀가 먼저 뛰어 건넜다.

거기서부터 산 밑까지는 밭이었다.

수숫단을 세워 놓은 밭머리를 지났다.

"저게 뭐니?"

"원두막."

"여기 참외, 맛있니?"

"그럼, 참외 맛도 좋지만 수박 맛은 더 좋다."

"하나 먹어 봤으면."

소년이 참외 그루에 심은 무우밭으로 들어가, 무우 두 밑을 뽑아 왔다. 아직 밑이 덜 들어 있었다. 잎을 비틀어 팽개친 후, 소녀에게 한 개 건넨다. 그리고는 이렇게 먹어야 한다는 듯이, 먼저 대강이를 한 입 베물어 낸 다음, 손톱으로 한 돌이 껍질을 벗겨 우쩍 깨문다.

소녀도 따라 했다. 그러나, 세 입도 못 먹고, "아, 맵고 지려."

하며 집어던지고 만다.

"참, 맛없어 못 먹겠다."

소년이 더 멀리 팽개쳐 버렸다.

산이 가까워졌다.

단풍이 눈에 따가웠다.

"야아!"

소녀가 산을 향해 달려갔다. 이번은 소년이 뒤따라 달리지 않았다. 그러고도 곧 소녀보다 더 많은 꽃을 꺾었다.

"이게 들국화, 이게 싸리꽃, 이게 도라지꽃,……"

"도라지꽃이 이렇게 예쁜 줄은 몰랐네. 난 보랏빛이 좋아! ……그런데, 이 양산같이 생긴 노란 꽃이 뭐지?"

"마타리꽃."

소녀는 마타리꽃을 양산 받듯이 해 보인다. 약간 상기된 얼굴에 살포시 보조개를 떠올리며.

다시 소년은 꽃 한 옴큼을 꺾어 왔다. 싱싱한 꽃가지만 골라 소녀에게 건넨다.

그러나 소녀는, "하나도 버리지 마라."

산마루께로 올라갔다.

맞은편 골짜기에 오순도순 초가집이 몇 모여 있었다.

누가 말할 것도 아닌데 바위에 나란히 걸터앉았다. 유달리 주위가 조용해진 것 같았다. 따가운 가을 햇살만이 말라가는 풀 냄새를 퍼뜨리고 있었다.

"저건 또 무슨 꽃이지?"

적잖이 비탈진 곳에 칡덩굴이 엉키어 꽃을 달고 있었다.

"꼭 등꽃 같네. 서울 우리 학교에 큰 등나무가 있었단다. 저 꽃을 보니까 등나무 밑에서 놀던 동무들 생각이 난다."

소녀가 조용히 일어나 비탈진 곳으로 간다. 꽃송이가 많이 달린 줄기를 잡고 끊기 시작한다. 좀처럼 끊어지지 않는다. 안간힘을 쓰다가 그만 미끄러지고 만다. 칡덩굴을 그러쥐었다.

소년이 놀라 달려갔다. 소녀가 손을 내밀었다. 손을 잡아 이끌어 올리며, 소년은 제가 꺾어다 줄 것을 잘못했다고 뉘우친다. 소녀의 오른쪽 무릎에 핏방울이 내맺혔다. 소년은 저도 모르게 생채기에 입술을 가져다 대고 빨기 시작했다. 그러다가, 무슨 생각을 했는지 홱 일어나 저쪽으로 달려간다.

좀 만에 숨이 차 돌아온 소년은, "이걸 바르면 낫는다."

송진을 생채기에다 문질러 바르고는 그 달음으로 칡덩굴 있는 데로 내려가, 꽃 많이 달린 몇 줄기를 이빨로 끊어 가지고 올라온다. 그리고는, "저기 송아지가 있다. 그리 가 보자."

누렁송아지였다. 아직 코뚜레도 꿰지 않았다.

소년이 고삐를 바투 잡아 쥐고 등을 긁어 주는 체하다가 훌쩍 올라탔다. 송아지가 껑충거리며 돌아간다.

소녀의 흰 얼굴이, 분홍 스웨터가, 남색 스커트가, 안고 있는 꽃과 함께 범벅이 된다. 모두가 하나의 큰 꽃묶음 같다. 어지럽다. 그러나, 내리지 않으리라. 자랑스러웠다. 이것만은 소녀가 흉내 내지 못할 자기 혼자만이 할 수 있는 일인 것이다.

"너희, 예서 뭣들 하느냐?"

농부 하나가 억새풀 사이로 올라왔다.

송아지 등에서 뛰어내렸다. 어린 송아지를 타서 허리가 상하면 어쩌느냐고 꾸지람을 들을 것만 같다.

그런데, 나룻이 긴 농부는 소녀 편을 한 번 훑어보고는 그저 송아지 고삐를 풀어 내면서, "어서들 집으로 가거라. 소나기가 올라."

참, 먹장구름 한 장이 머리 위에 와 있다. 갑자기 사면이 소란스러워진 것 같다. 바람이 우수수 소리를 내며 지나간다. 삽시간에 주위가 보랏빛으로 변했다.

산을 내려오는데, 떡갈나무 잎에서 빗방울 듣는 소리가 난다. 굵은 빗방울이었다. 목덜미가 선뜩선뜩했다. 그러자, 대번에 눈앞을 가로막는 빗줄기.

비안개 속에 원두막이 보였다. 그리로 가 비를 그을 수밖에.

그러나, 원두막은 기둥이 기울고 지붕도 갈래갈래 찢어져 있었다. 그런대로 비가 덜 새는 곳을 가려 소녀를 들어서게 했다.

소녀의 입술이 파아랗게 질렸다. 어깨를 자꾸 떨었다.

무명 겹저고리를 벗어 소녀의 어깨를 싸 주었다. 소녀는 비에 젖은 눈을 들어 한 번 쳐다보았을 뿐, 소년이 하는 대로 잠자코 있었다. 그리고는, 안고 온 꽃묶음 속에서 가지가 꺾이고 꽃이 일그러진 송이를 골라 발 밑에 버린다. 소녀가 들어선 곳도 비가 새기 시작했다. 더 거기서 비를 그을 수 없었다.

밖을 내다보던 소년이 무엇을 생각했는지 수수밭 쪽으로 달려간다. 세워 놓은 수숫단 속을 비집어 보더니, 옆의 수숫단을 날라다 덧세운다. 다시 속을 비집어 본다. 그리고는 이쪽을 향해 손짓을 한다.

수숫단 속은 비는 안 새었다. 그저 어둡고 좁은 게 안 됐다. 앞에 나앉은 소년은 그냥 비를 맞아야만 했다. 그런 소년의 어깨에서 김이 올랐다.
　소녀가 속삭이듯이 이리 들어와 앉으라고 했다. 괜찮다고 했다. 소녀가 다시 들어와 앉으라고 했다. 할 수 없이 뒷걸음질을 쳤다. 그 바람에 소녀가 안고 있는 꽃묶음이 망그러졌다. 그러나 소녀는 상관없다고 생각했다. 비에 젖은 소년의 몸 내음새가 확 코에 끼얹혀졌다. 그러나 고개를 돌리지 않았다. 도리어 소년의 몸기운으로 해서 떨리던 몸이 적이 누그러지는 느낌이었다.
　소란하던 수숫잎 소리가 뚝 그쳤다. 밖이 멀개졌다.
　수숫단 속을 벗어 나왔다. 멀지 않은 앞쪽에 햇빛이 눈부시게 내리붓고 있었다. 도랑 있는 곳까지 와 보니, 엄청나게 물이 불어 있었다. 빛마저 제법 붉은 흙탕물이었다. 뛰어 건널 수가 없었다.
　소년이 등을 돌려 댔다. 소녀가 순순히 업히었다. 걷어올린 소년의 잠방이까지 물이 올라왔다. 소녀는 '어머나' 소리를 지르며 소년의 목을 끌어안았다.
　개울가에 다다르기 전에, 가을 하늘이 언제 그랬는가 싶게 구름 한 점 없이 쪽빛으로 개어 있었다.
　그 뒤로 소녀의 모습은 뵈지 않았다. 매일 같이 개울가로 달려와 봐도 뵈지 않았다.
　학교에서 쉬는 시간에 운동장을 살피기도 했다. 남 몰래 5학년 여자 반을 엿보기도 했다. 그러나, 뵈지 않았다.
　그날도 소년은 주머니 속 흰 조약돌만 만지작거리며 개울가로 나왔다. 그랬더니, 이 쪽 개울둑에 소녀가 앉아 있는 게 아닌가.
　소년은 가슴부터 두근거렸다.
　"그 동안 앓았다."
　어쩐지 소녀의 얼굴이 해쓱해져 있었다.
　"그 날, 소나기 맞은 탓 아냐?"
　소녀가 가만히 고개를 끄덕이었다.
　"인제 다 났냐?"
　"아직도……."
　"그럼, 누워 있어야지."
　"하도 갑갑해서 나왔다. ……참, 그 날 재밌었어……. 그런데 그 날 어디서 이런 물이 들었는지 잘 지지 않는다."
　소녀가 분홍 스웨터 앞자락을 내려다본다. 거기에 검붉은 진흙물 같은 게 들어 있었다.
　소녀가 가만히 보조개를 떠올리며, "그래 이게 무슨 물 같니?"
　소년은 스웨터 앞자락만 바라보고 있었다.
　"내, 생각해 냈다. 그 날, 도랑을 건너면서 내가 업힌 일이 있지? 그 때, 네 등에서 옮은 물이다."
　소년은 얼굴이 확 달아오름을 느꼈다.
　갈림길에서 소녀는
　"저, 오늘 아침에 우리 집에서 대추를 땄다. 낼 제사 지내려고……."
　대추 한 줌을 내준다. 소년은 주춤한다.
　"맛봐라. 우리 증조할아버지가 심었다는데, 아주 달다."
　소년은 두 손을 오그려 내밀며, "참, 알도 굵다!"
　"저, 우리 이번에 제사 지내고 나서 좀 있다 집을 내주게 됐다."
　소년은 소녀네가 이사해 오기 전에 벌써 어른들의 이야기를 들어서, 윤 초시 손자가 서울서 사업에 실패해 가지고 고향에 돌아오지 않을 수 없게 되었다는 걸 알고 있었다. 그것이 이번에는 고향집마저 남의 손에 넘기게 된 모양이었다.
　"왜 그런지 난 이사 가는 게 싫어졌다. 어른들이 하는 일이니 어쩔 수 없지만……." 전에 없이, 소녀의 까만 눈에 쓸쓸한 빛이 떠돌았다.
　소녀와 헤어져 돌아오는 길에, 소년은 혼잣속으로, 소녀가 이사를 간다는 말을 수없이 되뇌어 보았다. 무어 그리 안타까울 것도 서러울 것도 없었다. 그렇건만, 소년은 지금 자기가 씹고 있는 대추알의 단맛을 모르고 있었다.
　이 날 밤, 소년은 몰래 덕쇠 할아버지네 호두밭으로 갔다.
　낮에 봐 두었던 나무로 올라갔다. 그리고, 봐 두었던 가지를 향해 작대기를 내리쳤다. 호두송이 떨어지는 소리가 별나게 크게 들렸다. 가슴이 선뜩했다. 그러나 다음 순간, 굵은 호두야 많이 떨어져라, 많이 떨어져라, 저도 모를 힘에 이끌려 마구 작대기를 내리치는 것이었다.
　돌아오는 길에는 열 이틀 달이 지우는 그늘만 골라 디뎠다. 그늘의 고마움을 처음 느꼈다.
　불룩한 주머니를 어루만졌다. 호두송이를 맨손으로 깠다가는 옴이 오르기 쉽다는 말 같은 건 아무렇지도 않았다. 그저 근동에서 제일 가는 이 덕쇠 할아버지네 호두를 어서 소녀에게 맛보여야 한다는 생각만이 앞섰다.
　그러다, 아차 하는 생각이 들었다. 소녀더러 병이 좀 낫거들랑 이사 가기 전에 한 번 개울가로 나와 달라는 말을 못해 둔 것이었다. 바보 같은 것, 바보 같은 것.
　이튿날, 소년이 학교에서 돌아오니, 아버지가 나들이옷으로 갈아입고 닭 한 마리를 안고 있었다.
　어디 가시느냐고 물었다.
　그 말에도 대꾸도 없이, 아버지는 안고 있는 닭의 무게를 가늠해 보면서, "이만 하면 될까?"
　어머니가 망태기를 내주며, "벌써 며칠째 '걀걀' 하고 알 날 자리를 보던데요. 크진 않아도 살은 쪘을 거여요." 소년이 이번에는 어머니한테 아버지가 어디 가시느냐고 물어 보았다.
　"저, 서당골 윤 초시 댁에 가신다. 제삿상에라도 놓으시라고……"
　"그럼, 큰 놈으로 하나 가져가지. 저 얼룩수탉으로……."
　이 말에, 아버지는 허허 웃고 나서,
　"임마, 그래도 이게 실속이 있다."
　소년은 공연히 열적어, 책보를 집어던지고는 외양간으로 가, 쇠잔등을 한 번 철썩 갈겼다. 쇠파리라도 잡는 체.
　개울물은 날로 여물어 갔다.
　소년은 갈림길에서 아래쪽으로 가 보았다. 갈밭머리에서 바라보는 서당골 마을은 쪽빛 하늘 아래 한결 가까워 보였다.
　어른들의 말이, 내일 소녀네가 양평읍으로 이사 간다는 것이었다. 거기 가서는 조그마한 가겟방을 보게 되리라는 것이었다.
　그 날 밤, 소년은 자리에 누워서도 같은 생각뿐이었다. 내일 소녀네가 이사하는 걸 가보나 어쩌나. 가면 소녀를 보게 될까 어떨까.
　그러다가 까무룩 잠이 들었는가 하는데,
　"허, 참 세상일도……."
　마을 갔던 아버지가 언제 돌아왔는지, "윤 초시 댁도 말이 아니야, 그 많던 전답을 다 팔아 버리고, 대대로 살아오던 집마저 남의 손에 넘기더니, 또 악상까지 당하는 걸 보면……."
　남폿불 밑에서 바느질감을 안고 있던 어머니가, "증손이라곤 계집애 그 애 하나뿐이었지요?"
　"그렇지, 사내 애 둘 있던 건 어려서 잃어버리고……."
　"어쩌면 그렇게 자식복이 없을까."

"글쎄 말이지. 이번 앤 꽤 여러 날 앓는 걸 약도 변변히 못써 봤다더군. 지금 같아서는 윤 초시네도 대가 끊긴 셈이지. ……그런데 참, 이번 계집앤 어린것이 여간 잔망스럽지가 않아. 글쎄, 죽기 전에 이런 말을 했다지 않아? 자기가 죽거든 자기 입던 옷을 꼭 그대로 입혀서 묻어 달라고……."

단어

갈기다	[동]	① 힘차게 때리거나 치다. ② 날카로운 연장으로 곁가지나 줄기 따위를 단번에 베어 떨어뜨리다. ③ 글씨를 아무렇게나 마구 쓰다.
갈꽃	[명]	<식물> =갈대꽃. 솜과 같은 흰 털이 많고 부드럽다.
갈래갈래	[부]	여러 가닥으로 갈라지거나 찢어진 모양.
갈밭	[명]	=갈대밭.
겹저고리	[명]	솜을 두지 않고 거죽과 안을 맞추어 지은 저고리.
근동	[명]	가까운 이웃 동네.
그러쥐다	[동]	① 그러당겨 손 안에 잡다. ② 손가락을 손바닥 안으로 당기어 쥐다. ③ 자기의 것으로 틀어잡거나 자기의 영향 아래 그러모아 틀어쥐다.
까무룩	[부]	정신이 갑자기 흐려지는 모양.
나들이옷	[명]	나들이할 때 입는 옷.
나풀거리다	[동]	얇은 물체가 바람에 날리어 가볍게 자꾸 움직이다. 또는 그렇게 하다. '나불거리다'보다 거센 느낌을 준다.
나앉다	[동]	① 물러나 앉거나 다가서 앉다. ② 어떤 곳으로 나가거나 물러나서 자리를 잡다. ③ 하던 일을 포기하거나 권리를 잃고 물러나다.
내리붓다	[동]	① 비, 눈 따위가 많이 오다.

		② 위에서 아래로 퍼붓다.
내맺히다	[동]	물방울 따위가 겉에서 작은 방울로 맺히다.
다다르다	[동]	① 목적한 곳에 이르다.
		② 어떤 수준이나 한계에 미치다.
달아오르다	[동]	① 어떤 물체가 몹시 뜨거워지다.
		② 얼굴이 뜨거워 발그레해지다.
		③ 몸이나 마음이 화끈해지다.
		④ 분위기나 상태가 몹시 고조되다.
달음	[명]	① 달리는 일.
		② 어떤 행동의 여세를 몰아 계속함.
대번에	[부]	서슴지 않고 단숨에. 또는 그 자리에서 당장.
덧세우다	[동]	본래 있는 위에 겹쳐 세우다.
돌이	[명][북한어]	무엇의 둘레로 한 바퀴 돌아가거나 감긴 것을 세는 단위.
떡갈나무	[명]	<식물> 참나뭇과의 낙엽 활엽 교목. 높이는 10미터 정도이며, 잎은 어긋나고 긴 타원형으로 두꺼우며 마른 뒤에도 겨우내 붙어 있다가 새싹이 나올 때 떨어진다.
마구	[부]	① 몹시 세차게. 또는 아주 심하게.
		② 아무렇게나 함부로.
마장	[명]	거리의 단위. 오 리나 십 리가 못 되는 거리를 이른다.
망그러지다	[동]	=망가지다.
		① 부서지거나 찌그러져 못 쓰게 되다.
		② 상황이나 상태 따위가 좋지 아니하게 되다.
망태기	[명]	물건을 담아 들거나 어깨에 메고 다닐 수 있도록 만든 그릇.
멀겋다	[형]	① 깨끗하게 맑지 아니하고 약간 흐린 듯하다.
		② 국물 따위가 진하지 아니하고 매우 묽다.
		③ 눈이 생기가 없이 게슴츠레하다.
무우밭	[명]	무밭

바투	[부]	① 두 대상이나 물체의 사이가 썩 가깝게.
		② 시간이나 길이가 아주 짧게.
발돋움	[명]	① 키를 돋우려고 발밑을 괴고 서거나 발끝만 디디고 섬.
		② 키를 돋우려고 발밑에 괴는 물건.
		③ 어떤 지향(志向)하는 상태나 위치 따위로 나아감.
불룩하다	[형]	물체의 거죽이 크게 두드러지거나 쑥 내밀려 있다.
사뭇	[부]	① 거리낌 없이 마구.
		② 내내 끝까지.
		③ 아주 딴판으로.
		④ 마음에 사무치도록 매우.
살포시	[부]	① 포근하게 살며시.
		② 드러나지 않게 살며시.
상기	[명]	흥분이나 부끄러움으로 얼굴이 붉어짐.
선뜩하다	[형]	① 갑자기 서늘한 느낌이 있다. '선득하다'보다 조금 센 느낌을 준다.
		② 갑자기 놀라서 마음에 서늘한 느낌이 있다. '선득하다'보다 조금 센 느낌을 준다.
송진	[명]	소나무나 잣나무에서 분비되는 끈적끈적한 액체.
순순하다	[형]	① 믿음직하고 거짓이 없다.
		② 조용히 흘러가다.
		③ 성질이나 태도가 매우 고분고분하고 온순하다.
악상	[명]	젊어서 부모보다 먼저 자식이 죽는 일.
억새풀	[명]	'억새'를 일상적으로 이르는 말.
엉키다	[동]	'엉클어지다'의 준말.
여물다	[동]	① 과실이나 곡식 따위가 알이 들어 딴딴하게 잘 익다.
		② 빛이나 자연현상이 짙어지거나 왕성해져서 제 특성을 다 드러내다.
열적다	[형]	'열없다'의 잘못. 좀 겸연쩍고 부끄럽다.

오그리다	[동]	① 물체를 안쪽으로 오목하게 휘어지게 하다.
		② 물체의 거죽을 오글쪼글하게 주름이 잡히며 줄어지게 하다.
		③ 몸을 움츠려 작게 하다.
오순도순	[부]	의좋게 지내거나 이야기하는 모양.
옴	[명]	옴벌레가 기생하여 일으키는 전염성 피부병. 손가락이나 발가락의 사이, 겨드랑이 따위의 연한 살에서부터 짓무르기 시작하여 온몸으로 퍼진다. 몹시 가렵고 헐기도 한다.
요행	[명]	① 행복을 바람.
		② 뜻밖에 얻는 행운.
우쭐거리다	[동]	① 몸이 큰 사람이나 짐승이 가볍게 율동적으로 자꾸 움직이다.
		② 의기양양하여 자꾸 뽐내다.
작대기	[명]	① 긴 막대기.
		② 위에서 아래로 비스듬히 내리긋는 줄. 흔히 시험 답안지 따위에서 잘못된 답을 표시할 때 긋는다.
잔망스럽다	[형]	① 보기에 몹시 약하고 가냘픈 데가 있다.
		② 보기에 태도나 행동이 자질구레하고 가벼운 데가 있다.
		③ 얄밉도록 맹랑한 데가 있다.
잠방이	[명]	가랑이가 무릎까지 내려오도록 짧게 만든 홑바지.
전답	[명]	'논밭'으로 순화.
주춤하다	[동]	망설이거나 가볍게 놀라서 갑자기 멈칫하거나 몸을 움츠리다.
책보	[명]	책을 싸는 보자기.
철썩	[부]	'철써덕'의 준말.
		① 아주 많은 양의 액체가 단단한 물체에 마구 부딪치는 소리. 또는 그 모양.
		② 큰 물체가 매우 끈지게 부딪치거나 달라붙는 소리. 또는 그 모양.

초시	[명]	예전에, 한문을 좀 아는 유식한 양반을 높여 이르던 말.
코뚜레	[명]	=쇠코뚜레. 소의 코청을 꿰뚫어 끼는 나무 고리. 좀 자란 송아지때부터 고삐를 매는 데 쓴다.
텃논	[명]	집터에 딸리거나 마을 가까이 있는 논.
팔짝팔짝	[부]	갑자기 가볍고 힘 있게 자꾸 뛰어오르거나 날아오르는 모양.
한껏	[부]	할 수 있는 데까지. 또는 한도에 이르는 데까지.
혼잣속	[명][북한어]	저 혼자서 하는 속생각. 또는 저 혼자의 속마음.

보충지식

1. 상용 부사

* 성의껏: 있는 성의를 다하여. 정성껏. ☞ 성의껏 돌보아 주다.
* 어설피: 어설프게 짜임새가 없고 허술하다. 야무지지 못하고 설다. ☞ 하는 일이 어설퍼 미덥지 않다.
* 여간: 보통으로. 어지간하게. (뒤에 부정하는 말을 뒤따르게 하여 쓰임.) ☞ 고집이 여간 센 게 아니다.
* 오로지: 오직 한 곳으로. ☞ 오로지 학업에만 열중하다./우리는 오로지 너 하나만 기대할 뿐이다.

2. 속담 및 관용구

* 싼 게 비지떡: 무슨 물건이든지 값이 싼 것이면 품질도 그만큼 떨어진다는 뜻.
* 아니 땐 굴뚝에 연기 나랴: 원인이 없는 결과가 있을 리 없음을 이르는 말.
* 어깨가 무겁다: 무거운 책임을 져서 마음의 부담이 크다.
* 어깨가 가볍다: 무거운 책임에서 벗어나서 마음이 홀가분하다.
* 얼굴에 먹칠하다: 창피를 당하다.

* 엉덩이에 뿔이 나다: 어린 사람이 옳은 가르침은 듣지 않고 비뚜루 나가다.

3. 관용표현

* **-(이)니만큼**

　체언에 붙어서 선행절을 후행절에 종속적으로 연결한다. 동사에는 (으니)만큼, 형용사에는 '-(으)니만큼'을 쓴다. 시상어미는 과거의 '-었'을 쓰고 미래추정 '-겠'은 쓰지 않는다. 선행절이 후행절에서 말하려고 하는 것의 정도를 헤아려 보는 근거가 됨을 나타내는 연결어미다.

　☞ 그 분은 교수이니 만큼 대우를 해드려야 합니다.
　☞ 이것은 백제 때의 유물이니만큼 제대로 보존해야 할 겁니다.

* **-는답시고**

　간접 인용문의 서술형에 붙어서 쓰인다. 어떤 일을 제대로 하려고 했는데, 혹은 어떤 상태를 자랑스럽게 만들려고 했는데 결과가 만족스럽게 나오지 않았음을 빈정거리며 말할 때 쓴다.

　☞ 자기가 고친답시고, 저렇게 혼자서 끙끙 앓고 있어요.
　☞ 가장 금기로 삼아야 할 것은 공정성을 기한답시고 직원들이 일을 잘 하거나 못하거나 상관없이 똑같이 대우하는 것이다.

* **-이려니 하다:**

　그러하겠거니 하고 혼자 속으로만 추측하여 짐작하는 뜻을 나타냄.

　☞ 일이 잘 되려니 하고 믿고 있었다.
　☞ 그가 꼭 오려니 하고 기다렸다.

* **-려니와:**

　'그러하겠거니와'의 뜻으로, 앞 말을 인정하면서 뒷말이 그보다 더하거나 대등함을 나타낸다. 연결어미 '-고'와 '-지만' 등과 대치할 수 있다.

　☞ 날짜가 급하기도 하려니와 거들어 줄 사람도 없다.
　☞ 경치도 좋으려니와 인심도 좋다.
　☞ 재래시장은 물건 값도 싸려니와 야채 같은 것은 싱싱해서 사람들이 많이 간다.

* **짝이 없다:**
  '짝이 없을 정도로 감정이 극한 상태임'을 말할 때 쓴다. 따라서 점잖은 표현으로는 쓰지 않는다.
  ☞ 나에게 욕을 하다니 분하기 짝이 없구나.
  ☞ 도둑의 누명을 쓴 것은 억울하기 짝이 없는 일이다.

연습문제

1. 다음 괄호 안에 알맞은 것을 고르십시오.

   (1) 다른 사람의 도움을 받았을 때에는 어떤 (   ) 고마움을 표현하는 것이 좋다.
       ① 형태이면   ② 형태지만
       ③ 형태로든   ④ 형태로부터

   (2) 아침, 저녁으로 쌀쌀한 요즘에는 감기 몸살(   ) 몸이 나른하고 식욕이 없다고 하는 사람이 많다.
       ① 로 인해   ② 로써만이
       ③ 로 볼 때   ④ 로 미루어

   (3) 좋은 책을 통해서 얻게 되는 새로운 지식과 (   ) 올바른 인격 형성의 바탕이 된다.
       ① 경험으로는   ② 경험으로서도
       ③ 경험이야말로   ④ 경험이라고는

   (4) 외부의 인재를 데려와도 (   ) 오랫동안 몸담았던 인재들이 회사를 떠나는 사례가 잇따르고 있다.
       ① 모자라는 김에   ② 모자라는 듯이
       ③ 모자라는 마당에   ④ 모자라는 셈치고

2. 다음 (   ) 안에 들어갈 수 있는 말을 고르십시오.

(1) 급속한 경제 성장으로 우리는 가난의 때를 벗게 되었다. (   )
   ① 따라서 그 사이에 빈부의 격차도 커졌다.
   ② 그래도 그 사이에 빈부의 격차도 커졌다.
   ③ 그러므로 그 사이에 빈부의 격차도 커졌다.
   ④ 그러나 그 사이에 빈부의 격차도 커졌다.

(2) 우리 학급에는 체육에 소질이 있는 학생이 있는가 하면 (   )
   ① 그리 많지 않다.
   ② 있다고 말 할 수 있다.
   ③ 나도 체육에 소질이 있다.
   ④ 예술에 소질이 있는 사람도 적지 않다.

(3) 부녀와 젊은 사람들이 도시로 대거 이동하면서 (   ).
   ① 도시에는 일자리가 많다.
   ② 큰 사회문제이다.
   ③ 농촌에서는 심각한 일손 부족을 겪고 있다.
   ④ 도시에 들어가 돈을 벌기 위해서다.

3. 다음 글을 읽고 요구대로 하십시오.

　　　방송의 막강한 영향력을 정치적으로 활용하고자 할 경우 공영방송이 소모적인 정치적 논쟁에 ㉠휘말릴 가능성도 없지 않다. 그러나 우리 청취자들의 수준을 감안할 때 일각에서 제기하는 걱정은 그야말로 기우가 (㉡). 당국의 홍보나 구구한 해명이 한두 번은 통할지 모르지만 신물나는 그런 얘기에 귀 기울일 청취자는 거의 없을 것이다. 인터넷 매체의 발달로 (㉢), 정치 권력이 언론을 지배한다는 생각은 이제 시대 착오적인 것이 되었다.

(1) ㉠과 바꾸어 쓸 수 있는 말을 고르십시오.
   ① 나아갈　　　　　　　　② 주도될
   ③ 주춤할　　　　　　　　④ 휩싸일

(2) ⓒ에 알맞은 말을 고르십시오.

　① 아닌 것이다　　　　　② 아닐까 한다
　③ 아니면 좋다　　　　　④ 아니라도 좋다

(3) ⓒ에 알맞은 말을 세 글자로 쓰십시오.
　　(　　　　　　　　)

● 4. 다음은 신문 기사의 제목입니다. 가장 잘 설명한 것을 고르십시오.

(1) '놀 틈 어디 있나요?' 휴가 절반도 못 써.
　① 휴가를 즐길 만한 적당한 장소가 없다.
　② 휴가를 즐길 만한 경제적인 여유가 없다.
　③ 바쁜 직장일로 휴가를 제대로 쓰지 못한다.
　④ 직장인 절반 정도가 휴가를 제대로 못 쓴다.
(2) 방역 대책 시급, 돼지 콜레라 남쪽으로 번져
　① 방역 대책을 마련하기 전에 돼지 콜레라가 남쪽에서 올라왔다.
　② 돼지 콜레라가 남쪽으로 확산되어 방역 대책을 마련해야 한다.
　③ 방역 대책을 마련했지만 돼지 콜레라가 이미 남쪽으로 번졌다.
　④ 돼지 콜레라가 남쪽으로 번지기 전에 방역 대책을 빨리 마련했다.

● 5. 다음 글을 읽고 물음에 답하십시오.

　　요즈음 우리네 식탁에는 점차 국물이 사라지고 있다. 걸어가면서 아침을 먹고, 차에 흔들리면서 점심을 먹어야 하는 바쁜 사람들이 많이 생겨서인가? ㉠ 즉석 요리, ㉡ 인스턴트 식품을 어디서나 손쉽게 구할 수 있는 세상이다. 우리 아이들도 예외는 아니다. 생선은 굽고, 닭고기는 튀겨야 맛이 있다고 성화인 것만 보아도 그렇다. 나는 그 반대 입장에 서서 ㉢ 국물이 있는 밥상으로 입맛을 챙기려 하니, 아내는 늘 지혜롭게 식탁을 꾸려 갈 수밖에 없다. 기다릴 줄을 모르고, 자기 욕심과 자기 주장이 통할 때까지 고집을 부리는 아이들의 모습을 보면서, 혹시 그런 성격이 ㉣ 서구화된 식탁 문화에서 빚어진 것이 아닌가 하는 걱정을 하게 된다.

(1) ㉠~㉣ 중 의미하는 내용의 성격이 다른 것은 무엇입니까?
　　① ㉠　　　　② ㉡　　　　③ ㉢　　　　④ ㉣

(2) 이 글에 대한 필자의 태도로 적절한 것을 고르십시오.
　　① 분석적　　　　　　② 풍자적
　　③ 논리적　　　　　　④ 비판적

6. 다음 글을 읽고 물음에 답하십시오.

(가) '(㉠)'(이)라는 말처럼 미의 기준은 개인에 따라 다르며 그만큼 주관적이다. 또한 미의 기준은 시대나 장소에 따라 달라지기도 한다.

(나) 미로의 비너스, 양귀비, 클레오파트라 등은 언제나 미인의 전형으로 손꼽혀 왔다. 그 외에도 중국에서는 서시, 한국에서는 춘향 등이 미인의 대명사로 여겨지고 있다. 이들은 물론 살았던 시대도 장소도 달랐으며, 외모 또한 다른 모습이었다. 서양에서는 높은 코의 클레오파트라를 미인으로 쳤으나, 중국인들은 살이 찐 동그란 얼굴에 작은 발을 가진 양귀비를 미인으로 꼽았다. 이들의 외모에서 공통점을 찾기도 어려울 뿐더러 그 기준이 무엇인지를 말하기는 더욱 어렵다.

(1) ㉠에 들어갈 가장 알맞은 말을 고르십시오.
　　① 제 눈에 안경
　　② 이왕이면 다홍치마
　　③ 겉 다르고 속 다르다
　　④ 귀에 걸면 귀걸이, 코에 걸면 코걸이

(2) 글 (가)와 (나)의 관계에 대한 설명으로 가장 적절한 것을 고르십시오.
　　① (나)는 (가)에 대한 배경이다.
　　② (나)는 (가)에 대한 전제이다.
　　③ (나)는 (가)에 대한 추론이다.
　　④ (나)는 (가)에 대한 예시이다.

7. 다음을 읽고 물음에 답하십시오.

> 소득의 양극화가 갈수록 심각해지고 있다. 소득의 양극화가 가져오는 가장 큰 문제점은 국민들에게 아무리 노력해도 안 된다는 절망감을 준다는 것이다. 이런 절망감은 국가적 혹은 개인적 차원에서 극단적인 행동을 (㉠). 따라서 새로운 지도자는 이러한 절망감이 국민들 사이에 생기지 않도록 대책을 (㉡) 한다. 지도자는 우리도 하면 잘 될 수 있다는 희망을 국가, 기업 그리고 개인이 갖도록 해 주어야 한다. 결과를 공평하게 나누는 것도 중요하겠지만 모든 사람들에게 희망을 줄 수 있는 환경을 만드는 것이 소득 양극화의 해결 방법임을 명심해야 할 것이다.

(1) 필자가 이 글을 쓴 이유를 고르십시오.
 ① 새로운 지도자를 비판하기 위해
 ② 새로운 지도자에게 조언하기 위해
 ③ 소득 양극화의 원인을 분석하기 위해
 ④ 소득 양극화의 심각성을 알리기 위해

(2) ㉠과 ㉡에 들어갈 말로 알맞은 것을 고르십시오.
 ① ㉠ 유발한다   ㉡ 제고해야
 ② ㉠ 증진한다   ㉡ 강구해야
 ③ ㉠ 감행한다   ㉡ 궁리해야
 ④ ㉠ 초래한다   ㉡ 모색해야

8. 다음 내용을 읽고 요구대로 하십시오.

(1) 다음 오언시를 한자음으로 표기를 하고 번체자로 쓰십시오.

　　青青园中葵,朝露待日晞。
　　阳春布德泽,万物生光辉。
　　常恐秋节至,焜黄华叶衰。
　　百川东到海,何时复西归？
　　少壮不努力,老大徒伤悲。

(2) 다음의 한국어 내용을 중국어로 번역하십시오.

그들은 가난한 신혼부부였다. 보통의 경우라면, 남편이 직장으로 나가고 아내는 집에서 살림을 하겠지만, 그들은 반대였다. 남편은 실직으로 집 안에 있고, 아내는 집에서 가까운 어느 회사에 다니고 있었다. 어느 날 아침, 쌀이 떨어져서 아내는 아침을 굶고 출근했다. "어떻게든지 변통을 해서 점심을 지어 놓을 테니, 그때까지만 참으오." 출근하는 아내에게 남편은 이렇게 말했다. 마침내 점심 시간이 되어서 아내가 집에 돌아와 보니, 남편은 보이지 않고, 방안에는 신문지로 덮인 밥상이 놓여 있었다. 아내는 조용히 신문지를 걷었다. 따뜻한 밥 한 그릇과 간장 한 종지…… 쌀은 어떻게 구했지만, 찬까지는 마련할 수 없었던 모양이다. 아내는 수저를 들려고 하다가 문득 상 위에 놓인 쪽지를 보았다. "왕후의 밥, 걸인의 찬…… 이걸로 우선 시장기만 속여 두오." 낯익은 남편의 글씨였다. 순간, 아내는 눈물이 핑 돌았다. 왕후가 된 것보다도 행복했다. 만금을 주고도 살 수 없는 행복감에 가슴이 부풀었다.

9. 다음 글을 읽고 (   ) 안에 알맞은 말을 쓰십시오.

(1) '윤리적 여행자'란 여행의 전 일정 동안 환경을 해치지 않으면서 여행하는 사람들을 일컫는 말이다. 이들은 이동할 때 매연을 내뿜는 비행기나 자동차 대신 자전거를 이용하고, 석유 화학 연료를 많이 쓰거나 생태계를 위협하는 숙박업소는 피한다. 또한 이들은 여행하는 지역에서 생산된 먹을거리만을 먹으려고 노력하는데, 이렇게 해야 식재료를 운송할 때 생기는 이산화탄소를 줄일 수 있기 때문이다. 한마디로 '윤리적 여행'이란 (   ) 계획된 여행이다.
(   ).

(2) 지금은 물결이 거세고 폭이 넓은 강에 다리를 건설할 때 기계와 로봇을 이용하지만, 과거에는 커다란 연을 날렸다. 맨 처음 연이 낭떠러지의 반대편에 도착하면 줄 하나가 연결되는 셈이다. 이 줄에 조금 더 무거운 줄을 묶어서 다시 강을 가로지르게 한다. 이런 과정을 반복해 줄을 늘려가면 견고한 크레인이 되고, 결국 거대한 다리가 완성된다. 누구도 완성된 다리를 보고 모든 것이 한 가닥 연줄에서 시작되었다는

것을 상상하지 못할 것이다. 삶의 위대한 업적들도 이렇게 다리를 완성하는 것과 마찬가지 방식으로 달성된다. 즉, (   ) 나중에는 거대한 다리와 같은 위대한 일을 만들어 낸다.
(   ).

10. 다음을 읽고 700-800자로 글을 쓰십시오.

<이 시대가 원하는 지도자>에 대한 자신의 견해를 서술하십시오. 단, 아래에 제시한 <지도자의 조건>에서 두 가지를 선택하여 쓰고 나머지 한 가지는 자신이 중요하게 생각하는 지도자의 조건을 쓰되, 선택의 근거를 논리적으로 밝히십시오.

< 지도자의 조건 >
겸손함 / 도덕성 / 책임감 / 추진력 / 통솔력

* 원고지 쓰기 예

	<	이		시	대	가		원	하	는		지	도	자	>
에		대	한		자	신	의		생	각	이		무	엇	인
가	를		쓰	십	시	오	.								

제10과 수난 이대

하근찬

1. 작가 소개

하근찬 [河瑾燦, 1931.10.21~2007.11.25], 농민들의 삶의 작품화에 연유되어 현실의 어두움을 그리면서도 해학미를 잃지 않고 작품을 쓴 소설가. 대한민국문학상 등을 수상하였다. 주요 작품으로는 《낙뢰(落雷)》(1957), 《산중고발(山中告發)》(1958), 《나룻배 이야기》(1959), 《붉은 언덕》(1965), 《삼각의 집》(1966), 《족제비》(1970), 《일본도(日本刀)》(1971), 《야호(夜壺)》(1971), 《필례 이야기》(1973), 《서울의 개구리》(1973), 《화가 남궁 씨의 수염》(1985), 《은장도 이야기》(1986)를 비롯한 많은 소설과 《전쟁의 아픔을 증언한 이야기들》(1985), 《전쟁과 수난-수난 2대》(1985) 등의 평론이 있다.

2. 작품 감상

전후소설의 대표적인 작품. 세계대전과 6·25전쟁으로 인해 수난을 겪은 부자(父子)에 대한 이야기. 2대(二代)에 걸쳐 이 땅의 현대사가 겪어야 했던 역사적 비극과 그 극복의 의지를 보여주는 작품이다. 단지 한 가족에게 일어난 비극이 아니라 우리 민족이 겪은 역사적 비극의 축소판이며 이를 극복하려는 의지를 형상화했다는 점에서 그 가치가 높다.

3. 생각해 볼 문제

① 소설의 구성상 특징에 대해 살펴 보세요.
② '주막, 술, 외나무다리'가 상징하는 것이 무엇인지 생각해 보세요.
③ 아버지가 아들을 업고 외나무 다리를 건너는 장면을 통해 이 소설이 전달하고자 하는 주제가 무엇인지 생각해 보세요.

진수가 돌아온다. 진수가 살아서 돌아온다. 아무개는 전사했다는 통지가 왔고, 아무개는 죽었지 살았는지 통 소식이 없는데, 우리 진수는 살아서 오늘 돌아오는 것이다. 생각할수록 어깻바람이 날 일이다. 그래 그런지 몰라도, 박만도(朴萬道)는 여느 때 같으면 아무래도 한두 군데 앉아 쉬어야 넘어설 수 있는 용머리재를 단숨에 올라채고 만 것이다. 가슴이 펄럭거리고 허벅지가 뻐근했다. 그러나 그는 고갯마루에서도 쉴 생각을 하지 않았다. 들 건너 멀리 바라보이는 정거장에서 연기가 물씬물씬 피어오르며 삐익 기적 소리가 들려 왔기 때문이다. 아들이 타고 내려올 기차는 점심 때가 가까워 도착한다는 것을 모르는 바 아니다. 해가 이제 겨우 산등성이 위로 한 뼘 가량 떠올랐으니, 오정이 되려면 아직 차례 먼 것이다. 그러나 그는 공연히 마음이 바빴다. 까짓것, 잠시 앉아 쉬면 뭐 할 기고.

손가락으로 한쪽 콧구멍을 누르면서 팽! 마른 코를 풀어 던졌다. 그리고 휘청휘청 고갯길을 내려가는 것이다.

내리막은 오르막에 비하면 아무것도 아니었다. 대고 팔을 흔들라치면 절로 굴러 내려가는 것이다. 만도는 오른쪽 팔만을 앞뒤로 흔들고 있었다. 왼쪽 팔은 조끼 주머니에 아무렇게나 쑤셔 넣고 있는 것이다. 삼대 독자가 죽다니 말이 되나. 살아서 돌아와야 일이 옳고말고, 그런데 병원에서 나온다하니 어디를 좀 다치기는 다친 모양이지만, 설마 나같이 이렇게사 되지 않았겠지. 만도는 왼쪽 조끼 주머니에 꽂힌 소맷자락을 내려다보았다. 그 소맷자락 속에는 아무것도 든 것이 없었다. 그저 소맷자락만이 어깨 밑으로 덜렁 처져 있는 것이다. 그래서 노상 그쪽은 조끼 주머니 속에 꽂혀 있는 것이다. 볼기짝이나 장딴지 같은 데를 총알이 약간 스쳐 갔을 따름이겠지. 나처럼 팔뚝 하나가 몽땅 달아날 지경이었다면 그 엄살스런 놈이 견뎌 냈을 턱이 없고말고. 슬머시 걱정이 되기도 하는 듯 그는 속으로 이런 소리를 주워 섬겼다.

내리막길은 빨랐다. 벌써 고갯마루가 저만큼 높이 쳐다보이는 것이다. 산모퉁이를 돌아서면 이제 들판이다. 내리막길을 쏘아 내려온 기운 그대로, 만도는 들길을 잰걸음 쳐 나가다가 개천 둑에 이르러서야 걸음을 멈추었다. 외나무다리가 놓여 있는 조그마한 시냇물이었다. 한여름 장마철에는 들어설라치면 배꼽이 묻히는 수도 있었지마는 요즈막엔 무릎이 잠길 듯 말듯 한 물인 것이다. 가을이 깊어지면서부터 물은 밑바닥이 환히 들여다보일 만큼 맑아져 갔다. 소리도 없이 미끄러져 내려가는 물을 가만히 내려다보고 있으면, 절로 잇속이 시려온다.

만도는 물 기슭에 내려가서 쭈그리고 앉아 한 손으로 고의춤을 뜯어 헤쳤다. 오줌을 찌익 깔기는 것이었다. 거울 면처럼 맑은 물위에 오줌이 가서 부글부글 끓어 오르며 뿌우연 거품을 이루니 여기저기서 물고기 떼가 모여든다. 제법 엄지손가락 만씩한 피리도 여러 마리다. 한 바가지 잡아서 회쳐 놓고 한잔 쭈욱 들이켰으면⋯⋯. 군침이 목구멍에서 꿀꺽했다. 고기 떼를 향해서 마른 코를 팽팽 풀어 던지고, 그는 외나무다리를 조심히 디뎠다.

길이가 얼마 되지 않는 다리였으나, 아래로 몸을 내려다보면 제법 어찔 했다. 그는 이 외나무다리를 퍽 조심한다.

언젠가 한번, 읍에서 술이 꽤 되어 가지고 흥청거리며 돌아오다가, 물에 굴러 떨어진 일이 있었던 것이다. 지나치는 사람이 없었기에 망정이지, 누가 보았더라면 큰 웃음거리가 될 뻔 했었다. 발목 하나를 약간 접질리었을 뿐, 크게 다친 데는 없었다. 이른 가을철이었기 때문에 옷을 벗어 둑에 널어놓고 말릴 수는 있었으나 여간 창피스러운 것이 아니었다. 옷이 말짱 젖었다거나 옷이 마를 때까지 발가벗고 기다려야 한다거나 해서가 아니었다. 팔뚝 하나가 몽땅 잘라져 나간 흉측한 몸뚱어리를 하늘 앞에 드러내 놓고 있어야 했기 때문이었다. 지나치는 사람이 있을라 치면, 하는 수 없이 물 속으로 뛰어 들어가서 얼굴만 내놓고 앉아 있었다. 물이 선뜩해서 아래턱이 덜덜거렸으나, 오그라 붙은 사타구니를 한 손으로 꽉 움켜쥐고 버티는 수밖에 없었다.

"흐흐흐⋯⋯"

그때 일을 생각하면 지금도 곧 웃음이 터져 나오는 것이다. 하늘로 쳐들린 콧구멍이 연방 벌름거렸다.

개천을 건너서 논두렁 길을 한참 부지런히 걸어가노라면 읍으로 들어가는 한길이 나선다. 도로변에 먼지를 부옇게 덮어쓰고 도사리고 앉아 있는 초가집은 주막이다. 만도가 읍에 나올 때마다 꼭 한번씩 들르곤 하는 단골집인 것이다. 이 집 눈썹이 짙은 여편네와는 예사로 농을 주고받는 사이다. 술방 문턱을 넘어서며 만도가

"서방님, 들어가신다."

하면 여편네는,

"아이 문둥아 어서 오느라."

하는 것이 인사처럼 되어 있었다. 만도는 여간 언짢은 일이 있어도 이 여편네의 궁둥이 곁에 가서 앉으면 속이 절로 쑥 내려가는 것이었다.

주막 앞을 지나치면서 만도는 술방 문을 열어 볼까 했으나, 방문 앞에 신이 여

러 켤레 널려 있고, 방안에서 웃음소리가 요란하기 때문에 돌아오는 길에 들르기로 했다. 신작로에 나서면 금시 읍이었다. 만도는 읍 들머리에서 잠시 망설이다가, 정거장 쪽과는 반대되는 방향으로 걸음을 옮겼다. 장거리를 찾아가는 것이었다. 진수가 돌아오는데 고등어나 한 손 사가지고 가야 될 거 아닌가 싶어서였다. 장날은 아니었으나, 고깃전에는 없는 고기가 없었다. 이것을 살까 하면 저것이 좋아 보이고 그것을 사러 가면 또 그 옆의 것이 먹음직해 보였다. 한참 이리저리 서성거리다가 결국은 고등어 한 손이었다. 그것을 달랑달랑 들고 정거장을 향해 가는데, 겨드랑 밑이 간질간질해 왔다. 그러나 한 쪽밖에 없는 손에 고등어를 들었으니 참 딱했다. 어깻죽지를 연방 위아래로 움직거리는 수밖에 없었다. 정거장 대합실에 들어선 만도는 먼저 벽에 걸린 시계부터 바라보았다. 두시 이십 분이었다. 벌써 두시 이십 분이니, 내가 잘못 보나? 아무리 두 눈을 씻고 보아도, 시계는 틀림없는 두시 이십분이었다. 한쪽 걸상에 가서 궁둥이를 붙이면서도 곧장 미심쩍어 했다. 두시 이십분이라니, 그럼 벌써 점심때가 겨웠단 말인가? 말도 아닌 것이다. 자세히 보니 시계는 유리가 깨어졌고 먼지가 꺼멓게 앉아 있었다. 그러면 그렇지. 엉터리였다. 벌써 그렇게 되었을 리가 없는 것이다.

"여보이소, 지금 몇 싱교?"

맞은편에 앉은 양복장이한테 물어 보았다.

"열시 사십분이오."

"예, 그렁교."

만도는 고개를 굽실하고는 두 눈을 연방 껌벅거렸다. 열시 사십 분이라, 보자 그럼 아직도 한 시간이나 나마 남았구나. 그는 안심이 되는 듯 후유 숨을 내쉬었다. 궐련을 한 개 빼 물고 불을 댕겼다. 정거장 대합실에 와서 이렇게 도사리고 앉아 있노라면, 만도는 곧잘 생각키는 일이 한 가지 있었다. 그 일이 머리에 떠오르면 등골을 찬 기운이 쫙 스쳐 내려가는 것이었다. 손가락이 시퍼렇게 굳어진 이끼 낀 나무토막 같은 팔뚝이 지금도 저만큼 눈앞에 보이는 듯하였다.

바로 이 정거장 마당에 백 명 남짓한 사람들이 모여 웅성거리고 있었다. 그 중에는 만도도 섞여 있었다. 기차를 기다리고 있는 것이었으나, 그들은 모두 자기네들이 어디로 가는 것인지 알지를 못했다. 그저 차를 타라면 탈 사람들이었다. 징용에 끌려나가는 사람들이었다. 그러니까, 지금으로부터 십 이삼년 옛날의 이야기인 것이다.

북해도 탄광으로 갈 것이라는 사람도 있었고 틀림없이 남양군도로 간다는 사람도 있었다. 더러는 만주로 가면 좋겠다고 하기도 했다. 만도는 북해도가 아니면 남양군도일 것이고, 거기도 아니면 만주겠지, 설마 저희들이 하늘 밖으로사 끌고 가겠느냐고 아무렇지도 않은 듯이 그 들창코로 담배 연기를 푹푹 내뿜고 있었다. 그러나 마음이 좀 덜 좋은 것은 마누라가 저쪽 변소 모퉁이 벚나무 밑에 우두커니 서서 한눈도 안 팔고 이쪽만을 바라보고 있는 때문이었다. 그래서 그는 주머니 속에 성냥을 두고도 옆 사람에게 불을 빌리자고 하여 슬며시 돌아서 버리곤 했다. 플랫폼(platform)으로 나가면서 뒤를 돌아보니 마누라는 울 밖에 서서 수건으로 코를 눌러대고 있는 것이었다. 만도는 코허리가 찡했다. 기차가 꽥꽥 소리를 지르면서 덜커덩! 하고 움직이기 시작했을 때는 정말 덜 좋았다. 눈앞이 뿌우옇게 흐려지는 것을 어쩌지 못했다. 그러나 정거장이 까맣게 멀어져 가고 차창 밖으로 새로운 풍경이 획획 날아들자, 그만 아무렇지도 않아지는 것이었다. 오히려 기분이 유쾌해지는 것 같기도 했다.

바다를 본 것도 처음이었고, 그처럼 큰배에 몸을 실어 본 것은 더구나 처음이었다. 배 밑창에 엎드려서 꽥꽥 게워내는 사람들이 많았으나, 만도는 그저 골이 좀 띵했을 뿐 아무렇지도 않았다. 더러는 하루에 두 개씩 주는 뭉치밥을 남기기도 했으나, 그는 한꺼번에 하루 것을 뚝딱해도 시원찮았다. 모두 내릴 준비를 하라는 명령이 떨어진 것은 사흘째 되는 날 황혼 때였다. 제가끔 봇짐을 챙기기에 바빴다. 만도는 호박 덩이만한 보따리를 옆구리에 덜렁 찼다. 갑판 위에 올라가 보니 하늘은 활활 타오르고 있고, 바닷물은 불에 녹은 쇠처럼 벌겋게 출렁거리고 있었다. 지금 막 태양이 물 위로 뚝딱 떨어져 가는 것이었다. 햇덩어리가 어쩌면 그렇게 크고 붉은지 정말 처음이었다. 그리고 바다 위에 주황빛으로 번쩍거리는 커다란 산이 둥둥 떠 있는 것이었다. 무시무시하도록 황홀한 광경에 모두들 딱 벌어진 입을 다물 줄 몰랐다. 만도는 어깨마루를 번쩍 들어 올리면서, 히야 고함을 질러댔다. 그러나, 섬에서 그들을 기다리고 있는 것은 숨막히는 더위와 강제 노동과 그리고 잠자리만씩이나 한 모기떼⋯⋯. 그런 것뿐이었다.

섬에다가 비행장을 닦는 것이었다. 모기에게 물려 혹이 된 자리를 벅벅 긁으며, 비 오듯 쏟아지는 땀을 무릅쓰고, 아침부터 해가 떨어질 때까지 산을 허물어 내고, 흙을 나르고 하기란, 고향에서 농사일에 뼈가 굳어진 몸에도 이만저만한 고역이 아니었다. 물도 입에 맞지 않았고, 음식도 이내 변하곤 해서 도저히 견디어 낼 것 같지가 않았다. 게다가 병까지 돌았다. 일을 하다가도 벌떡 자빠지기가 예사였다. 그러나 만도는 아침저녁으로 약간씩 설사를 했을 뿐, 넘어지지는 않았다. 물도 차츰 입에 맞아갔고, 고된 일도 날이 감에 따라 몸에 배어드는 것이었다. 밤에 날개를 치며 몰려드는 모기떼만 아니면 그냥 저냥 배겨내겠는데, 정말 그놈의 모기들만은 질색이었다.

사람의 일이란 무서운 것이었다. 그처럼 험난하던 산과 산 틈바구니에 비행장을 다듬어 내고야 말았던 것이다. 허나 일은 그것으로는 끝나는 것이 아니고, 오히려 더 벅찬 일이 닥치는 것이었다. 연합군의 비행기가 날아들면서부터 일은 밤중까지 계속되었다. 산허리에 굴을 파들어 가는 것이었다. 비행기를 집어넣을 굴이었다. 그리고 모든 시설을 다 굴속으로 옮겨야 하는 것이다.

여기저기서 다이너마이트 튀는 소리가 산을 흔들어댔다. 앵앵앵 하고 공습 경보가 나면 일을 하던 손을 놓고 모두 굴 바닥에 납작납작 엎드려 있어야 했다. 비행기가 돌아갈 때까지 그러고 있는 것이었다. 어떤 때는 근 한 시간 가까이나 엎드려 있어야 하는 때도 있었는데, 차라리 그것이 얼마나 편한지 몰랐다. 그래서 더러는 공습이 있기를 은근히 기다리기도 했다. 때로는 공습경보의 사이렌을 듣지 못하고 그냥 일을 계속하는 수도 있었다.

그럴 때는 모두 큰 손해를 보았다고 야단들이었다. 어떻게 된 셈인지 사이렌이 미처 불기 전에 비행기가 산등성이를 넘어 달려드는 수도 있었다. 그럴 때는 정말 질겁을 하는 것이었다. 가장 많은 손해를 입는 것도 그런 경우였다. 만도가 한 쪽 팔뚝을 잃어버린 것도 바로 그런 때의 일이었다.

어느 날과 다름없이 굴속에서 바위를 허물어 내고 있었다. 바위 틈서리에 구멍을 뚫어서 다이너마이트를 장치하는 것이었다. 장치가 다 되면 모두 바깥으로 나가고, 한 사람만 남아서 불을 당기는 것이다. 그리고 그것이 터지기 전에 얼른 밖으로 뛰어나와야 되었다. 만도가 불을 당기는 차례였다. 모두 바깥으로 나가 버린 다음 그는 성냥을 꺼냈다. 그런데 웬 영문인지 기분이 께름직했다. 모기에게 물린 자리가 자꾸 쑥쑥 쑤시는 것이다. 긁적긁적 긁어댔으나 도무지 시원한 맛이 없었다. 그는 이맛살을 찌푸리면서 성냥을 득 그었다. 그래 그런지 몰라도 불은 이내 픽 하고 꺼져 버렸다. 성냥 알맹이 네 개째에서 겨우 심지에 불이 댕겨졌다. 심지에 불이 붙는 것을 보자 그는 얼른 몸을 굴 밖으로 날렸다. 바깥으로 막 나서려는 때였다. 산이 무너지는 듯한 소리와 함께 사나운 바람이 귓전을 후려갈기는 것이었다. 만도는 정신이 아찔했다. 공습이었던 것이다. 산등성이를 넘어 달려든 비행기가 머리 위로 아슬아슬하게 지나는 것이었다. 미처 정신을 차리기도 전에 또 한 대가 뒤따라 날아드는 것이 아닌가. 만도는 그만 넋을 잃고 굴 안으로 도로 달려들었다. 달려들어가서 굴 바닥에 아무렇게나 팍 엎드러져 버리고 말았다. 고 순간이었다. 꽝! 굴 안이 미어지는 듯하면서 다이너마이트가 터졌다. 만도의 두 눈에서 불이 번쩍 났다.

만도가 어렴풋이 눈을 떠보니, 바로 거기 눈앞에 누구의 것인지 모를 팔뚝이 하나 놓여 있었다. 손가락이 시퍼렇게 굳어져서, 마치 이끼 낀 나무토막처럼 보이는 것이었다. 만도는 그것이 자기의 어깨에 붙어 있던 것인 줄을 알자, 그만 으악! 하고 정신을 잃어버렸다. 재차 눈을 떴을 때는, 그는 푹삭한 담요 속에 누워 있었고, 한쪽 어깨쭉지가 못 견디게 쿡쿡 쑤셔댔다. 절단 수술(切斷手術)은 이미 끝난 뒤였다.

쩨액—기차 소리였다. 멀리 산모퉁이를 돌아오는가 보다. 만도는 앉았던 자리를 털고 벌떡 일어서며, 옆에 놓아두었던 고등어를 집어들었다. 기적 소리가 가까워질수록 그의 가슴이 울렁거렸다. 대합실 밖으로 뛰어나가 홈이 잘 보이는 울타리 쪽으로 가서 발돋움을 하였다. 쩨랑쩨랑 하고 종이 울자, 한참만에 차는 소리를 지르면서 달려들었다. 기관차의 옆구리에서는 김이 픽픽 풍겨 나왔다. 만도의 얼굴은 바짝 긴장되었다. 시커먼 열차 속에서 꾸역꾸역 사람들이 밀려 나왔다. 꽤 많은 손님이 쏟아져 내리는 것이었다. 만도의 두 눈은 곧장 이리저리 굴렀다. 그러나 아들의 모습은 쉽사리 눈에 띄지 않았다. 저 쪽 출찰구로 밀려가는 사람의 물결 속에 두 개의 지팡이를 의지하고 절룩거리면서 걸어 나가는 상이군인이 있었으나, 만도는 그 사람에게 주의를 기울이지 않았다. 기차에서 내릴 사람은 모두 내렸는가 보다. 이제 미처 차에 오르지 못한 사람들이 플랫폼을 이리저리 서성거리고 있을 뿐인 것이다. 그 놈이 거짓으로 편지를 띄웠을 리는 없을 건데……. 만도는 자꾸 가슴이 떨렸다. 이상한 일이다, 하고 있을 때였다. 분명히 뒤에서.

"아부지!"

부르는 소리가 들렸다. 만도는 깜짝 놀라며, 얼른 뒤를 돌아보았다. 그 순간, 만도의 두 눈은 무섭도록 크게 떠지고, 입은 딱 벌어졌다. 틀림없는 아들이었으나, 옛날과 같은 진수는 아니었다. 양쪽 겨드랑이에 지팡이를 끼고 서 있는데, 스쳐 가는 바람결에 한쪽 바지가랑이가 펄럭거리는 것이 아닌가. 만도는 눈앞이 노래지는 것을 어쩌지 못했다. 한참 동안 그저 멍멍하기만 하다가 코허리가 찡해지면서 두 눈에 뜨거운 것이 핑 도는 것이었다.

"애라 이놈아!"

만도의 입술에서 모지게 튀어나온 첫마디였다. 떨리는 목소리였다. 고등어를 든 손이 불끈 주먹을 쥐고 있었다.
 "이기 무슨 꼴이고, 이기."
 "아부지!"
 "이놈아, 이놈아……"
 만도의 들창코가 크게 벌름하다가 훌쩍 물코를 들이마셨다. 진수의 두 눈에서는 어느 곁에 눈물이 꾀죄죄하게 흘러 내리고 있었다. 만도는 모든게 진수의 잘못이기나 한 듯 험한 얼굴로,
 "가자, 어서!"
 무뚝뚝한 한 마디를 내 던지고는 성큼성큼 앞장을 서 가는 것이었다. 진수는 입술에 내려와 묻는 짭짤한 것을 혀끝으로 날름 핥아 버리면서, 절름절름 아버지의 뒤를 따랐다. 앞장 서 가는 만도는 뒤따라오는 진수를 한번도 돌아보지 않았다. 한 눈을 파는 법도 없었다. 무겁디무거운 짐을 진 사람처럼 땅바닥만을 내려다보면, 이따금 끙끙거리면서 부지런히 걸어만 가는 것이었다. 지팡이에 몸을 의지하고 걷는 진수가 성한 사람의, 게다가 부지런히 걷는 걸음을 당해 낼 수는 도저히 없었다. 한 걸음 두 걸음씩 뒤지기 시작한 것이, 그만 작은 소리로 불러서는 들리지 않을 만큼 떨어져 버리고 말았다. 진수는 목구멍을 왈칵 넘어오려는 뜨거운 기운을 꾹 참느라고 어금니를 야물게 깨물어 보기도 하였다. 그리고 두 개의 지팡이와 한 개의 다리를 열심히 움직여대는 것이었다. 앞서 간 만도는 주막집 앞에 이르자, 비로소 한 번 뒤를 돌아보았다. 진수는 오다가 나무 밑에 서서 오줌을 누고 있었다. 지팡이는 땅바닥에 던져 놓고, 한 쪽 손으로 볼일을 보고, 한 손으로는 나무 둥치를 감싸안고 있는 모양이 을씨년스럽기 이를 데 없는 꼬락서니였다. 만도는 눈살을 찌푸리며, 으음! 하고 신음 소리 비슷한 무거운 소리를 내었다. 그리고 술방 앞으로 가서 방문을 왈칵 잡아당겼다.
 기역자판 안에 도사리고 앉아서, 속옷을 뒤집어 까고 이를 잡고 있던 여편네가 킥하고 웃으며 후닥닥 옷섶을 여몄다. 그러나 만도는 웃지를 않았다. 방문턱을 넘어 서며도 서방님 들어가신다는 소리를 지르지 않았다. 아마 이처럼 뚝뚝한 얼굴을 하고 이 술방에 들어서기란 처음일 것이다. 여편네가 멋도 모르고, "오늘은 서방님 아닌가배."
 하고 킬룩 웃었으나, 만도는 으음! 또 무거운 신음 소리를 했을 뿐 도시 기분을 내지 않았다. 기역자판 앞에 가서 쭈그리고 앉기가 바쁘게, "빨리 빨리."
 재촉이었다.

"핫다나, 어진간히도 바쁜가 배."
"빨리 꼬빼기로 한 사발 달라니까구마."
"오늘은 와 이카노?"
여편네가 쳐주는 술 사발을 받아 들며, 만도는 후유 — 하고 숨을 크게 내쉬었다. 그리고 입을 얼른 사발로 가져갔다. 꿀꿀꿀, 잘도 넘어가는 것이다. 그 큰 사발을 단숨에 말려 버리고는, 도로 여편네 눈앞으로 불쑥 내밀었다. 그렇게 거들빼기로 석 잔을 해치우고사 으으윽 하고 게트림을 했다. 여편네가 눈을 휘둥그레 해 가지고 혀를 내둘렀다. 빈속에 술을 그처럼 때려 마시고 보니, 금세 눈두덩이 확 확 달아오르고, 귀뿌리가 발갛게 익어 갔다. 술기가 얼근하게 돌자, 이제 좀 속이 풀리는 것 성싶어 방문을 열고 바깥을 내다보았다. 진수는 이마에 땀을 척척 흘리면서 다 와 가고 있었다.
"진수야!"
버럭 소리를 질렀다.
"이리 들어와 보래"
"……."
진수는 아무런 대꾸도 없이 어기적어기적 다가왔다. 다가와서 방문턱에 걸터앉으니까, 여편네가 보고, "방으로 좀 들어 오이소." 하였다.
"여기 좋심더."
그는 수세미 같은 손수건으로 이마와 코 언저리를 싹싹 닦아냈다.
"마, 아무데서나 묵어라. 저 — 국수 한 그릇 말아 주소."
"야."
"꼬빼기로 잘 좀……. 참지름도 치소, 알았능교?"
"야아."
여편네는 코로 히죽 웃으면서 만도의 옆구리를 살짝 꼬집고는, 소쿠리에서 삶은 국수 두 뭉텅이를 집어 들었다.
진수가 국수를 훌훌 끌어넣고 있을 때, 여편네는 만도의 귓전으로 얼굴을 갖다 댔다.
"아들이가?"
만도는 고개를 약간 앞뒤로 끄덕거렸을 뿐, 좋은 기색을 하지 않았다. 진수가 국물을 훌쩍 들이마시고 나자, 만도는
"한 그릇 더 묵을래?"

하였다.

"아니예."

"한 그릇 더 묵지 와."

"고만 묵을랍니더."

진수는 입술을 싹 닦으며 뿌시시 자리에서 일어났다.

주막을 나선 그들 부자는 논두렁길로 접어들었다. 아까와 같이 만도가 앞장을 서는 것이 아니라, 이번에는 진수를 앞세웠다. 지팡이를 짚고 찌긋둥 찌긋둥 앞서 가는 아들의 뒷모습을 바라보며, 팔뚝이 하나밖에 없는 아버지가 느릿느릿 따라가는 것이다. 손에 매달린 고등어가 대고 달랑달랑 춤을 추었다. 너무 급하게 들이마셔서 그런지, 만도의 뱃속에서는 우글우글 술이 끓고, 다리가 휘청거렸다. 콧구멍으로 더운 숨을 훅훅 내불어 보니 정신이 아른해서 역시 좋았다.

"진수야!"

"예."

"니 우야다가 그래 댔노?"

"전쟁하다가 이래 안 댔심니꼬. 수류탄 쪼가리에 맞았심더."

"수류탄 쪼가리에?"

"예."

"음."

"얼른 낫지 않고 막 썩어 들어가기 땜에 군의관이 짤라 버립디더. 병원에서예. 아부지!"

"와?"

"이래 가지고 나 우째 살까 싶습니더."

"우째 살긴 뭘 우째 살아? 목숨만 붙어 있으면 다 사는 기다. 그런 소리 하지 말아"

"……"

"나 봐라. 팔뚝이 하나 없어도 잘만 안 사나. 남 봄에 좀 덜 좋아서 그렇지, 살기사 왜 못 살아."

"차라리 아부지같이 팔이 하나 없는 편이 낫겠어예. 다리가 없어놓니 첫째 걸어 댕기기에 불편해서 똑 죽겠심더."

"야야. 안 그렇다. 걸어댕기기만 하면 뭐 하노, 손을 지대로 놀려야 일이 뜻대로 되지."

제10과 **수난 이대**

"그럴까예?"
"그렇다니, 그러니까 집에 앉아서 할 일은 니가 하고, 나댕기메 할 일은 내가 하고, 그라면 안 되겠나, 그제?"
"예."
진수는 아버지를 돌아보며 대답했다. 만도는 돌아보는 아들의 얼굴을 향해 지긋이 웃어주었다. 술을 마시고 나면 이내 오줌이 마려워지는 것이다. 만도는 길가에 아무데나 쭈그리고 앉아서 고기 묶음을 입에 물려고 하였다. 그것을 본 진수는
"아부지, 그 고등어 이리 주이소,"
하였다. 팔이 하나밖에 없는 몸으로 물건을 손에 든 채 소변을 볼 수는 없는 것이다. 아버지가 볼일을 마칠 때까지, 진수는 저만치 떨어져 서서 지팡이를 한쪽 손에 모아 쥐고, 다른 손으로는 고등어를 들고 있었다. 볼일을 다 본 만도는 얼른 가서 아들의 손에서 고등어를 다시 받아 든다.
개천 둑에 이르렀다. 외나무다리가 놓여 있는 그 시냇물이다. 진수는 슬그머니 걱정이 되었다. 물은 그렇게 깊은 것 같지 않지만, 밑바닥이 모래흙이어서 지팡이를 짚고 건너가기가 만만할 것 같지 않기 때문이었다. 외나무다리는 도저히 건너갈 재주가 없고……. 진수는 하는 수 없이 둑에 퍼지고 앉아서 바지가랑이를 걷어 올리기 시작했다. 만도는 잠시 멀뚱히 서서 아들의 하는 양을 내려다보고 있다가,
"진수야, 그만두고 자아 업자."하는 것이었다.
"업고 건느면 일이 다 되는 거 아니가. 자아 이거 받아라."
고등어 묶음을 진수 앞으로 민다.
"……."
진수는 퍽 난처해 하면서, 못 이기는 듯이 그것을 받아 들었다. 만도는 등허리를 아들 앞에 갖다 대고, 하나밖에 없는 팔을 뒤로 버쩍 내밀며,
"자아, 어서!"
진수는 지팡이와 고등어를 각각 한 손에 쥐고, 아버지의 등허리로 가서 슬그머니 업혔다. 만도는 팔뚝을 뒤로 돌려서, 아들의 하나뿐인 다리를 꼭 안았다. 그리고 "팔로 내 목을 감아야 될 끼다."
했다. 진수는 무척 황송한 듯 한쪽 눈을 찍 감으면서, 고등어와 지팡이를 든 두 팔로 아버지의 굵은 목줄기를 부둥켜안았다. 만도는 아랫배에 힘을 주며, '끙!' 하고 일어났다. 아랫도리가 약간 후들거렸으나 걸어갈 만은 했다. 외나무다리 위로

조심조심 발을 내디디며 만도는 속으로, 이제 새파랗게 젊은 놈이 벌써 이게 무슨 꼴이고. 세상을 잘못 만나서 진수 니 신세도 참 똥이다, 똥. 이런 소리를 주워섬겼고, 아버지의 등에 업힌 진수는 곧장 미안스러운 얼굴을 하며, '나꺼정 이렇게 되다니, 아부지도 참 복도 더럽게 없지. 차라리 내가 죽어 버렸더라면 나았을 낀데…….' 하고 중얼거렸다.

　만도는 아직 술기가 약간 있었으나, 용케 몸을 가누며 아들을 업고 외나무다리를 조심조심 건너가는 것이었다. 눈앞에 우뚝 솟은 용머리재가 이 광경을 가만히 내려다보고 있었다.

갈기다	[동]	① 힘차게 때리거나 치다.
아무개	[명]	어떤 사람을 구체적인 이름 대신 이르는 인칭 대명사.
용머리재	[명]	용머리 모양의 고개의 이름.
올라채다	[동]	① 움직이던 탄력을 이용하여 꼭대기에 오르다.
		② 힘들여 꼭대기에 이르다.
펄럭거리다	[동]	바람에 빠르고 힘차게 잇따라 나부끼다.
뻐근하다	[형]	① 근육이 몹시 피로하여 몸을 움직이기가 매우 거북스럽고 살이 뻐개지는 듯하다.
		② 어떤 느낌으로 꽉 차서 가슴이 뻐개지는 듯하다.
물씬물씬	[부]	① 코를 푹 찌르도록 매우 심한 냄새가 자꾸 나는 모양.
		② 김이나 연기, 먼지 따위가 자꾸 무럭무럭 피어오르는 모양.
기적	[명]	기차나 배 따위에서 증기를 내뿜는 힘으로 경적 소리를 내는 장치. 또는 그 소리.
산등성이	[명]	산의 등줄기.
뼘	[명]	엄지손가락과 다른 손가락을 완전히 펴서 벌

제10과 **수난 이대**

		렸을 때에 두 끝 사이의 거리.
휘청휘청	[부]	① 가늘고 긴 것이 탄력 있게 휘어지며 느리게 자꾸 흔들리는 모양.
		② 걸을 때 다리에 힘이 없어 똑바로 걷지 못하고 휘우듬하게 자꾸 흔들리는 모양.
절로	[부]	'저리로'의 준말.
엄살스럽다	[형]	고통이나 어려움을 거짓으로 꾸미거나 실제보다 보태어서 나타내는 태도가 있다.
주워 섬기다	[동]	들은 대로 본 대로 이러저러한 말을 아무렇게나 늘어놓다.
산모퉁이	[명]	산기슭의 쑥 내민 귀퉁이.
요즈막	[명]	바로 얼마 전부터 이제까지에 이르는 가까운 때.
들여다보이다	[동]	'들여다보다'의 피동사.
시리다	[형]	① 몸의 한 부분이 찬 기운으로 인해 추위를 느낄 정도로 차다.
		② 찬 것 따위가 닿아 통증이 있다.
		③ {주로 '눈'과 함께 쓰여} 빛이 강하여 바로 보기 어렵다.
고의춤	[명]	고의나 바지의 허리를 접어서 여민 사이.
부글부글	[부]	① 많은 양의 액체가 잇따라 야단스럽게 끓는 소리. 또는 그 모양.
		② 큰 거품이 잇따라 일어나는 소리. 또는 그 모양.
		③ 착잡하거나 언짢은 생각이 뒤섞여 마음이 자꾸 들볶이는 모양.
뿌우옇다	[형]	=뿌옇다.
		① 연기나 안개가 낀 것처럼 선명하지 못하고 좀 허옇다.
		② 살갗이나 얼굴 따위가 허옇고 멀겋다.
어찔하다	[형]	갑자기 정신이 아득하고 어지럽다.
흥청거리다	[동]	① 흥에 겨워서 마음껏 거드럭거리다.
		② 재산이 넉넉하여 돈이나 물건 따위를 아끼

		지 아니하고 함부로 쓰다.
말짱	[부]	속속들이 모두.
몸뚱어리	[명]	'몸뚱이'를 속되게 이르는 말.
흉측	[명]	=흉악망측.
덜덜거리다	[동]	① 춥거나 무서워서 몸이 자꾸 몹시 떨리다. 또는 그렇게 하다.
		② 큰 바퀴 따위가 단단한 바닥을 구르며 흔들리는 소리가 자꾸 나다. 또는 그런 소리를 자꾸 내다.
사타구니	[명]	'샅'을 낮잡아 이르는 말.
벌름거리다	[동]	탄력 있는 물체가 부드럽고 넓게 자꾸 벌어졌다 우므러졌다 하다. 또는 그렇게 되게 하다.
논두렁	[명]	<농업> 물이 괴어 있도록 논의 가장자리를 흙으로 둘러막은 두둑.
도사리다	[동]	① 두 다리를 모아 꼬부려 왼쪽 발을 오른쪽 무릎 아래에 괴고 오른쪽 발을 왼쪽 무릎 아래 괴고 앉다.
		② 팔다리를 함께 모으고 몸을 웅크리다.
여편네	[명]	① 결혼한 여자를 낮잡아 이르는 말.
		② 자기 아내를 낮잡아 이르는 말.
예사로	[부]	① 보통 일처럼 아무렇지도 아니하게.
		② 그저 그만하게.
궁둥이	[명]	① 엉덩이의 아랫부분. 앉으면 바닥에 닿는 근육이 많은 부분이다.
		② 옷에서, 엉덩이의 아래가 닿는 부분.
들머리	[명]	① 들어가는 맨 첫머리.
		② 들의 한쪽 옆이나 한쪽 가장자리.
어깻죽지	[명]	어깨에 팔이 붙은 부분.
대합실	[명]	공공시설에서 손님이 기다리며 머물 수 있도록 마련한 곳.
미심쩍다	[형]	분명하지 못하여 마음이 놓이지 않다.
등골	[명]	등 한가운데로 길게 고랑이 진 곳.
좍	[부]	① 넓은 범위나 여러 갈래로 흩어져 퍼지는

		모양.
		② 비나 물 따위가 갑자기 쏟아지는 소리. 또는 그 모양.
		③ 거침없이 읽거나 말하거나 행동하는 모양.
웅성거리다	[동]	여러 사람이 모여 소란스럽게 떠드는 소리가 자꾸 나다.
징용	[명]	<법률> 전시·사변 또는 이에 준하는 비상사태에, 국가의 권력으로 국민을 강제적으로 일정한 업무에 종사시키는 일.
우두커니	[부]	넋이 나간 듯이 가만히 한 자리에 서 있거나 앉아 있는 모양.
찡하다	[형]	감동을 받아 속이 뻐근하다.
꽥꽥	[부]	갑자기 목청을 높여 자꾸 지르는 소리. 또는 그 모양.
덜커덩	[부]	크고 단단한 물건이 부딪쳐 울리는 소리. '덜거덩'보다 조금 거센 느낌을 준다.
휙휙	[부]	① 잇따라 재빨리 움직이거나 스치는 모양.
		② 바람이 잇따라 아주 세게 부는 소리. 또는 그 모양.
		③ 잇따라 아주 세게 던지거나 뿌리치는 모양.
		④ 일을 잇따라 빨리 해치우는 모양.
		⑤ 조금 길고 힘 있게 휘파람 따위를 잇따라 부는 소리. 또는 그 모양.
띵하다	[형]	울리듯 아프고 정신이 흐릿하다.
밑창	[명]	① 신의 바닥 밑에 붙이는 창.
		② 맨 밑바닥.
뚝딱	[부]	① 일을 거침없이 손쉽게 해치우는 모양.
		② 단단한 물건을 조금 가볍게 두드리는 소리.
봇짐	[명]	등에 지기 위하여 물건을 보자기에 싸서 꾸린 짐.
갑판	[명]	군함과 같은 큰 배 위에 나무나 철판으로 깔아 놓은 넓고 평평한 바닥.
우쭐렁거리다	[동]	'우쭐거리다'의 잘못.

무시무시하다	[형]	몹시 무서운 느낌이 있다.
건덕지	[명][방언]	'건더기'의 방언(전남).
벅벅	[부]	① 여무지게 자꾸 긁거나 문대는 소리. 또는 그 모양.
		② 엷고 질긴 종이나 천 따위를 자꾸 찢는 소리. 또는 그 모양.
험난하다	[형]	① 지세가 다니기에 위험하고 어렵다.
		② 험하여 고생스럽다.
틈바구니	[명]	'틈'을 낮잡아 이르는 말.
다이너마이트	[명]	<화학> 니트로글리세린을 규조토, 목탄, 면화약 따위에 흡수시켜 만든 폭발약. 1866년 스웨덴의 노벨이 발명하였다.
납작납작	[부]	① 말대답을 하거나 무엇을 받아먹을 때 입을 냉큼냉큼 벌렸다 닫았다 하는 모양.
		② 몸을 바닥에 바짝 대고 냉큼냉큼 엎드리는 모양.
사이렌	[명]	많은 공기 구멍이 뚫린 원판을 빠른 속도로 돌려 공기의 진동으로 소리를 내는 장치. 또는 그 소리. 신호, 경보 따위에 쓴다.
질겁하다	[동]	뜻밖의 일에 자지러질 정도로 깜짝 놀라다.
틈서리	[명]	틈이 난 부분의 가장자리.
께름직하다	[형]	'꺼림칙하다'의 잘못. 매우 꺼림하다
긁적긁적	[부]	① 손톱이나 뾰족한 기구 따위로 바닥이나 거죽을 자꾸 문지르는 모양.
		② 되는대로 글이나 그림 따위를 자꾸 마구 쓰거나 그리는 모양.
알맹이	[명]	① 물건의 껍데기나 껍질을 벗기고 남은 속 부분.
		② 사물의 핵심이 되는 중요한 부분.
심지	[명]	① 등잔, 남포등, 초 따위에 불을 붙이기 위하여 꼬아서 꽂은 실오라기나 헝겊.
		② 남포, 폭탄 따위를 터뜨리기 위하여 불을 붙이게 되어 있는 줄.

미어지다	[동]	① 팽팽한 가죽이나 종이 따위가 해어져서 구멍이 나다.
		② 가득 차서 터질 듯하다.
발돋움	[명]	① 키를 돋우려고 발밑을 괴고 서거나 발끝만 디디고 섬.
		② 어떤 지향(志向)하는 상태나 위치 따위로 나아감.
픽픽	[부]	① 지쳐서 맥없이 가볍게 자꾸 쓰러질 때 나는 소리. 또는 그 모양.
		② 다물었던 입술을 터뜨리면서 싱겁게 자꾸 웃을 때 나는 소리. 또는 그 모양.
		③ 막혔던 공기가 힘없이 자꾸 터져 나올 때 나는 소리. 또는 그 모양.
		④ 실, 새끼 따위가 힘없이 자꾸 쉽게 끊어질 때 나는 소리. 또는 그 모양.
		⑤ 물건을 자꾸 갑자기 휙 던질 때 나는 소리. 또는 그 모양.
꾸역꾸역	[부]	① 음식 따위를 한꺼번에 입에 많이 넣고 잇따라 씹는 모양.
		② 한군데로 많은 사람이나 사물이 잇따라 몰려가거나 들어오는 모양.
		③ 어떤 마음이 계속 생기거나 치미는 모양.
출찰구	[명]	① 승차권 따위를 파는 창구.
		② 차나 배에서 내린 손님이 표를 내고 나가거나 나오는 곳.
절룩거리다	[동]	걸을 때에 자꾸 다리를 몹시 절다.
서성거리다	[동]	한곳에 서 있지 않고 자꾸 주위를 왔다 갔다 하다.
불끈	[부]	① 물체 따위가 두드러지게 치밀거나 솟아오르거나 떠오르는 모양.
		② 흥분하여 성을 월컥 내는 모양.
		③ 주먹에 힘을 주어 꽉 쥐는 모양.
꾀죄죄하다	[형]	① 옷차림이나 모양새가 매우 지저분하고 궁

		상스럽다. '괴죄죄하다'보다 센 느낌을 준다.
		② 마음 씀씀이나 하는 짓이 매우 좀스럽고 옹졸하다. '괴죄죄하다'보다 센 느낌을 준다.
짭짤하다	[형]	① 감칠맛이 있게 조금 짜다.
		② 일이나 행동이 규모 있고 야무지다.
		③ 일이 잘되어 실속이 있다.
		④ 물건이 실속 있고 값지다.
날름	[부]	① 혀, 손 따위를 날쌔게 내밀었다 들이는 모양.
		② 무엇을 날쌔게 받아 가지는 모양.
		③ 불길이 밖으로 날쌔게 나왔다 들어가는 모양.
절름절름	[부]	한쪽 다리가 짧거나 다치거나 하여 걷거나 뛸 때 몸이 한쪽으로 자꾸 거볍게 기우뚱하는 모양.
야물다	[형]	① 일 처리나 언행이 옹골차고 야무지다.
		② 사람됨이나 씀씀이 따위가 퍽 옹골차고 헤프지 않다.
둥치	[명]	큰 나무의 밑동.
을씨년스럽다	[형]	보기에 날씨나 분위기 따위가 몹시 스산하고 쓸쓸한 데가 있다.
꼬락서니	[명]	'꼴'을 낮잡아 이르는 말.
후닥닥	[부]	① 갑자기 마구 뛰거나 몸을 일으키는 모양.
		② 일을 급하게 서둘러 아주 빨리 해치우는 모양.
		③ 문 따위를 갑자기 세게 열어젖히는 소리. 또는 그 모양.
옷섶	[명]	저고리나 두루마기 따위의 깃 아래쪽에 달린 길쭉한 헝겊.
도시	[부]	도무지.

쭈그리다	[동]	① 누르거나 욱여서 부피를 작게 만들다.
		② 팔다리를 우그려 몸을 작게 움츠리다.
게트림	[명]	거만스럽게 거드름을 피우며 하는 트림.
눈두덩	[명]	눈언저리의 두두룩한 곳.
얼근하다	[형]	① 매워서 입 안이 조금 얼얼하다.
		② 술이 취하여 정신이 조금 어렴풋하다.
어기적어기적	[부]	① 팔다리를 부자연스럽고 크게 움직이며 천천히 걷는 모양.
		② 음식 따위를 입 안에 가득 넣고 천천히 씹어 먹는 모양.
히죽	[부]	만족스러운 듯이 슬쩍 한 번 웃는 모양.
소쿠리	[명]	대나 싸리로 엮어 테가 있게 만든 그릇.
뭉텅이	[명]	한데 뭉치어 이룬 큰 덩이.
느릿느릿	[부]	동작이 재지 못하고 매우 느린 모양.
우글우글	[부]	① 그릇에서 물이나 찌개 따위가 자꾸 요란스럽게 끓어오르는 소리. 또는 그 모양.
		② 벌레나 짐승, 사람 따위가 한곳에 빽빽하게 많이 모여 자꾸 움직이는 모양.
아른하다	[형][북한어]	① 무엇이 희미하게 보이는 듯 마는 듯하다.
		② 그런 것 같기도 하고 아닌 것 같기도 하여 아렴풋하다.
멀뚱하다	[형]	눈빛이나 정신 따위가 생기가 없고 멀겋다.
부둥켜안다	[동]	두 팔로 꼭 끌어 안다.
아랫도리	[명]	① 허리 아래의 부분.
		② =아랫도리옷.
가누다	[동]	① 몸을 바른 자세로 가지다.
		② 기운이나 정신, 숨결 따위를 가다듬어 차리다.
		③ 말이나 행동 따위를 가다듬어 바로잡다.

보충지식

1. 상용 부사

* 일절: (사물을 부인하거나 금하는 말과 어울려서) 아주. 도무지. 결코. 전혀. ☞ 면회는 일절 금한다./발길을 일절 끊다. (참고)일체
* 잔뜩: 더할 수 없는 데까지. 꽉 차게. ☞ 화가 잔뜩 나다./음식을 잔뜩 담다.
* 재주껏: 있는 재주를 다하여.
* 정성껏: 정성을 다하여

2. 속담 및 관용구

* 우물 안 개구리: '견문이 좁아서 세상 견문을 모르는 사람'을 비유하여 이르는 말.
* 우물에서 숭늉 찾듯: 성격이 급한 사람을 비유하여 이르는 말.
* 울며 겨자 먹기: 하기 싫은 일을 마지못해 함을 이르는 말.
* 원숭이도 나무에서 떨어질 때가 있다: 나무에 잘 오르는 원숭이도 나무에서 떨어질 때가 있듯이 재주가 좋은 사람도 실수할 때가 있음을 이르는 말.
* 윗물이 맑아야 아래물이 맑다: 윗사람의 행실이 깨끗해야 아랫사람의 행실도 깨끗하다는 뜻.
* 입에 침이 마르다: 남을 아주 좋게 말하다.

3. 관용표현

* -(는)답시고 -(이)랍시고

 주어가 어떤 일을 잘하려고 하거나 혹은 자랑스러운 상태로 만들려고 하는데 화자가 보기에는 그 결과가 만족스럽지 않아 빈정거릴 때 쓴다.
 ☞ 설거지를 도와준답시고 접시를 깨뜨렸어요.

☞ 너는 그것도 영어랍시고 미국 사람들 앞에서 말하는 거니?
☞ 친구랍시고 부탁을 했더니 거절하는구나.

* -(기)그지없다/한이 없다

'-기'와 결합한 명사형에 '끝이 없다'를 뜻하는 '그지없다/한이 없다'가 결합한 것으로, '-기' 다음에 오는 주격조사 '가'가 생략되기도 한다. 주로 동사의 상태가 끝이 없을 정도로 심함을 나타낸다.
☞ 창밖으로 보이는 바다의 경치는 아름답기 그지없었다.
☞ 군대 생활은 지루하기가 한이 없는 것입니다.

* -(으)을 망정

동사에 붙어서 선행절을 후행절에 종속적으로 연결하는데, 부사 '비록'과 자주 같이 쓴다. 선행절의 사실을 인정하나 그것에 매이지 않고 후행절의 사실도 인정함을 나타낸다.
☞ 몸은 떠나 있을 망정 마음만은 항상 네 곁에 있다.
☞ 비록 임대아파트에 살 망정 자가용은 있다.
☞ 노점상을 할 망정 남에게 폐는 안 끼칩니다.

* -는(은)/-(으)을 판에

여러 사람이 모여서 일이 시끄럽게 북적거리거나 어수선한 일이 벌어짐을 나타낸다.
☞ 남은 해고를 당하는 판에 일을 할 수 있는 것만도 감사하지요.
☞ 친구가 죽어가는 판에 돈 생각할 수 있습니까?
☞ 밑지고 파는 판인데 더 깎아 달라고요?

* -(을)턱이 있다/없다

관형사어미(을)과 '까닭, 이유'를 나타내는 의존명사 '턱'과 주격조사 '-이', 서술어 '있다/없다'가 결합한 형태로서 동사에 붙어서 쓰인다. 서술문에서 '없다'를 쓰고 의문문에는 '있다'를 써서 없음을 강하게 표현한다. 점잖은 표현에는 쓰지 않는다. 그런, 또는 이유가 없음을 나타낸다.
☞ 날마다 늦게 들어오는 사람이 이렇게 일찍 들어올 턱이 없어요.
☞ 뚱뚱한 엄마를 닮았으니 내가 날씬할 턱이 없지요.
☞ 단점은 자꾸 지적해주는 나를 좋아할 턱이 있어요?

연습문제

● 1. 다음 괄호 안에 알맞은 것을 고르십시오.

(1) 양 팀의 국가가 (   ) 울려 퍼지면 장내가 차분히 정리되고, 국가가 끝나면 바로 경기가 시작된다.
　① 경건하게　② 느긋하게　③ 시끄럽게　④ 침착하게

(2) 신인상 부문에서는 대학 최고의 선수로 군림하던 박현수가 사실상 (   ) 1순위 후보로 손꼽히고 있다.
　① 유력한　② 깨끗히　③ 평등한　④ 변화한

(3) 그는 당황하지 않고 (   ) 혼자 대책을 궁리하였다.
　① 곰곰히　② 또렷이　③ 일일이　④ 천천히

(4) 그 가수는 십 대 청소년들을 (   )의 도가니로 몰아넣었다.
　① 열성　② 갈채　③ 열광　④ 열렬

(5) 아파트 담장을 따라 자전거 도로를 개설하고 (   ) 분위기의 담장도 아름다운 화단으로 정비하였다.
　① 촉촉한　② 칙칙한　③ 빳빳한　④ 단단히

● 2. 다음 밑줄 친 부분이 틀린 것을 고르십시오.

(1) (　　)
　① 깔끔한 외모와 출중한 능력이 그 사람의 매력이야.
　② 취업에 대한 시원찮은 전망이 우리에게 희망을 준다.
　③ 꾸깃꾸깃한 옷을 다림질도 하지 않고 입으면 어떡하니?
　④ 빠듯한 시간도 쪼개서 쓰는 것이 시간을 잘 쓰는 방법이야.

(2) (　　)
　① 요즘 그렇게 성실한 사람은 가뭄에 콩 나듯이 흔하다.
　② 그 과학자가 일어서자 사람들이 쥐 죽은 듯이 조용해졌다.
　③ 어머니가 내 머리에 손을 얹자 두통이 씻은 듯이 나은 것 같았다.

제10과 수난 이대

④ 그 말 한 마디에 모임의 분위기가 일순간 찬물을 끼얹은 듯이 조용해졌다.

(3) ( )
① 그는 밤이 이슥해서야 돌아왔다.
② 어디선가 귀에 능숙한 목소리가 들려온다.
③ 아침이면 풀포기마다 맺힌 밤이슬이 햇살에 반짝인다.
④ 소설을 읽어 내려가는 동안에 한두 번은 눈시울이 뜨거워지는 구절들이 있다.

(4) ( )
① 그는 사람들이 잠든 사이에 소리를 죽이고 그곳을 빠져나왔다.
② 그는 부모님 가슴에 못을 박는 불효를 저질렀다.
③ 그 배우가 나타나자 광장에 사람들이 하늘같이 모여들었다.
④ 그렇게 공부를 안 하니 시험에 떨어질 것이 불 보듯 뻔하다.

3. 다음 글을 읽고 물음에 답하십시오.

사람은 충족이 안 된 욕구가 있어야 움직이게 마련이다. 배가 고파야 어느 음식이든 반갑고 고맙다. 이미 배가 부른 사람에게는 산해진미를 (㉠) 좋아할 리가 없다. 성장 과정에서 부족함을 경험해야 성취 동기가 강하게 형성되고 성인이 되었을 때 왕성하게 발동하는 것이다. 어릴 때 해 달라는 대로 다 해 준다면 무력한 사람이 되기 쉽고, 그런 사람에게는 ㉡어떤 일을 이루고자 하는 욕구가 형성될 수 없다.

(1) ㉠에 알맞은 말을 고르십시오.
① 주다가는   ② 준다느니
③ 준다 할지라도   ④ 준다고 하더니

(2) ㉡과 바꾸어 쓸 수 있는 말을 본문에서 찾아 쓰십시오.
( )

4. 다음은 어떤 종류의 글인지 고르십시오.

(1) 김홍도 작품의 소재는 이렇듯 사람들의 땀 냄새가 흠씬 배어 나는, 진실한 삶의 모습을 대상으로 합니다. 화가 김홍도는 농부들이 새참 먹는 모습을 보곤 잠시 발을 멈추었겠지요. 그리고 그는 집을 짓기도 하고, 벼 타작을 하고, 씨름 한 판을 벌이는가 싶더니, 서당에서 졸기도 하고, 더러는 지나가는 여인네를 몰래 훔쳐보기까지 합니다.

① 영화평　　　　　　　② 책 소개문
③ 독서 감상문　　　　　④ 미술 작품 해설

(2) 방망이는 나무를 둥글고 길게 깎아서 무엇을 두드리거나 다듬는 데 쓰이는 몽둥이이고, 홍두깨는 다듬이질 하는 데 쓰이는 길고 굵직한 몽둥이이다. '가는 방망이, 오는 홍두깨'라는 속담은 작은 다듬이 방망이로 남을 때렸는데, 저쪽에서 방망이보다 몇 갑절이나 길고 큰 것으로 앙갚음을 한다는 뜻으로, 다시 말하면 내가 남에게 조금 잘못하면 나에게 더 큰 해가 돌아올 수도 있다는 뜻이다.

① 대상을 평가하는 글　　② 주장을 내세우는 글
③ 대상을 설명하는 글　　④ 체험과 감상을 쓴 글

5. 다음 글을 읽고 물음에 답하십시오.

　　세상 모든 일에 처음부터 크고 작고, 중요하고 사소한 것이 따로 있었던 것은 아닐 것이다. 삶의 방식과 편의에 따라 만들어진 잣대가 어느새 그런 가치를 규정해 버렸다. 가진 사람 혹은 힘이 있는 사람 중심으로 잣대를 들이대다 보면 더 큰 집, 더 많은 돈이 살아가는 목표인 양 중요한 것이 될 테지만 세상에는 가난한 사람들의 소박한 잣대도, 어린 아이의 순수한 잣대도 있다는 것을 알아야 한다.

　　모두가 남보다 먼저 산꼭대기에 깃발을 꽂으려 안간힘을 쓸 때, ㉠나는 꼭대기로 향하는 그 긴 행렬에서 빠져 나와 골짜기 숲 속 길을 누비고 싶어진다. 길가에 흔들리는 들꽃, 어린아이의 웃음소리, 늙어 버린 어머니의 주름살, 함께 치는 손뼉, 뒷골목 쓰레기통을 뒤지는 똥개……. 이런 (㉡) 일상의 하루하루를 어루만지다 보면 그 안에 깃들인 참다운 삶과 생명의 힘을 느끼게 된다.

(1) ㉠의 의미를 가장 알맞게 설명한 것을 고르십시오.
　① 숲 속으로 걸어가고 싶다.
　② 삶의 소중함을 지키고 싶다.
　③ 경쟁 사회에서 도망가고 싶다.
　④ 혼자서 당당히 이겨내고 싶다.
(2) ㉡에 들어갈 알맞은 말을 고르십시오.
　① 중요한　　② 사소한　　③ 치열한　　④ 아름다운

6. 다음 글을 읽고 물음에 답하십시오.

　국토의 최남단, 전라남도 강진과 해남 일대의 답사길을 ㉠나는 오래 전부터 '남도 답사 1번지'라고 부르고 있다. 강진과 해남은 우리 역사 속에서 단 한 번도 무대의 전면에 부상하여 화려하게 조명을 받아 본 일이 없으니, 그 옛날의 영광을 말해 주는 대단한 유적과 유물이 남아 있을 리 없는 곳이다. 지금도 어쩌다 우리 같은 ㉡답사객의 발길이나 닿는 한적하고 조용한 고장으로, 그 옛날에는 은둔자의 낙향지이거나 ㉢유배객의 귀양지였을 따름이다.

　그러나 이 답사길에는 아름다운 향토적 서정과 역사의 체취가 은은하게 살아 있다. 이 고장에는 유배 생활을 하면서 뜻있게 살다 간 사람들이 이루어 낸 문화 유산이 있고, 흙 속에 살다 간 ㉣도공의 애잔한 삶의 발자취가 어려 있다. 그리고 지금도 변함없이 순박하고 건강하게 살아가는 ㉤농민들의 토속적 생활을 엿볼 수 있을 뿐 아니라, 조국 강산의 아름다움을 느끼게 하는 산과 들과 바다가 있다. 그래서 나는 이 곳을 주저 없이 '남도 답사 1번지'라고 불러 온 것이다.

(1) 이 글의 종류를 고르십시오.
　① 기행문　　② 설명문　　③ 안내문　　④ 논설문
(2) 이 사람이 ㉠과 같이 하는 이유와 관계 없는 것을 고르십시오.
　① 자연의 아름다움을 느낄 수 있다.
　② 유명한 유적과 유물이 많은 곳이다.
　③ 농민들의 토속적인 생활을 엿볼 수 있다.
　④ 이곳에 살던 사람들의 흔적을 느낄 수 있다.

(3) ⓒ~⑩ 중 성격이 다른 것을 고르십시오.
① ⓒ　　　　② ⓓ　　　　③ ⓔ　　　　④ ⑩

7. 다음을 읽고 물음에 답하십시오.

최근 청소년들 사이에 동영상이 엄청난 인기를 끌고 있다. 자신이 제작해 인터넷에 올린 동영상이 유명해져 연예인 못지않은 인기를 누리는 경우도 있다. 도대체 동영상의 인기 비결은 무엇일까? 우선 글로는 표현할 수 없는 세계가 동영상에서는 가능하다. 또한 동영상은 자신을 드러내고 싶은 청소년들의 욕구를 충족시키는 데 가장 적합한 매체이다. 카메라나 휴대전화만 있으면 누구나 쉽게 동영상을 찍어 올릴 수 있기 때문이다. 이처럼 동영상은 보는 재미 뿐만 아니라 직접 만드는 재미를 알게 해 준다. 그리고 보는 사람 입장에서는 기존 매체에서는 볼 수 없었던 새롭고 다양한 내용이 흥미를 주고 시간의 제약이 없어 언제든지 쉽게 볼 수 있다는 장점이 있다.

(1) 이 글에서 동영상을 바라보는 필자의 태도로 가장 알맞은 것을 고르십시오.
① 실감난다　　　　② 경이롭다
③ 번거롭다　　　　④ 매력적이다

(2) 이 글의 내용과 같은 것을 고르십시오.
① 동영상의 표현 기법에는 제약이 없다.
② 동영상은 참신하고 다채로운 소재를 다룬다.
③ 동영상으로 유명해지면 부와 명예가 주어진다.
④ 동영상 제작 과정에서 욕구 불만을 해소할 수 있다.

8. 다음 중국어 내용을 한국어로, 한국어 내용을 중국어로 번역하십시오.

1) 客方在宴席上的告别词

尊敬的女士、先生们！

我们对贵国的访问即将圆满结束，明天就要启程回国了。在临别前夕，我谨代表代表团全体同仁，对贵方给予我们的大力协助和热情款待表示衷心的感谢。

我们在访问贵国期间,参观了贵国的交易会,通过这个展示贵国建设成就的窗口,进一步增进了对你们国家的了解。访问期间我们就贸易问题进行了商谈,在平等互利的基础上签订了贸易合同。此外,这次访问也加深了我们之间的理解和友谊。俗话说:"好的开端是成功的一半。"相信我们的贸易合作与友好关系将会进一步得到发展。

借此机会,我们再一次感谢贵国政府以及贵公司所给予的一切帮助。

盼望各位尽快到我国访问,以便我们能有机会作为东道主来答谢你们的热情帮助和款待。

最后,望各位举杯:

为我们之间的贸易合作和友谊的进一步发展,

为所有在座朋友的健康,

干杯!

(2) 석가는 무엇을 위하여 설산(雪山)에서 고행을 하였으며, 예수는 무엇을 위하여 황야에서 방황하였으며, 공자는 무엇을 위하여 천하를 두루 유람하였는가? 밥을 위하여서, 옷을 위하여서, 미인을 얻기 위하여서 그리 하였는가? 아니다. 그들은 커다란 이상, 곧 만천하의 대중을 품에 안고, 그들에게 밝은 길을 찾아주며, 그들을 행복스럽고 평화스러운 곳으로 인도하겠다는 커다란 이상을 품었기 때문이다.

그러므로 비록 그들의 삶은 짧았지만, 그들의 영향은 천고에 사라지지 않을 것이다.

9. 제시된 표현을 순서대로 모두 사용해서 <　　> 안의 주제에 대한 문장을 만드십시오. (한 문장, 50자 내외)

(1) < 청소년기 독서의 필요성 >

경험의 폭 / 가능하다 / 다양한 분야 / 접하다

(　　　　　　　　　　　　　)

(2) < 출산율 저하의 사회적 문제점 >

고령화 / 노동력 감소 / 발전의 저해 요인 / 작용하다

(　　　　　　　　　　　　　)

10. 다음을 읽고 700~800자로 글을 쓰십시오.

> '올바른 인터넷 사용 태도'에 대한 자신의 견해를 서술하십시오. 단, 아래 제시한 <올바른 인터넷 사용 태도의 예> 중에서 <u>세 가지를 선택</u>하여 쓰되, 각각의 태도를 지키지 않았을 경우에 나타나는 <u>부작용의 예를 포함</u>해야 합니다.
>
> < 올바른 인터넷 사용 태도의 예 >
> 상대방의 인격 존중하기 / 타인의 사생활 보호하기 / 의견 차이 인정하기 / 바른 언어 사용하기 / 정확한 정보 올리기

* **원고지 쓰기의 예**

	일	회	용		차	의		간	편	함	에		익	숙
한		우	리	에	게		전	통	차	의		향	기	를
맡	는		기	회	가		그	렇	게		많	지		않

제11과 눈길(1)

이청준

1. 작가 소개

이청준 (1939~2008), 소설가. 정치·사회적인 메커니즘과 그 횡포에 대한 인간 정신의 대결 관계를 주로 형상화하였다. 동인문학상, 이상문학상 등을 수상하였다. 사후 금관문화훈장이 추서되었다. 대표작으로 《소문의 벽》(1971), 《조율사》(1972), 《들어보면 아시겠지만》(1972), 《떠도는 말들》(1973), 《이어도》(1974), 《낮은 목소리로》(1974), 《자서전들 쓰십시다》(1976), 《서편제》(1976), 《불을 머금은 항아리》(1977), 《잔인한 도시》(1978), 《살아있는 늪》(1979), 《춤추는 사제》(1979), 《흐르지 않는 강》(1979), 《낮은 데로 임하소서》(1981), 《따뜻한 강》(1986), 《아리아리 강강》(1988), 《자유의 문》(1989) 등 여러 편의 소설집과 수필집 《작가의 작은 손》을 비롯해, 희곡 《제3의 신》(1982) 등이 있다.

2. 작품 감상

작가 이청준의 단편소설 〈눈길〉은 공간적인 면에서 보자면 전남 장흥의 고향집에서 시작돼 고향집에서 끝나는 소설이다. 그리고 인과관계에서 보자면 어머니에서 시작돼 어머니에서 끝나는 소설이다. 작가 이청준은 공사석을 막론하고 '내 소설의 기둥은 어머니'라고 말해왔다. 그러므로 〈눈길〉은 이청준 문학의 원형질을 탐색하는 좋은 텍스트라고 할 수 있다.

근대화의 과정에서 점차 사라지고 있는 전통의 '효(孝)'에 대한 문제를 조명하고 있는 이 작품은 물질적 가치에 젖어 있는 이기적인 자식과 그 자식에 대한 노모의 사랑이 대조되고 있다. 아들인 '나'는 자수성가하여 도

> 시에 정착해 있는데, 노모는 사후를 위해 집을 개축하려고 하는 의사를 비친다. 그러나 '나'는 노모의 의사를 못들은 척하고 귀경을 서두른다. 이때 아내는 노모의 사랑으로 남편의 마음을 돌리려고 애를 쓴다.
>
> ### 3. 생각해 볼 문제 (제12과 포함)
> ① '눈길'의 의미에 대해서 생각해 보세요.
> ② 작품 속에서 '빛'이 나타내는 대조적인 의미에 대해서 생각해 보세요.
> ③ 화자가 마지막에 눈물을 흘리는 이유는 무엇인지 생각해 보세요.
> ④ '어머니'라는 말을 하면 떠오르는 이미지, 그것이 갖는 상징적 의미에 대해서 생각해 보세요.

1

"내일 아침 올라가야겠어요."

점심상을 물러나 앉으면서 나는 마침내 입 속에서 별러 오던 소리를 내뱉어 버렸다. 노인과 아내가 동시에 밥숟가락을 멈추며 나의 얼굴을 멀거니 건너다본다.

"내일 아침 올라가다니. 이참에도 또 그렇게 쉽게?"

노인은 결국 숟가락을 상위로 내려놓으며 믿기지 않는다는 듯 되묻고 있었다. 나는 이제 내친걸음이었다. 어차피 일이 그렇게 될 바엔 말이 나온 김에 매듭을 분명히 지어 두지 않으면 안 되었다.

"예, 내일 아침에 올라가겠어요. 방학을 얻어 온 학생 팔자도 아닌데, 남들 일할 때 저라고 이렇게 한가할 수가 있나요. 급하게 맡아 놓은 일도 한두 가지가 아니고요."

"그래도 한 며칠 쉬어 가지 않고……. 난 해필 이런 더운 때를 골라 왔길래 이참에는 며칠 좀 쉬어 갈 줄 알았더니……."

"제가 무슨 더운 때 추운 때를 가려 살 여유나 있습니까."

"그래도 그 먼 길을 이렇게 단걸음에 되돌아가기야 하겠냐. 넌 항상 한동자로만 왔다가 선걸음에 새벽길을 나서곤 하더라마는……. 이번에는 너 혼자도 아니고……. 하룻밤이나 차분히 좀 쉬어 가도록 하거라."

"오늘 하루는 쉬었지 않아요. 하루를 쉬어도 제 일은 사흘을 버리는걸요. 찻길이 훨씬 나아졌다곤 하지만 여기선 아직도 서울이 천릿길이라 오는 데 하루, 가는 데 하루……."

"급한 일은 우선 좀 마무리를 지어 놓고 오지 않구선……."
노인 대신 이번에는 아내 쪽에서 나를 원망스럽게 건너다보았다. 그건 물론 나의 주변머리를 탓하고 있는 게 아니었다. 내게 그처럼 급한 일이 없다는 걸 그녀는 알고 있었다. 서울을 떠나올 때 급한 일들은 미리 다 처리해 둔 것을 그녀에게는 내가 말을 해 줬으니까. 그리고 이번에는 좀 홀가분한 기분으로 여름여행을 겸해 며칠 동안이라도 노인을 찾아보자고 내 편에서 먼저 제의를 했었으니까. 그녀는 나의 참을성 없는 심경의 변화를 나무라고 있는 것이었다. 그리고 그 매정스런 결단을 원망하고 있는 것이었다. 까닭 없는 연민과 애원기 같은 것이 서려 있는 그녀의 눈길이 그것을 더욱 분명히 하고 있었다.

"그래, 일이 그리 바쁘다면 가 봐야 하기는 하겠구나. 바쁜 일을 받아 놓고 온 사람을 붙잡는다고 들을 일이겠냐."
한동안 입을 다물고 앉아 있던 노인이 마침내 체념을 한 듯 다시 입을 열었다.

"항상 그렇게 바쁜 사람인 줄은 안다마는, 에미라고 이렇게 먼길을 찾아와도 편한 잠자리 하나 못 마련해 주는 내 맘이 아쉬워 그랬던 것 같구나."
말을 끝내고 무연스런 표정으로 장죽 끝에 풍년초를 꾹꾹 눌러 담기 시작한다. 너무도 간단한 체념이었다.

담배통에 풍년초를 눌러 담고 있는 그 노인의 얼굴에는 아내에게서와 같은 어떤 원망기 같은 것도 찾아볼 수 없었다. 당신 곁을 조급히 떠나고 싶어하는 그 매정스런 아들에 대한 아쉬움 같은 것도 엿볼 수가 없었다.

성냥불도 붙이려 하지 않고 언제까지나 그 풍년초 담배만 꾹꾹 눌러 채우고 앉아 있는 눈길은 차라리 무표정에 가까운 것이었다.

나는 그 너무도 간단한 노인의 체념에 오히려 불쑥 짜증이 치솟았다.
나는 마침내 자리를 일어섰다. 그리고는 그 노인의 무표정에 밀려나기라도 하듯 방문을 나왔다.

장지문 밖 마당가에 작은 치자나무 한 그루가 한낮의 땡볕을 견디고 서 있었다.

2

지열이 후끈거리는 뒤꼍 콩밭 한가운데에 오리나무 무성한 묘지가 하나 있었다. 그 오리나무 그늘에 숨어 앉아 콩밭 아래로 내려다보니 집이라고 생긴 게 꼭 습지에 돋아 오른 여름 버섯 형상을 닮아 있었다.

나는 금세 어디서 묵은 빚 문서라도 불쑥 불거져 나올 것 같은 조마조마한 기분이었다. 애초의 허물은 그 빌어먹을 비좁고 음습한 단칸 오두막 때문이었다. 묵은 빚이 불거져 나올 것 같은 불편스런 기분이 들게 해 오는 것도 그랬고, 처음 예정을 뒤바꿔 하루 만에 다시 길을 되돌아 갈 작정을 내리게 한 것 역시 그러했다. 하지만, 내게 빚은 없었다. 노인에 대해선 처음부터 빚이 있을 수 없는 떳떳한 처지였다.

노인도 물론 그 점에 대해선 나를 완전히 신용하고 있었다.
"내 나이 일흔이 다 됐는데, 이제 또 남은 세상이 있으면 얼마나 길라더냐."
이가 완전히 삭아 없어져서 음식 섭생이 몹시 불편스러워진 노인을 보고 언젠가 내가 지나가는 말처럼 권해 본 일이 있었다. 싸구려 가치라도 해 끼우는 게 어떻겠느냐는 나의 말 선심에 애초부터 그래 줄 가망이 없어 보여 그랬던지 노인은 단자리에서 사양을 해 버리는 것이었다.
"이럭저럭 지내다 이대로 가면 그만일 육신, 이제 와 늘그막에 웬 딴 세상을 보겠다고……."
한 번은 또 치질기가 몹시 심해져서 배변을 무척 힘들어하시는 걸 보고 수술 같은 걸 권해 본 일도 있었다. 노인은 그 때도 역시 비슷한 대답이었다.
"나이를 먹어도 아녀자는 아녀자다. 어떻게 남의 눈에 궂은 데를 보이겠더냐. 그냥 저냥 참다 갈란다."
남은 세상이 얼마 길지 못하리라는 체념 때문에도 그랬겠지만, 그 보다 노인은 아무것도 아들에겐 주장하거나 돌려받을 것이 없는 당신의 처지를 감득하고 있는 탓에도 그리 된 것이었다.
고등학교 1학년 때 형의 주벽으로 가계가 파산을 겪은 뒤부터, 그리고 마침내 그 형이 세 조카아이와 그 아이들의 홀어머니까지를 포함한 모든 장남의 책임을 내게 떠맡기고 세상을 떠난 뒤부터 일은 줄곧 그렇게만 되어 온 셈이었다. 고등학교와 대학교와 군영 3년을 치러 내는 동안 노인은 내게 아무것도 낳아 기르는 사람의 몫을 못 했고, 나는 또 나대로 그 고등학교와 대학과 군영의 의무를 치르고 나와서도 자식놈의 도리는 엄두를 못 냈다. 노인이 내게 베푼 바가 없어서가 아니라 그럴 처지가 못 되었기 때문이다. 나는 나대로 형이 내게 떠맡기고 간 장남의 책임을 감당하기를 사양치 않을 수가 없었기 때문이었다.
노인과 나는 결국 그런 식으로 서로 주고받을 것이 없는 처지였다. 노인은 누구보다 그것을 잘 알고 있었다. 그렇기 때문에 내게 대해선 소망도 원망도 있을 수 없었다. 그런 노인이었다. 한데 이번에는 웬일인지 노인의 눈치가 이상했다. 글쎄 그 가치나 수술마저 한사코 사양을 해 온 노인이, 나이 여든에서 겨우 두 해가 모자란 늘그막에 와서야 새삼스레 다시 딴 세상 희망이 생긴 것일까?
노인은 아무래도 엉뚱한 꿈을 꾸고 있는 것 같았다. 그것은 너무나 엄청난 꿈이었다. 지붕 개량 사업이 애초의 허물이었다.
"집집마다 모두 도단 아니면 기와들을 얹는단다."
노인은 처음 남의 말을 하듯이 집 이야기를 꺼냈었다. 어제 저녁 때 노인과 셋이서 잠자리를 들기 전이었다. 밤이 이슥해서 형수는 뒤늦게 조카들을 데리고 이웃집으로 잠자리를 얻어 나가 버리고, 우리는 노인과 셋이서 그 비좁은 오두막 단칸방에다 잠자리를 함께 폈다.
어기영차! 어기영…. 그때 어디선가 밤일을 하는 남정들의 합창 소리가 왁자하게 부풀어올랐다. 귀를 기울이고 듣고 있다가 무슨 소리냐니까 노인이 문득 생각난 듯이 귀띔을 해 왔다.
"동네가 너도나도 집들을 고쳐 짓느라 밤잠을 안 자고 저 야단들이구나."
농어촌 지붕 개량 사업이라는 것이었다. 통일벼가 보급된 후로는 집집마다 그 초가지붕 개초가 어렵게 되었단다. 초봄부터 시작된 지붕 개량 사업은 그래저래 제격이었다. 지붕을 개량하면 정부 보조금 5만 원을 얻는다는 것이었다. 모심기가 시작되기 전 봄철 한때 하고 모심기가 끝난 초여름께부터 지금까지 마을 집들 거의가 일을 끝냈단다.
나는 처음 그런 노인의 이야기를 들었을 때 무턱대고 가슴부터 덜렁 내려앉고 있었다. 노인에 대한 빚 생각이 처음으로 머릿속에 떠오른 순간이었다. 이 노인이 쓸데없는 소망을 지니면 어쩌나? 하지만, 나는 곧 마음을 가라앉혔다. 무엇보다도 나는 노인에 대해서 빚이란 게 없었다. 노인이 그걸 잊었을 리 없었다. 그리고 그런 아들에게 섣부른 주문을 내색할 리 없었다. 전부터도 그 점만은 안심을 할 만한 노인의 성깔이었다. 한데다가 그 노인이 설령 어떤 어울리잖을 소망을 지닌다 해도 이번에는 그 집 꼴이 문제 밖이었다. 도대체가 기와고 도단이고 지붕을 가꿀 만한 집 꼴이 못 되었다. 그래저래 노인도 소망을 지녀 볼 엄두를 못 낸 모양이었다. 이야기하는 말투가 영락없이 남의 일이었다.
하지만 사실은 그게 오해였다. 노인의 속마음은 그게 아니었다.
"관에서 하는 일이라면 이 집에도 몇 번 이야기가 있었겠군요?"
사태를 너무 낙관한 나머지 위로 겸해 한마디 실없는 소리를 내 놓은 것이 나의 실수였다.
노인은 다시 자리를 일어나 앉았다. 그리고 머리맡에 놓아 둔 장죽 끝에다 풍년초 한 줌을 쏘아 박기 시작했다.

"왜 우리 집이라 말썽이 없었더라냐."

노인은 여전히 남의 말을 옮기듯 덤덤히 말했다.

"이장이 쫓아와 뜸을 들이고, 면에서 나와서 으름장을 놓고 가고……. 그런 일이 한두 번뿐이었으면야……. 나중엔 숫제 자기들 쪽에서 사정 조로 나오더라."

"그래 어머닌 뭐라고 우겼어요?"

나는 아직도 노인의 진심을 모르고 있었다.

"우길 것도 뭣도 없는 일 아니겠냐? 지 놈들도 눈깔이 제대로 박힌 인간들인 것인디……. 사정을 해 오면 나도 똑같이 사정을 했더니라. 늙은이도 사람인디 나라고 어디 좋은 집 살고 싶은 맘이 없겠소? 맘으로야 천번 만번 우리도 남들같이 기와도 입히고 기둥도 갈아내고 하고는 싶지만, 이 집 꼴을 좀 들여다 보시오들. 이 오막살이 흙집 꼴에다 어디 기와를 얹고 말 것이 있겠소……?"

"그랬더니요?"

"그랬더니 몇 번 더 발길을 스쳐 가더니 그 담엔 흐지부지 말이 없더라. 지 놈들도 이 집 꼴을 보면 사정을 모를 청맹과니들이라더냐?"

노인은 그 거칠고 굵은 엄지손가락 끝으로 뜨거운 장죽 끝을 눌러 대고 있었다.

"그 친구들, 아마 이 동네를 백 퍼센트 지붕 개량으로 모범 마을을 만들고 싶어 그랬던 모양이군요."

나는 왠지 기분이 씁쓸하여 그런 식으로 그만 이야기를 얼버무려 넘기려고 하였다. 그런데 그게 오히려 결정적인 실수였다.

"하기사 그 사람들도 그런 소리들을 하더라. 오늘 밤일을 하고 있는 저 집을 끝내고 나면 이제 이 동네에서 지붕 개량을 안 한 집은 우리하고 저 아랫동네 순심이네 두 집밖엔 안 남는다니까 말이다."

"그래도 동네 듣기 좋은 모범 마을 만들자고 이런 집에까지 꼭 기와를 얹으라 하겠어요."

"그래 말이다. 차라리 지붕에 기와나 도난만 없으랬으면 우리도 두 눈 딱 감고 한번 저질러 보고 싶기도 하더라마는, 이런 집은 아예 터부터 성주를 다시 할 집이라 그렇제……."

모범 마을이 꼬투리가 되어서 이야기가 다시 엉뚱한 곳으로 번지고 있었다. 나는 비로소 다시 가슴이 섬짓해 왔다. 하지만, 이미 때가 너무 늦고 말았다.

"하기사 말이 쉬운 지붕 개량이지, 알속은 실상 새 성주를 하는 집도 여러 집 된

단다."
　한번 이야기를 꺼낸 노인이 거기서부터는 새삼 마을 사정을 소상하게 털어놓기 시작했다.
　그 지붕 개량 사업이라는 것은 알고 보니 사실 융통성이 꽤나 많은 일이었다. 원칙은 그저 초가지붕을 벗기고 기와나 도단을 얹은 것이었지만, 기와의 하중을 견뎌 내기 위해선 기둥을 몇 개쯤 성한 것으로 갈아 넣어야 할 집들이 허다했다. 그걸 구실로 대부분의 사람들은 성주를 새로 하듯 집들을 터부터 고쳐 지어 버렸다. 노인에게도 물론 그런 권유가 여러 번 들어왔다. 기둥이 허술해서 기와를 못 얹는다는 건 구실일 뿐이었다.
　허술한 기둥을 구실로 끝끝내 기와 얹기를 미뤄 온 집이 세 가구가 있었는데 이날 밤에 또 한 집이 새 성주를 위해서 밤일을 벌이고 있다는 것이었다. 노인이 기와 얹기를 단념한 것은 집 기둥이 너무 허약해서가 아니었다. 노인은 새 성주가 겁이 나 일을 단념할 수밖에 없었던 것이다. 허술한 기둥만 믿을 수가 없었다. 일은 아직도 낙관할 수 없었다. 나는 불시에 다시 그 노인에 대한 나의 빚만을 생각하고 있었다.
　노인도 거기서 한동안은 그저 꺼져 가는 장죽불에만 신경을 쏟고 있었다. 하더니 이윽고는 더 이상 소망을 숨기기가 어려운 듯 가는 한숨을 삼키는 것이었다. 그러고는 그 한숨 끝에다 무심결인 듯 덧붙이고 있었다.
　"이참에 웬만하면 우리도 여기다 방 한 칸쯤이나 더 늘여 내고 지붕도 도단으로 얹어 버리면 싶긴 하더라만……."
　마침내 노인이 당신의 소망을 내비친 것이었다.
　"오늘 당할지 내일 당할지 모를 일이기는 하다만, 날짐승만도 못한 목숨이 이리 모질기만 하다 보니 별의별 생각이 다 드는구나. 저런 옷궤 하나도 간수할 곳이 없어 이리 밀치고 저리 밀치다 보면 어떤 땐 그저 일을 저질러 버리고 싶은 생각이 꿀떡 같아지기도 하고……."
　노인은 결국 그런 식으로 당신의 소망을 분명히 해 버리고 만 셈이었다. 지금은 아니더라도 적어도 그런 소망을 지녔던 것만은 분명히 한 것이다.
　나는 이제 할 말이 없었다. 눈을 감은 채 듣고만 있었다. 노인에 대해선 빚이 없음을 골백번 속으로 다짐하고 있었다.
　"이번에는 면에서도 그냥 흐지부지 지나가 주더라만 내년엔 또 이번처럼 어떻게 잠잠해 주기나 할는지……. 하기사 면 사람들 무서워 집을 고친다고 할 수도 없는 노릇이제. 늙은이 냄새가 싫어 그런지 그래도 한데서 등짝 붙이고 누울 만한 방 놔두고 밤마다 남의 집으로 잠자릴 얻어 다니는 저것들 에미 꼴도 모른 체하지는 못할 일이니라."

　내가 아예 대꾸를 않으니까 노인은 이제 혼잣말 비슷이 푸념을 계속했다. 듣다 보니 그 노인의 머릿속엔 이미 꽤 구체적인 계획표까지 마련되어 있었던 것 같았다.

　"나라에서 보조금을 5만원이나 내 주겠다. 일을 일단 저지르고 들었더라면 큰돈이야 얼마나 더 들 일이 있었을라더냐……. 남정네가 없어 남들처럼 일손을 구하기가 쉽진 못했겠지만, 네 형수가 여름 한철만 밭을 매 주기로 했으면 건넛집 용석이 아배라도 그냥 모른 체하지는 않았을 것이다……."

　흙일을 돌볼 사람은 그 용석이 아버지에게 부탁을 하고 기둥을 갈아 낼 나무 가대는 이장네 산에서 헐값으로 몇 개를 부탁해 볼 수가 있었다는 것이다.

　노인의 장죽 끝에는 이제 불기가 꺼져 식어 있었다. 노인은 연신 그 불이 꺼진 장죽을 빨아 대면서, 한사코 그 보조금 5만원과 이웃의 도움이 아까워서라도 일을 단념하기가 아쉬웠다는 투였다.

　하지만, 노인은 그러면서도 끝끝내 내게 대한 주장이나 원망의 빛을 보이진 않았다. 이야기의 형식은 어디까지나 과거의 일로서 그런 생각을 해봤을 뿐이고, 그럴 뻔했다는 말일 뿐이었다. 그리고 그런 식으로 나에 대해선 어떤 형식으로도 직접적인 부담감을 느끼게 하지 않으려는 식이었다. 말하는 목소리도 끝끝내 그 체념 기가 짙은 특유의 침착성을 잃지 않은 채였다.

　"하지만 다 소용 없는 일이다. 세상 일이 그렇게 맘같이만 된다면야 나이 먹고 늙은 걸 설워 안 할 사람이 있을라더냐. 나이를 먹으면 애기가 된다더니 이게 다 나이 먹고 늙어 가는 노망기 한가지제."

　종당에는 그 당신의 은밀스런 소망조차도 당신 자신의 실없는 노망기 탓으로 돌리고 있었다.

　하지만, 나는 이제 노인의 내심을 못 알아볼 리 없었다. 한 마디 말참견도 없이 눈을 감고 잠이 든 체 잠잠히 누워만 있던 아내까지도 그것을 분명히 눈치채고 있었다.

　"당신, 어젯밤 어머니 말씀에 그렇게밖에 응대해 드릴 방법이 없었어요?"

　오늘 아침, 아내는 마당가로 세숫물을 떠 들고 나왔다가 낮은 소리로 추궁을 해 왔다. 그때 나는 아내에게 그저 쓸데없는 참견 말라는 듯 눈매를 잔뜩 깎아 떠 보였었다. 아내는 그러는 나를 차라리 경멸조로 나무랐다.
 "당신은 참 엉뚱한데서 독해요. 늙은 노인네가 가엾지도 않으세요. 말씀이라도 좀 더 따뜻하게 위로를 드릴 수 있었을 텐데 말이에요."
 아내도 분명 노인의 말뜻을 알아듣고 있었다. 그리고 나보다도 노인의 일을 걱정하고 있었다. 노인에 대한 나의 속마음도 속속들이 모두 읽고 있는 게 당연했다. 내일 아침으로 서둘러 서울로 되돌아가겠노라는 나의 결정에 아내가 은근히 분개하고 나선 것도 그런 사연을 모두 알고 있었기 때문이었다. 한다고 그년들 무슨 뾰족한 수가 있을 수가 있는가.
 어쨌든 노인이 이제라도 그 집을 새로 짓고 싶어하고 있는 건 분명했다. 아무래도 알 수가 없는 일이었다. 아닌게아니라 나이를 먹으면 노인들은 모두 어린애가 되어 가는 것일까. 노인은 정말로 내게 빚이 없다는 사실을 잊어버리고 만 것일까. 노인의 말처럼 그건 일테면 노망기가 분명했다. 그런 염치도 못 가릴 정도로 노인은 그렇게 늙어 버린 것이었다. 하지만, 나는 굳이 노인의 그런 노망기를 원망할 필요도 없었다. 문제는 서로간의 빚의 문제였다. 노인에 대해 빚이 없다는 사실만이 내게는 중요했다. 염치가 없어져서건 노망을 해서건 노인에 대해 내가 갚아야 할 빚만 없으면 그만인 것이다.
 '빚이 있을 리 없지. 절대로! 글쎄 노인도 그걸 알고 있으니까 정면으로는 말을 꺼내지 못하질 않던가 말이다.'
 어디선가 계속 무덥고 게으른 매미 울음소리가 들려왔다.
 나는 비로소 자신을 굳힌 듯 오리나무 그늘에서 몸을 힘차게 일으켜 세웠다. 콩밭 아래로 흘러 뻗은 마을이 눈앞으로 멀리 펼쳐져 나갔다. 거기 과연 아직 초가지붕을 이고 있는 건 노인네의 그 버섯 모양의 오두막과 아랫동네의 다른 한 채가 전부였다.
 '빌어먹을! 그 지붕 개량 사업인지 뭔지 하필 이런 때 법석들이지?'
 아무래도 심기가 편할 수는 없었다. 나는 공연히 그 지붕 개량 사업 쪽에다 애꿎은 저주를 보내고 있었다.

단어

벼르다	[동]	어떤 일을 이루려고 마음속으로 준비를 단단히 하고 기회를 엿보다.
멀거니	[부]	정신없이 물끄러미 보고 있는 모양.
내친걸음	[명]	① 이왕 나선 걸음. ② 이왕에 시작한 일.
해필	[부]	=하필(何必).
한동자	[명]	끼니를 마친 후에 새로 밥을 짓는 일.
선걸음	[명]	이미 내디뎌 걷고 있는 그대로의 걸음.
주변머리	[명]	'주변'을 속되게 이르는 말.
홀가분하다	[형]	① 거추장스럽지 아니하고 가뿐하다. ② 다루기가 만만하여 대수롭지 아니하다.
나무라다	[동]	① 잘못을 꾸짖어 알아듣도록 말하다. ② 흠을 지적하여 말하다.
매정스럽다	[형]	얄미울 정도로 쌀쌀맞고 인정이 없는 듯하다.
무연스럽다	[형]	아득하게 너르다.
장죽	[명]	긴 담뱃대.
풍년초	[명]	담배속.
장지문	[명]	<건설> 지게문에 장지 짝을 덧들인 문.
치자나무	[명]	<식물> 꼭두서닛과의 상록 활엽 관목. 높이는 1~4미터이며, 잎은 마주나고 긴 타원형이다.
땡볕	[명]	따갑게 내리쬐는 뜨거운 볕.
지열	[명]	<지리> ① 지구 안에 본디부터 있는 열. 밑으로 내려갈수록 점점 뜨거워진다. ② 햇볕을 받아 땅 표면에서 나는 열.
뒤꼍	[명]	집 뒤에 있는 뜰이나 마당.
오리나무	[명]	<식물> ① 자작나뭇과의 덤불오리나무, 두메오리나무, 물오리나무, 잔털오리나무 따위를 통틀어 이르는 말. ② 자작나뭇과의 낙엽 활엽 교목. 높이는 20

		미터 정도이며, 잎은 어긋나고 타원형 또는 피침 모양으로 가장자리에 톱니가 있다.
묵다	[동]	① 일정한 때를 지나서 오래된 상태가 되다. ② 방이나 논 따위가 사용되지 않은 채 그대로 남다.
조마조마하다	[형]	닥쳐올 일에 대하여 염려가 되어 마음이 초조하고 불안하다.
허물	[명]	① 잘못 저지른 실수. ② =흉.
떳떳하다	[형]	굽힐 것이 없이 당당하다.
섭생	[명]	=양생(養生). ① 병에 걸리지 아니하도록 건강 관리를 잘하여 오래 살기를 꾀함. ② 병의 조리를 잘하여 회복을 꾀함.
가치	[명]	=의치(義齒). 이가 빠진 자리에 만들어 박은 가짜 이.
선심	[명]	① 선량한 마음. ② 남에게 베푸는 후한 마음.
단자리	[명]	그 자리.
늘그막	[명]	늙어 가는 무렵.
치질	[명]	<의학> 항문 안팎에 생기는 외과적 질병을 통틀어 이르는 말. 치루, 치핵, 치열 따위가 있다.
궂다	[형]	① 비나 눈이 내려 날씨가 나쁘다. ② 언짢고 나쁘다.
감득하다	[동]	① 느껴서 알다. ② 영감으로 깨달아 알다.
주벽	[명]	① =술버릇. ② 술을 매우 좋아하는 버릇.
치르다	[동]	① 무슨 일을 겪어 내다. ② 아침, 점심 따위를 먹다.
한사코	[부]	죽기로 기를 쓰고.
도단	[명]	지붕을 이는 양철판을 의미하는 경상도 사투리.

이슥하다	[형]	① 밤이 꽤 깊다.
		② 지난 시간이 얼마간 오래다.
왁자하다	[형]	정신이 어지러울 만큼 떠들썩하다.
귀띔	[명]	상대편이 눈치로 알아차릴 수 있도록 미리 슬그머니 일깨워 줌.
통일벼	[명]	<농업> 벼 품종의 하나.
개초	[명]	① =이엉.
		② 이엉으로 지붕을 임.
모심기	[명]	<농업> =모내기. 모를 못자리에서 논으로 옮겨 심는 일.
제격	[명]	그 지닌 바의 정도나 신분에 알맞은 격식.
섣부르다	[형]	솜씨가 설고 어설프다.
성깔	[명]	거친 성질을 부리는 버릇이나 태도. 또는 그 성질.
영락없다	[형]	조금도 틀리지 아니하고 꼭 들어맞다.
덤덤히	[부]	① 특별한 감정의 동요 없이 그저 예사롭게.
		② 말할 자리에서 어떤 말이나 반응이 없이 조용하고 무표정하게.
뜸	[명]	물에 띄워서 그물, 낚시 따위의 어구를 위쪽으로 지탱하는 데에 쓰는 물건.
으름장	[명]	말과 행동으로 위협하는 짓.
숫제	[부]	① 순박하고 진실하게.
		② 처음부터 차라리. 또는 아예 전적으로.
흐지부지	[부]	확실하게 끝맺지 못하고 흐리멍덩하게 넘기는 모양.
청맹과니	[명]	① 겉으로 보기에는 눈이 멀쩡하나 앞을 보지 못하는 눈. 또는 그런 사람.
		② 사리에 밝지 못하여 눈을 뜨고도 사물을 제대로 분간하지 못하는 사람을 비유적으로 이르는 말.
터	[명]	① 집이나 건물을 지었거나 지을 자리.
		② =공지(空地).
		③ 활동의 토대나 일이 이루어지는 밑바탕.

성주	[명]	<민속> 가정에서 모시는 신의 하나. 집의 건물을 수호하며, 가신(家神) 가운데 맨 윗자리를 차지한다.
꼬투리	[명]	① 어떤 이야기나 사건의 실마리. ② 남을 해코지하거나 헐뜯을 만한 거리.
섬짓	[부]	'섬뜩'의 잘못. 갑자기 소름이 끼치도록 무섭고 끔찍한 느낌이 드는 모양.
하기사	[부]	=하기야. '실상 적당히 말하자면'의 뜻으로, 이미 있었던 일을 긍정하며 아래에 어떤 조건을 붙일 때에 쓰는 접속 부사
소상하다	[형]	분명하고 자세하다.
하중	[명]	① 어떤 물체 따위의 무게. '짐 무게'로 순화. ② <물리> 물체에 작용하는 외부의 힘 또는 무게.
허다하다	[형]	수효가 매우 많다.
모질다	[형]	① 마음씨가 몹시 매섭고 독하다. ② 기세가 몹시 매섭고 사납다. ③ 참고 견디기 힘든 일을 능히 배기어 낼 만큼 억세다. ④ 정도가 지나치게 심하다.
꿀떡	[부]	음식물 따위를 목구멍으로 한꺼번에 삼키는 소리. 또는 그 모양.
골백번	[명]	'여러 번'을 강조하거나 속되게 이르는 말.
잠잠하다	[형]	① 분위기나 활동 따위가 소란하지 않고 조용하다. ② 말 없이 가만히 있다.
주기	[명]	① 같은 현상이나 특징이 한 번 나타나고부터 다음 번 되풀이되기까지의 기간. ② 회전하는 물체가 한 번 돌아서 본래의 위치로 오기까지의 기간.
흙일	[명]	흙을 이기거나 바르는 따위의 흙을 다루는 일.
가대	[명]	물건 따위를 얹어 놓기 위하여 밑을 받쳐 세

		운 구조물.
헐값	[명]	그 물건의 원래 가격보다 훨씬 싼 값.
종당	[명]	=종루(鐘樓).
법석	[명]	소란스럽게 떠드는 모양.
애꿎다	[형]	① 아무런 잘못 없이 억울하다.
		② 그 일과는 아무런 상관이 없다.

보충지식

1. 상용 부사

* 주저주저: 머뭇머뭇하고 망설망설하는 모양.
* 차라리: (여러 가지 사실을 들어 말할 때) '앞에서 말한 사실보다 뒤에서 말한 사실이 더 나음'을 뜻하는 말. 그럴 바에는 도리어. ☞ 당일치기로 갔다 올 바엔 차라리 안 가는 게 낫겠다.
* 차마: (부정이나 의문의 말 앞에 쓰이어) '가엾고 애틋하여 어찌'의 뜻을 나타내는 부사. ☞ 어찌 차마 손찌검을 하랴. /눈 뜨고는 차마 볼 수 없는 광경. /어린 것을 보내고 차마 돌아설 수 없었던 발길.

2. 속담 및 관용구

* 입에 풀칠하다: 밥이나 굶지 않을 정도로 가난하게 살아가다.
* 입이 무겁다: 말수가 적다. 비밀을 잘 지킨다.
* 장님이 코끼리 다리 만지듯: 한 부분만 가지고 그것이 전체인듯 말함을 이르는 말.
* 주름잡다: 집단이나 단체 등의 중심이 되어 그 조직을 마음대로 움직이다.
* 천리 길도 한 걸음부터: 무슨 일이나 그 시작이 중요함을 이르는 말.
* 코가 납작해지다: 무안을 당하거나 하여 위신이 크게 떨어져 기가 꺾이다.

3. 관용표현

*** -는/은 한**

동사에 붙어 쓰이며 선행절은 조건문이 되고 후행절은 가정문이 된다. 후행절이 가정문이므로 시제는 현재와 추정만을 쓸 수 있다. '그러한 동작이 일어나는 범위, 한도'의 뜻을 나타낸다. 선행 동작의 내용이 긍정적이든 부정적이든 관계없이 문장을 이룰 수 있다.

☞ 영어를 잘하는 한 취직은 어렵지 않을 것이다.
☞ 마약을 복용하는 한 그는 사회생활을 제대로 할 수 없을 거예요.
☞ 유학의 꿈을 버리지 못하는 한 그가 취직은 안 할 겁니다.

*** -마따나**

명사에 붙어서 '-처럼, 같이'의 뜻을 나타낸다. 이 조사는 '말' 혹은 '말씀'에만 붙어서 쓰이고, 그 '말'이나 '말씀' 앞에는 사람을 나타내는 단어가 붙는다. 이는 문장 전체를 수식하는 부사구가 되고 그 말을 긍정적으로 받아들이는 말이 문장의 내용이 된다. '누구누구의 말처럼, 혹은 누구누구의 말씀같이'의 뜻으로만 쓰인다.

☞ 김 선생 말마따나 우리가 좀 양보할 걸 그랬어요..
☞ 어머니 말씀마따나 형만한 아우가 없나 봐요.
☞ 의사 선생님 말씀마따나 너는 무리를 하지 말아야 한다.

*** -(으)면 -지**

후행절에는 부정문이 오거나 또는 선행절의 내용과 대응하는 말이 오고, 후행절에는 대개 비교, 또는 강조의 뜻을 나타내는 보조사 '은/는'이 들어간다. 선행절에서 불확실한 가정을 한 다음 그것이 그러함을 확인하여, 후행절의 내용을 강조하는 표현이다.

☞ 돈이 모자라면 모자라지 남지는 않을 것 같은데요.
☞ 이 신발이 아이한테 크면 크지 작지는 않을 거예요.
☞ 죽으면 죽었지 농사는 안 짓겠다고?

*** -는(은)/-(을)/둥 하다**

선행동작 같기도 하고 후행동작 같기도 해서 뭐라고 확실하게 말할 수 없음을 나타낸다. '-는 둥 마는 둥'의 경우에는 부정적인 면이 강하다.
☞ 남편은 내 말을 듣는 둥 마는 둥하고 나가버렸다.
☞ 늦어서 밥을 먹는 둥 마는 둥하고 나왔다.
☞ 열심히 공부해도 시험에 합격할 둥 말 둥한데 그렇게 놀기만 하다니?

* **-(으)련마는**
동사에 붙어서, 선행절을 후행절에 종속적으로 연결한다. 화자가 미래의 사실이나 가정적 사실을 추측할 때 '-겠지만'의 뜻으로 쓴다.
☞ 하숙 생활을 하면 가끔 집 생각이 나련마는 나는 통 생각이 안 나요.
☞ 졸업반 학생이면 애인도 있으련만 왜 너는 여자 친구도 없니?
☞ 약을 그 정도 먹었으면 나으련마는 아직도 아프다고 합니다.

연습문제

1. 다음 괄호 안에 알맞은 것을 고르십시오.

(1) 직업은 자신의 취향과 (　　)에 맞는 것이 가장 이상적이다.
　① 태도　　② 적성　　③ 특징　　④ 외모
(2) 외국 잡지에 한글이 우수한 문자라는 기사가 (　　) 기분이 좋았다.
　① 걸려서　② 불려서　③ 돌려서　④ 실려서
(3) 다음 세대를 위해서는 자연을 어떻게 개발하느냐보다는 어떻게 보호하느냐를 생각하는 것이 더 (　　).
　① 묵직하다　② 있음직하다　③ 믿음직하다　④ 바람직하다
(4) 그 사건에 대해 담당자로부터 자세히 설명을 들었지만 도저히 (　　) 이 안 간다.
　① 호감　　② 설득　　③ 납득　　④ 동감
(5) 복도에서 뛰지 말라고 볼 때마다 (　　) 타일렀는데도 학생들은 여전히 말을 듣지 않는다.
　① 꼼꼼히　② 줄줄이　③ 당당히　④ 누누이

2. 다음 밑줄 친 부분과 의미가 비슷한 것을 고르십시오.

(1) 외국 생활은 처음에는 어색하고 힘들지만 <u>지내면 지낼수록</u> 점점 더 익숙해지니까 너무 걱정하지 마라.
① 지내다 보면　　　　　② 지내는 차에
③ 지내기로서니　　　　④ 지내면서까지

(2) 믿을 수 없는 약을 먹어 빨리 살을 <u>빼는 것보다</u> 차라리 열심히 운동을 하면서 조금씩 살을 빼는 게 낫다.
① 빼느니　　② 빼련만　　③ 뺄진대　　④ 뺀다거나

(3) 밤 새워 일을 <u>하지 않는다면</u> 어떻게 그 많은 작업을 끝낼 수 있겠니?
① 하지 않기에　　　　② 하지 않더라도
③ 하지 않으려면　　　④ 하지 않고서야

(4) 아주, 너 갑자기 <u>어른이 된 듯이</u> 얘기하는 구나.
① 어른도 아닌 것이　　② 어른 못지않게
③ 어른이 되어　　　　④ 어른인 양

3. 다음 글을 읽고 물음에 답하십시오.

"너도 앞으로 학교에서 친구들하고 사귀다 보면 필요할 때가 있을 테니 이제부터 용돈을 주겠다." 초등학교 3학년 때쯤 어머니로부터 이런 말씀과 함께 용돈을 처음 받았을 때 나는 갑자기 키가 한 (㉠)이나 큰 것 같았다. 나는 그 돈의 (㉡)를 잘 알고 있었다. 그 돈은 (㉢) 몇 마리 안 되는 닭에서 얻은 계란을 모아 두었다가 파신 것임이 틀림없었다. 그렇기 때문에 나는 그 돈을 함부로 쓸 수가 없었다.

(1) ㉠에 알맞은 말을 고르십시오.
① 뼘　　　　② 단　　　　③ 아름　　　　④ 움큼

(2) ㉡에 알맞은 말을 고르십시오.
① 용도　　　② 출처　　　③ 배후　　　④ 근거

(3) ㉢에 알맞은 말을 고르십시오.
① 동문서답　　② 고진감래　　③ 십중팔구　　④ 군계일학

4. 다음 글을 읽고 물음에 답하십시오.

(1) 다음 글의 내용과 일치하는 것을 고르십시오.

　　만일 남자 아이가 집을 그린다면, 옆의 아이보다 더 크고 더 높은 건물로 짓는다. 반면 여자 아이는 대개 길고 낮은 건물을 지으며 특히 그 건물 안에 사람이 들어갈 수 있어야 함을 강조하려고 애쓴다. 남자 아이는 자기 자신을 비행기 혹은 탱크라고 생각하면서 달리고, 뛰고, 씨름한다. 이에 비해 여자 아이는 어떤 아이가 마음이 예쁘고 또 어떤 아이가 바보같이 보인다는 얘기를 한다. 유치원에 새로운 아이가 들어오면 여자 아이들은 그 아이를 환영하고 또 서로 이름을 알리고 한다.
① 여자 아이는 인간 관계에 대하여 많은 관심을 갖는다.
② 여자 아이는 새로운 친구를 사귀는 것을 두려워한다.
③ 남자 아이는 사물의 외적인 면보다 내적인 면을 중시한다.
④ 남자 아이는 비행기 혹은 탱크를 가지고 노는 것을 좋아한다.

(2) 다음 글을 읽고 내용과 다른 것을 고르십시오.

　　스트레스란 우리 심신에 해로운 인자가 들어와서 이에 대응해 긴장하는 상태를 말한다. 적당한 스트레스는 활력소가 되기도 하지만 지나친 스트레스는 만병의 원인이기도 하다. 스트레스에 대처하는 방법의 하나는 적당한 운동을 하는 것이다. 운동 중에서도 조깅, 수영 등과 같은 비경쟁적인 운동을 선택하는 것이 좋다. 물론 폐쇄되고 좁은 곳보다 운동장이나 강가와 같이 트인 공간에서 운동을 하는 게 좋다. 그리고 처음부터 무리하게 운동을 하면 스트레스를 해소하기는커녕 또 다른 스트레스를 받을 수 있으므로 점진적으로 강도를 높여가는 게 필요하다.
① 모든 스트레스는 건강에 나쁜 영향을 준다.
② 운동 장소도 스트레스 해소와 관계가 있다.
③ 스트레스를 풀려면 운동 시합에서 이기는 게 좋다.
④ 운동의 강도는 스트레스의 강도에 따라 적절히 조절한다.

(3) 다음 글이 다루고 있지 않는 것을 고르십시오.

　　"머리는 차게 하고 발은 덥게 하라. 그러면 당신은 모든 의사를 비웃을 수 있을 것이다." 18세기 초 네덜란드의 명의 "불하페"가 남긴 말이다. 최근 우리 주변에서는 건강에 대한 관심이 고조되면서 이 원리를 이용하여 따뜻한 물 속에 몸을 반만 담그는 반신욕이 선풍적인 인기를 끌고 있다. 과거에는 목욕탕에 오는 사람들의 대다수가 온 몸을 물에 담그었으나 요즘은 발만 담그고 땀을 흘리는 사람들을 흔하게 볼 수 있다. 반신욕은 체온의 균형을 잡아주고 몸의 혈액 순환을 원활하게 하여 피로 회복, 건강 증진에 큰 도움이 된다. 그러나 반신욕의 효과를 극대화하려면 그 요령을 잘 알아둘 필요가 있다.
① 반신욕의 정의　　　　② 반신욕의 효과
③ 반신욕에 대한 관심　　④ 반신욕의 유래와 변화

5. 다음 글을 읽고 물음에 답하십시오

(1) 다음 글을 읽고 (　) 안에 들어갈 알맞은 말을 쓰십시오.

　　자동차의 운행 횟수와 보험 회사의 수익률은 좀 특이한 관계에 있다. 자동차의 운행 횟수가 많아지면 보험 회사는 손해를 볼 확률이 그만큼 (　　). 이와 반대로 자동차의 운행 횟수가 줄어들면 보험 회사는 이익을 볼 확률이 높아진다. 왜냐하면 자동차의 운행 횟수가 많아지면 그만큼 사고가 날 확률이 높아지기 때문이다. 따라서 보험 회사에서는 운전자들이 되도록이면 자동차 운행을 많이 하지 않기를 바란다.
(　　　　　　　　　　　　　)

(2) (　) 안에 들어갈 말을 본문에서 찾아 쓰십시오.

　　사회는 상호작용하는 인간들의 유기적 관계이다. 사람들은 개인과 개인, 개인과 집단, 집단과 집단 간에 끊임없이 상호작용을 해 나가면서 생을 영위한다. 이러한 상호작용의 부정적인 면은 크게 경쟁과 갈등으로 나타난다. 구성원 사이에 한 사람의 이익이 다른 사람의 손해로 이어지면 (　　)(으)로 나타난다. 구성원들은 이에 대한 위반을 했을 경우에 받게 되는 불이익에 대해서도 어느 정도 합의가 된 상태이다. 축구 시합이 여기에 속하는 전형적인 예인데, 선수들은 규칙에 따라 경기를 진행하되, 위반이 있을 경우 심판에게서 불이익을 받는다. 그러나 위반이 게임 자체의 진행을 어렵게 할 정도로 진행되면 이는 갈등으로 비화된다. 곧, 축구장에서 일어나는 폭력 사태는 경쟁이 아니라 갈등의 상호작용인 것이다.
(   )

(3) 밑줄 친 부분이 비유하는 것을 쓰십시오.

세포 수는 거의 유아기에 결정된다고 한다. 모유를 먹으면 본인의 체질에 맞게 젖을 먹게 되고 세포 분열도 정상으로 일어나 보통 크기의 사람이 된다. 그러나 우유를 먹게 되면 아무리 농도를 잘 조절하고, 양을 맞추어도 영양분이 너무 많아져 세포수가 과다해진다. 최근 소아 비만이 많은 이유가 바로 이 때문이다. 그들은 소젖을 먹고 자란 살찐 <u>송아지</u>들이나 다름없다.
(   )

6. 다음 글을 읽고 물음에 답하십시오.

육류를 주식으로 하는 아프리카 케냐의 마사이족들은 대부분 180cm가 넘는 큰 키에 늘씬한 몸매를 유지하고 성인병도 거의 없다. 이들의 생활 형태를 연구한 결과, 건강 비결이 다름 아닌 이들의 걸음걸이에 있었다.

현대의 도시인들은 발 앞쪽과 뒤꿈치만을 사용해 걷는다. 아스팔트와 시멘트처럼 딱딱한 바닥 위를 딱딱한 밑창의 구두를 신고 걷기 때문에 무게 중심이 발바닥의 중앙을 생략하고 뒤꿈치에서 앞꿈치로 그대로 넘어간다. 이 때문에 지면으로부터의 충격을 흡수하지 못하면서 보행 자세가 뒤틀리고 변형돼 관절이나 척추에도 나쁜 영향을 끼치게 된다.

반면 마사이족들은 발바닥 전체가 지면에 닿는 중심부 보행을 한다. 걸을 때 발뒤꿈치 바깥쪽부터 닿기 시작해 무게 중심이 발 바깥쪽을 거쳐 새끼발가락과 엄지발가락 순으로 이동함으로써 충격을 덜어 준다. 그래서 쉽게 지치고 마는 현대 도시인들의 걸음걸이와 달리 (㉠)

(1) 이 글의 제목으로 알맞은 것을 고르십시오.
　　① 건강과 걸음걸이의 관련성　　② 아름다운 걸음걸이의 비밀
　　③ 마사이족의 다이어트 비법　　④ 수명과 걸음걸이의 연관성

(2) 이 글의 내용과 일치하는 것을 고르십시오.
　　① 마사이족은 발 전체가 지면에 닿도록 걷기 때문에 쉽게 지친다.
　　② 현대인은 발뒤꿈치와 앞꿈치만을 이용해 걸으므로 쉽게 피로해진다.

③ 마사이족은 주로 채식 위주의 식사와 오래 걷기로 건강을 유지한다.
④ 현대인은 건강과 날씬한 몸매를 위해 마사이족의 걸음걸이를 배운다.

(3) ㉠에 들어갈 알맞은 것을 고르십시오.

① 발의 변형을 막는 데도 유리하다.
② 피로감도 적어 오래 걷는 데도 유리하다.
③ 관절과 척추의 건강을 유지하는 데도 유리하다.
④ 충격을 흡수해 딱딱한 지면을 걷는 데도 유리하다.

7. 다음을 읽고 물음에 답하십시오.

집 주인은 집에 귀한 손님이 오면 자기가 수염의 맨 위를 어루만지고, 웬만한 손님이 오면 수염의 중간을, 그리고 대단치 않은 손님이 오면 수염의 맨 끝을 어루만져서 이를 신호로 쓰기로 아내와 약속했다. 어느 날 손님이 왔다. 주인은 아내가 볼 수 있도록 수염의 맨 끝을 매만졌다. 술상은 물론 대단치 않게 준비되어 나왔다. 술도 겨우 석 잔을 따르고 나더니 주인은, "내가 집 형편이 넉넉지 못해서 술도 안주도 부족하니 매우 미안하오." 하면서 돌려보냈다. 이렇게 얼마를 지냈는데 그 마을에 사는 친구가 찾아왔다. 주인은 역시 수염 끝을 만지작거렸다. 그러나 이러한 주인의 수작을 눈치 챈 그는, "여보게, 오늘은 <u>윗수염을 좀 만지지 그래</u>." 하고 말했다. 주인은 이 말을 듣고 몹시 부끄러워했다.

(1) 이 글에서 밑줄 친 부분이 의미하는 것은 무엇입니까?

① 이제부터는 진정한 친구로 생각하겠다.
② 나를 아내에게 정중히 소개하길 바란다.
③ 나를 귀한 손님으로 대접해 주면 좋겠다.
④ 아내가 신호를 잘 볼 수 있게 해야 한다.

(2) 이 글의 중심 내용으로 가장 적절한 것은 무엇입니까?

① 누구든지 평등하게 대해야 한다.
② 부부는 마음을 합하여 협동해야 한다.
③ 다른 사람의 말에 귀를 기울여야 한다.
④ 손님이 왔을 때 조심해야 할 것이 많다.

8. 다음 글을 읽고 (   ) 안에 알맞은 말을 쓰십시오.

   (1) 줄다리기의 매력은 줄을 당기는 양쪽의 힘이 균형을 이루는 데에 있다. 예전에는 힘 싸움을 하다가도 상대편이 질 듯하면, 일부러 힘을 빼 최대한 승부를 즐기려 했다. 하지만 오늘날 사람들은 힘의 균형을 이루기보다는 어떻게든 빨리 힘의 균형을 깨뜨려 승부를 결정지으려고만 한다. 결과에 대한 조급증으로 이기고 지는 것에만 집착하다 보니 승부 그 자체를 즐길 여유가 없다. 결국 요즘 사람들은 과도하게 (   ) 못하게 된 것이다.
   (   )

   (2) 일회용 차의 간편함에 익숙한 우리에게 전통 방식으로 차를 우리는 과정은 의외로 길고 복잡하다. 뜨거운 물을 먼저 찻잔에 부은 뒤 따라내어 찻잔을 데운다. 끓여 놓은 물이 식기를 기다려서 찻잎을 넣은 주전자에 물을 붓는다. 차가 우러나길 기다린 후 처음 차를 우린 물은 비워 버리고, 다시 주전자에 물을 붓고 차를 우린다. 이렇듯 (   ) 비로소 작은 찻잔에 담긴 차 한 잔을 받아 마실 수 있다. 그러나 이러한 과정을 거치고 난 후 마시는 차는 일회용 차가 우리에게 줄 수 없는 깊고 풍부한 맛을 선물한다.
   (   )

9. <바른 식사 예절>에 대한 자신의 의견을 다음 글에 이어서 쓰십시오. 단, 아래 제시한 <좋지 않은 식사 예절> 중에서 세 가지를 선택하여 비판하는 내용을 포함하십시오. (800~900자)

   먹는 것은 인생에 있어서 가장 큰 즐거움 중의 하나이다. 하지만 혼자가 아닌 다른 사람 또는 다른 사람들과 식사를 할 때는 올바른 식사 예절이 필요하다. 올바른 예절로 식사를 하면 즐거움이 배가 되겠지만 그렇지 못한 경우도 있다.

<좋지 않은 식사 예절>
소리 내어 하는 식사/ 게걸스럽게 하는 식사/ 식사 중 흡연/ 식사 중 큰 소리로 대화/ 음식 투정

* 원고지 쓰기 예

영	국	의		한		화	가	가		날	마	다		강
을		바	라	보	고		있	었	다	.	동	료	들	이
	그	에	게		그	림	은							

제12과 눈길(2)

이청준

3

해가 훨씬 기운 다음에야 콩밭을 가로질러 노인의 집 뒤꼍으로 뜰을 들어서려다 보니, 아내는 결국 반갑지 않은 화제를 벌여 놓고 있었다.

"이 나이에 내가 살면 얼마나 더 좋은 세상을 살겠다고 속없이 새 방 들이고 기와지붕을 덮자겠냐? 집 욕심 때문이 아니라 나 간 뒷일이 안 놓여 그런다."

뒤꼍에서 안뜰로 발길을 돌아 나서려는데, 장지문을 반쯤 열어젖힌 안방에서 노인의 말소리가 도란도란 흘러나오고 있었다.

"날씨가 선선한 봄가을철이나, 하다못해 마당에 채일이라도 치고들 지내는 여름철만 되더라도 걱정이 덜하겠다마는, 한겨울 추위 속에서나 운사납게 숨이 딸깍 끊어져 봐라. 단칸방 아랫목에다 내 시신 하나 가득 늘여놓으면 그 일을 어쩔 것이냐?"

이번에도 또 그 집에 관한 이야기였다. 노인을 어떻게 위로한다는 것일까. 아니면, 아내는 노인의 소망을 더 이상 어떻게 외면할 수가 없도록 노골화시켜 버리고 싶은 것일까? 답답하게 눈치만 보고 도는 그 나에 대한 아내의 원망은 그토록 뿌리가 깊고 지혜로왔더란 말인가? 노인의 이야기는 아내가 거기까지 유도해 내고 있었던 게 분명했다. 노인은 이제 그 아내 앞에 당신의 집에 대한 소망을 분명한 목소리로 털어놓고 있었다. 그리고 이젠 당신의 소망에 대한 솔직한 사연을 말하고 있었다. 노인의 그 오랜 체념의 습관과 염치를 방패삼아 어물어물 고비를 지나가려던 내 앞에 노인의 소망이 마침내 노골적인 모습을 드러내 온 것이었다. 노인의 소망은 이미 짐작하고 있었지만, 설마하면 그렇게 분명한 대목까지는 만나게 될 줄을 몰랐던 일이었다.

나는 마치 마지막 희망이 무너진 느낌이었다. 하지만, 그 노인의 설명에는 나에게는 마침내 분명해진 것이 있었다. 노인이 갑자기 그 집에 대한 엉뚱한 소망을 지니게 된 당신의 내력이었다. 노인은 아직도 당신의 삶을 위해서는 새삼스런 소망을 지니지 않고 있었다. 노인의 소망은 당신의 사후에 내력이 있었다.

"떠돌아들어 살아오긴 했어도, 난 이 동네 사람들한테 못할 일은 한 번도 안 해 보고 살아 온 늙은이다. 궂은 밥 먹고 궂은 옷 입고 궂은 잠자리 속에 말년을 보냈어도, 난 이웃이나 이 동네 사람들한테 궂은 소리는 안 듣고 늙어 왔다. 이 소리가 무슨 소린고 하니 나 죽고 나면 그래도 이 동네 사람들, 이 늙은이 주검 위에 흙 한 삽, 뗏장 한 장씩은 덮어 주러 올 거란 말이다. 늙거나 젊거나 그렇게 내 혼백 들여다봐 주러 오는 사람들을 어찌할 것이냐? 사람은 죽어 이웃이 없는 것보다 더 고단한 것도 없는 법인디, 오는 사람 마다할 수 없고 가난하게 간 늙은이가 죽어서라도 날 들여다봐 주러 오는 사람들한테 쓴 소주 한 잔 대접해 보내고 싶은 게 죄가 될 거냐? 그래서 그저 혼자서 궁리해 본 일이란다. 숨 끊어지는 날 바로 못 내다 묻으면 주검하고 산 사람들이 방 하나뿐 아니냐? 먼 데서 온 느그들도 그렇고……. 그래서 꼭 찬바람이나 막고 궁둥이 붙여 앉을 방 한 칸만 어떻게 늘여 봤으면 했더니라마는……. 그게 어디 맘 같은 일이더냐? 이도 저도 다 늙고 속없는 늙은이 노망길 테이제……."

노인의 소망은 바로 그 당신의 죽음에 대한 대비에서 비롯된 것이었다.

알 만한 노릇이었다. 살림이 망조 나고 옛 살던 동네를 나와 떠돌기 시작하면서부터 언제나 당신의 죽음에 대한 대비를 게을리 해 오지 않던 노인이었다. 동네 뒷산 양지바른 언덕 아래다 마을 영감 한 분에게 당신의 집터(노인은 당신의 무덤 자리를 늘 그렇게 말했다)를 미리 얻어 놓고 겨울철에도 날씨가 좋으면 그곳을 찾아가 햇볕바라기를 하다가 내려온다던 노인이었다. 노인은 이제 당신의 죽음에 마지막 준비를 서두르고 있는 것이었다. 나는 더 노인의 이야기를 엿듣고 있을 수가 없었다. 발길을 움직여 소리 없이 자리를 피해 버리고 싶었다.

한데 그때였다. 쓸데없는 일에 공연히 감동을 잘하는 아내가 아무래도 견딜 수가 없어진 모양이었다.

"전에 사시던 집은 터도 넓고 칸 수도 많았다면서요?"

아내가 느닷없이 화제를 바꾸고 나섰다. 별달리 노인을 달랠 말이 없으니까, 지나간 일이나마 그렇게 넓게 살던 옛집의 기억을 상기시켜서라도 노인을 위로하고 싶어진 것이리라. 그것은 노인도 한 때 번듯한 집 살림을 해 온 기억을 되돌이키게 해서 기분을 바꿔 드리고 싶어서이기도 했겠지만, 그 외에도 그것은 또 언제나 가난한 살림만을 보고 가게 하는 부끄러운 며느리 앞에 당신의 자존심을 얼마간이나마 되살려 내게 할 가외의 효과도 있을 수 있었다. 어쨌거나 나는 당분간 다시 자리를 피할 필요가 없어지고 있었다.

"옛날 살던 집이야, 크고 넓었제. 다섯 칸 겹집에다 앞뒤 터가 운동장이었더니라. 하지만, 이제 와서 그게 다 무슨 소용이냐? 남의 집 된 지가 20년이 다 된 것을……."

"그래도 어머님은 한 때 그런 좋은 집도 살아 보셨으니 추억은 즐거운 편이 아니시겠어요? 이 집이 답답하고 짜증나실 땐 그런 기억이라도 되살려 보세요."

"기억이나 되살려서 어디다 쓰게야. 새록새록 옛날 생각이 되살아나다 보면 그렇지 않아도 심사가 어지러운 것을."

"하긴 그것도 그러실 거예요. 그렇게 넓은 집에 사셨던 생각을 하시면 지금 사시는 형편이 더 짜증스러워지기도 하시겠죠. 뭐니뭐니해도 지금 형편이 이렇게 비좁은 단칸방 신세가 되고 마셨으니 말씀이에요……."

노인과 아내는 잠시 그렇게 위론지 넋두린지 분간이 가지 않는 소리들을 주고받고 있었다. 한동안 그렇게 오가는 이야기를 듣다 보니, 나는 그 아내의 동기가 다시 조금씩 의심스러워지고 있었다. 아내의 말투는 그저 노인을 위로하기 위해서가 아니었다. 노인을 위로해 드리기는커녕 심기만 점점 더 불편스럽게 하고 있었다. 노인에게 옛 집을 상기시켜 드리는 것은 당신의 불편스런 심기를 주저앉히기보다 오늘을 더욱더 비참스럽게 느끼게 만들고 있었다. 집을 고쳐 짓고 싶은 그 은밀스런 소망을 자꾸만 밖으로 후벼 대고 있었다. 아내의 목적은 차라리 그쪽에 있었던 것 같았다.

아내에 대한 나의 판단은 과연 크게 빗나가지 않았다.

"방이 이렇게 비좁은데 그럼 어머니, 이 옷장이라도 어디 다른 데로 좀 내놓을 수 없으세요? 이 옷장을 들여놓으니까 좁은 방이 더 비좁지 않아요?"

아내는 마침내 내가 가장 거북스럽게 시선을 피해 오던 곳으로 화제를 끌어들이고 있었다.

바로 그 옷궤 이야기였다. 17, 8년 전, 고등학교 일 학년 때였다. 술버릇이 점점 사나와져 가던 형이 전답을 팔고 선산을 팔고, 마침내는 그 아버지 때부터 살아온 집까지 마지막으로 팔아 넘겼다는 소식이 들려왔다. K시에서 겨울 방학을 보내고 있던 나는 도대체 일이 어떻게 되어 가는지 알아보고 싶어 옛 살던 마을을 찾아

가 보았다. 집을 팔아 버렸으니 식구들을 만나게 될 기대는 없었지만, 그래도 달리 소식을 알아볼 곳이 없었기 때문이었다. 어스름을 기다려 살던 집 골목을 들어서니 사정은 역시 K시에서 듣고 온 대로였다. 집은 텅텅 비어진 채였고 식구들은 어디론지 간 곳이 없었다. 나는 다시 골목 앞에 살고 있던 먼 친척간 누님을 찾아갔다. 그런데 그 누님의 말을 들으니, 노인이 뜻밖에 아직 나를 기다리고 있다는 것이었다.

"여기가 어디냐. 네가 누군디 내 집 앞 골목을 이렇게 서성대고 있어야 하더란 말이냐?"

한참 뒤에 어디선가 누님의 소식을 듣고 달려온 노인이 문간 앞에서 어정어정 망설이고 있는 나를 보고 다짜고짜 나무랐다. 행여나 싶은 마음으로 노인을 따라 문간을 들어섰으나, 집이 팔린 것은 분명해 보였다.

그 날 밤, 노인은 옛날과 똑같이 저녁을 지어 내왔고, 거기서 하룻밤을 함께 지냈다. 그리고 이튿날 새벽 일찍 K시로 나를 다시 되돌려보냈다. 나중에야 안 일이지만, 노인은 거기서 마지막으로 내게 저녁밥 한 끼를 지어 먹이고 당신과 하룻밤을 재워 보내고 싶어, 새 주인의 양해를 얻어 그렇게 혼자서 나를 기다리고 있었다는 것이었다. 언젠가 내가 다녀갈 때까지는 내게 하룻밤만이라도 옛집의 모습과 옛날의 분위기 속에 자고 가게 해 주고 싶어서였는지 모른다. 하지만, 문간을 들어설 때부터 집안 분위기는 이사를 나간 빈 집이 분명했었다. 한데도 노인은 그때까지 매일같이 그 빈집을 드나들며 먼지를 털고 걸레질을 해 온 것이었다. 그리고 그때 노인은 아직 집을 지켜 온 흔적으로 안방 한쪽에다 이불 한 채와 옷궤 하나를 예대로 그냥 남겨 두고 있었다.

이튿날 새벽 K시로 다시 길을 나설 때서야 비로소 집이 팔린 사실을 시인해 온 노인의 심정으로는 그날 밤 그 옷궤 한 가지 나마 옛 집 살림살이의 흔적으로 남겨서 나의 괴로운 잠자리를 위로하고 싶었음이 분명한 것이다. 그러한 내력이 숨겨져 온 옷궤였다.

떠돌이 살림에 다른 가재 도구가 없어서도 그랬겠지만, 이 20년 가까이를 노인이 한사코 함께 간직해 온 옷궤였다. 그만큼 또 나를 언제나 불편스럽게 만들어 온 물건이었다. 노인에게 빛이 없음을 몇 번씩 스스로 다짐하고 있다가도 그 옷궤만 보면 무슨 액면가 없는 빛 문서를 만난 듯 기분이 새삼 꺼림칙스러워지곤 하던 물건이었다.

이번에도 물론 마찬가지였다. 노인의 방을 들어선 순간에 벌써 기분을 불편스럽게 해 오던 옷궤였다. 그리고 끝내는 이틀 밤을 못 넘기고 길을 다시 되돌아갈 작정을 내리게 한 것도 알고 보면 바로 그 옷궤의 허물이 컸을지 모른다.

아내도 물론 그 옷궤에 관한 내력을 내게서 들을 만큼 듣고 이었다. 아내가 옷궤의 내력을 알고 있는 여자라면, 그 옷궤에 관한 나의 기분도 짐작을 못할 그녀가 아니었다. 더욱이 내가 바깥에서 두 사람의 이야기를 엿듣고 있는 걸 알고서 그랬을 수도 있었다.

나는 어느 새 그 콧속을 후비는 못된 버릇이 되살아날 만큼 긴장을 하고 있었다. 생각지도 않았던 곳에서 갑자기 묵은 빚 문서가 튀어나올 것 같은 조마조마한 기분이었다. 노인이 치사하게 그 묵은 빚 문서로 나를 궁지에 몰아넣으려 덤빌 수도 있었다.

'그래 보라지. 누가 뭐래도 내겐 절대로 빚진 게 없으니까. 그래 본들 없는 빚이 생길 리가 있을라구.'

나는 거의 기구를 드리듯 눈을 감고 기다렸다.

하지만, 다행스러운 것은 아직도 그 무심스러워 보이기 만 한 노인의 대꾸였다.

"옷궤를 내 놓으면 몸에 걸칠 옷가지는 다 어디다 간수하고야? 어디다 따로 내놓을 데가 있는 것도 아니지만, 그걸 어디다 내놓을 데가 생긴다고 해도 그것말고는 옷가지 나부랑일 간수해 둘 데는 있어얄 것 아니냐?"

알고 그러는지 모르고 그러는지 노인은 그리 그 옷궤 쪽에는 신경을 쓰고 있지 않은 것 같았다.

"옷이야 어떻게 못을 박아 걸더라도, 사람이 우선 좀 발이라도 뻗고 누울 자리가 있어야잖아요. 이건 뭐 사람보다도 옷장을 모시는 꼴이지 뭐예요?"

아내는 거의 억지를 부리고 있었다. 옷궤에 대한 노인의 집착심을 시험에 보기 위한 수작임이 분명했다.

하지만, 노인의 반응은 여전히 의연했다.

"그건 네가 모르는 소리다. 그 옷궤라도 하나 없으면 이 집을 누가 사람 사는 집이라 할 수 있겠냐. 사람 사는 집 흔적으로 해서라도 그건 집안에 지녀야 할 물건이다."

"어머님은 아마 저 옷장에 그럴 만한 사연이 있으신가 보군요. 시집오실 때 해 오신 건가요?"

노인의 나이가 너무 높다 보니 아내는 때로 그 노인 앞에 손주딸처럼 버릇이 없어지기도 했지만, 이번에는 숫제 장난기 한 가지였다.

"내력은 무슨……."

노인은 이제 그것으로 그만 입을 다물어 버리고 말았다. 옷궤 이야기는 더 이상 들추고 싶지가 않은 모양이었다.

하지만, 아내도 이젠 그쯤에서 호락호락 물러설 여자가 아니었다. 노인이 입을 다물어 버리자, 아내도 그만 거기서 할 말을 잃은 듯 잠시 침묵을 지키고 있더니, 이윽고는 다시 공세를 펴기 시작했다.

"하긴 어쨌거나 어머님 마음이 편하진 못하시겠어요. 뭐니뭐니해도 옛날에 사시던 집을 지켜 오시는 게 최선이었는데 말씀이에요. 도대체 그 집은 어떻게 해서 팔리게 되었어요?"

다시 그 집 얘기였다. 그 역시 모르고 묻는 소리가 아니었다. 아내는 그 옷궤의 내력과 함께 집이 팔리게 된 사정에 대해서도 모두 알고 있었다. 하면서도 그녀는 다시 노인에게 그것을 되풀이시키려 하고 있었다. 옷궤를 구실로 그 노인의 소망을 유인해 내려는 그녀 나름의 노력의 연장이었다.

하지만, 노인의 태도도 아직은 아내에 못지않게 끈질긴 데가 있었다.

"집이 어떻게 팔리기는……. 안 팔아도 좋은 집을 장난 삼아서 팔았을라더냐? 내 집 지니고 살 팔자가 못 돼 그리 된 거제……."

알고도 묻는 소릴 노인은 또 노인대로 내력을 얼버무려 넘기려고 하였다.

"그래도 사정은 있었을 게 아니에요? 그 집을 지을 때 돌아가신 아버님이 몹시 고생을 하셨다고 하던데요."

"집이야 참 어렵게 장만한 집이었지야. 남같이 한 번에 지어 올린 집이 아니고 몇 해에 걸쳐서 한 칸씩 두 칸씩 살림 형편 좇아서 늘려 간 집이었더니라. 그렇게 마련한 집이 결국은 내 집이 못 되고……. 그런다고 이제 그런 소린 해서 다 뭣을 하겠냐? 어차피 내 집이 못 될 운수라 그리 된 일을 이런 소리 곱씹는다고 팔려 간 집 다시 내 집이 되어 돌아올 것도 아니고……."

"하지만, 그리 어렵게 장만한 집이라 애석한 생각이 더할 게 아녜요. 지금 형편도 그럴 수밖에 없고요. 어떻게 되어 그리 되고 말았는지 그때 사정이라도 좀 말씀해 보세요."

"그만둬라. 다 소용없는 일이다. 이제는 그럭저럭 세월이 흘러서 기억도 많이 희미해진 일이고……."

한사코 이야기를 피하려는 노인에게 아내는 마침내 마지막 수단을 동원하고 있었다.

"좋아요. 어머님께선 아마 지난 이로 저까지 공연히 속을 상하게 할까 봐 그러시는 모양인데요. 그래도 별로 소용이 없으세요. 저도 사실은 이야기를 대강 다 들어 알고 있단 말씀이에요."

"이야기를 들어? 누구한테서?"

노인이 비로소 조금 놀라는 기미였다.

"그야 물론 저 사람한테지요."

노인의 물음에 아내가 대답했다. 눈에는 보이지 않았지만, 밖에서 엿듣고 있는 나를 지목한 말투가 분명했다. 짐작대로 그녀는 벌써부터 내가 밖에서 엿듣고 있는 낌새를 알아차리고 있었음이 분명했다.

"제가 알고 있는 건 그 집을 팔게 된 사정뿐만도 아니에요. 어머님께서 저 사람한테 그 팔려 간 집에서 마지막 밤을 지내게 해 주신 일도 모두 알고 있단 말씀이에요. 모른 척하고 있기는 했지만 저 옷장 말씀이에요. 그 날 밤에도 어머님은 저 헌 옷장 하나를 집안에다 아직 남겨 두고 계셨더라면서요. 아직도 저 사람한테 어머님이 거기서 살고 계신 것처럼 보이시려고 말씀이에요."

아내는 차츰 목소리가 떨려 나오고 있었다.

"그렇담 어머님, 이제 좀 속 시원히 말씀해 보세요. 혼자서 참아 넘기시려고만 하지 마시고 말씀이라도 하셔서 속을 후련히 털어놔 보시란 말씀이에요. 저흰 어머님 자식들 아닙니까? 자식들한테까지 어머님은 어째서 그렇게 말씀을 참아 넘기시려고만 하세요?"

아내의 어조는 이제 거의 울먹임에 가까웠다. 노인도 이젠 어찌할 수가 없는지, 한동안 묵묵히 대꾸가 없었다. 나는 온통 입안의 침이 다 마르고 있었다. 노인의 대꾸가 어떻게 나올지 숨도 못 쉰 채 당신의 다음 말만 기다리고 있었다.

하지만, 그 아내나 나의 조바심하고는 아랑곳도 없이 노인은 끝내 내 심기를 흐트리지 않았다.

"그래 그 아그도 어떻게 아직 그날 밤, 일을 잊지 않고 있더냐?"

"그래요. 그리고 그날 밤 어머님은 저 사람이 집을 못 들어가고 서성대고 있으니까 아직도 그 집이 안 팔린 것처럼 저 사람을 안으로 데려다가 저녁까지 한 끼 지어 먹이셨다면서요?"

"그럼 됐구나. 그렇게 죄다 알고 있는 일을 뭐 하러 한사코 나한테 되뇌게 하려느냐?"

"저 사람은 벌써 잊어 가고 있거든요. 저 사람한테선 진짜 얘기를 들을 수도 없고요. 사람이 독해서 저 사람은 그런 일 일부러 잊어요. 그래 이번엔 어머님한테서 진짜 이야길 듣고 싶은 거예요. 저 사람 얘기 말고 어머님의 그날 밤 진짜 심경을 말씀이에요."

"심정이나마나 저하고 별다른 대목이 있었을라더냐.? 사세부득해서 팔았다곤 하지만, 아직은 그래도 내 발길이 끊이지 않은 집인데, 그 집을 놔 두고 그 아그가 그래 발길을 주춤주춤 어정대고 서 있더구나……."

아내의 성화를 견디다 못해 노인은 결국, 마지못한 어조로 그날 밤 일을 돌이키고 있었다. 어조에는 아직도 그날 밤의 심사가 조금도 실려 있지 않은 채였다.

"그래 저를 나무래서 냉큼 집 안으로 데리고 들어갔더니라. 그리고 더운 밥 지어 먹여서 그 집에서 하룻밤을 재워 가지고 동도 트기 전에 길을 되돌려 떠나 보냈더니라."

"그래 그때 어머님 마음이 어떠셨어요?"

"마음이 어떻기는야. 팔린 집이나마 거기서 하룻밤 저 아그를 재워 보내고 싶어 싫은 곰고 드나들며 마당도 쓸고 걸레질도 훔치며 기다려 온 에미였는디, 더운 밥 해 먹이고 하룻밤을 재우고 나니 그만만 해도 한 소원은 우선 풀린 것 같더구나."

"그래 어머님은 흡족한 기분으로 아들을 떠나 보내셨다는 그런 말씀이시겠군요. 하지만, 정말로 그게 그렇게 될 수가 있었을까요? 어머님은 정말로 그렇게 흡족한 마음으로 아들을 떠나보내실 수 있으셨을까 말씀이에요. 아들은 다시 학교로 돌아가는 길이었다 하더라도 어머님 자신은 그때 변변한 거처 하나 마련해 두시질 못하셨을 처지에 말씀이에요."

"나더러 또 무슨 이야길 더 하라는 것이냐."

"그때 아들을 떠나보내실 때 어머님 심경을 듣고 싶어요. 객지 공부 가는 어린 아들을 그런 식으로 떠나보내시면서 어머님 자신도 거처가 없이 떠도셔야 했던 그 때 처지에서 어머님이 겪으신 심경을 말씀이에요."

"그만두거라. 다 쓸데없는 노릇이니라. 이야기를 한들 그때 마음이야 네가 어찌 다 알아들을 수가 있겠냐?"

노인은 다시 이야기를 사양했다. 그러나 그 체념 기가 완연한 노인의 어조에는 아직도 혼자 당신의 맘 속으로만 지녀 온 어떤 이야기가 남아 있을 것 같았다.

나는 이제 더 이상 기다리고 있을 수가 없었다. 아내는 그런 나의 기미를 눈치채고 있었다 하더라도 노인만은 아직 그걸 알지 못하고 있었다. 노인의 말을 그쯤에서 그만 중단시켜야 했다. 아내가 어떻게 나온다 하더라도 내게까지 그것을 알게 하고 싶지는 않을 노인이었다. 내 앞에선 더 이상 노인의 이야기가 계속될 수가 없었다.

나는 이윽고 헛기침을 한 번 하고서 그 노인의 눈길이 닿고 있는 장지문 앞으로 모습을 불쑥 드러내고 나섰다.

4

위험한 고비는 그럭저럭 모두 지나가고 있었다.

저녁상을 들일 때 노인은 언제나처럼 막걸리 한 되를 가져오게 하였다. 형의 술버릇 때문에 집안 꼴이 그 지경이 되었는데도 노인은 웬일로 내게 술 걱정을 그리 하지 않았다. 집에만 가면 당신이 손수 막걸리 한 되씩을 미리 마련해다 주곤 하였다.

"한잔 마시고 잠이나 자거라."

그러면서 언제나 잠을 자기를 권하는 것이었다. 이 날 저녁도 마찬가지였다.

"그래, 정 내일 아침으로 길을 나설라냐?"

저녁상이 들어왔을 때, 노인은 그렇게 조심스런 목소리로 나의 내심을 한 번 더 떠왔을 뿐이었다.

"가야 할 일이 있으니까 가겠다는 거 아니겠어요."

나는 노인에게 공연히 짜증기가 치민 목소리로 퉁명스럽게 대꾸했다. 노인은 그것으로 그만이었다.

"그래 알았다. 저녁 하고 술이나 한 잔 하고 일찍 쉬어라."

아침부터 먼길을 나서려면 잠이라도 일찍 자 두라는 것이었다. 나는 말없이 노인을 따랐다. 저녁 겸 해서 술 한 되를 비우고, 그리고 술기를 못 견디는 사람처럼 일찌감치 잠자리를 펴고 누웠다. 형수님이 조카들을 데리고 잠자리를 찾아 나가자, 이날 밤도 우리는 세 사람 합숙이었다.

어쨌거나 이제 위태로운 고비는 그럭저럭 거의 다 넘겨 가는 셈이었다. 눈을 붙였다 깨고 나면 그것으로 모든 건 끝나는 것이었다. 지붕이고 옷궤고 더 이상 신경을 쓸 일이 없어진다. 노인에게 숨겨진 빚 문서가 있을까? 하지만, 이 날 밤만 무사히 넘기고 나면 노인의 빚 문서도 그것으로 영영 휴지가 되는 것이다.

'잠이나 자자. 빚이고 뭐고 잠들면 그만이다. 노인에게 빚은 내가 무슨 빚이 있단 말인가······?'

나는 제법 홀가분한 기분으로 눈을 감고 잠을 청했다. 술기 탓인지 알알한 잠기운이 이내 눈꺼풀을 덮어 왔다.

그렇게 얼마쯤 아늑한 졸음기 속을 헤매고 난 때였을까. 나는 웬일인지 문득 잠기가 서서히 엷어져 가고 있었다. 그리고 아직도 그 어렴풋한 선잠기 속에 도란도란 조심스런 노인의 말소리가 들려오고 있었다.

"그 날 밤사말로 갑자기 웬 눈이 그리도 많이 내렸던지, 잠을 잤으면 얼마나 잤겠느냐마는 그래도 잠시 눈을 붙였다가 새벽녘에 일어나 보니 바깥이 왼통 환한 눈 천지로구나……. 눈이 왔더라도 어쩔 수가 있더냐? 서둘러 밥 한술씩을 끓여다가 속을 덥히고 그 눈길을 서둘러 나섰더니라……."

나는 다시 정신이 번쩍 들고 말았다. 어찌 된 일인지 노인이 마침내 그 날 밤 이야기를 아내에게 가닥가닥 털어놓고 있는 중이었다.

"처지가 떳떳했으면 날이라도 좀 밝은 다음에 길을 나설 수 있었으련만, 그 땐 어찌 그리 처지가 부끄럽고 저주스럽기만 했던지……. 그래 할 수 없이 새벽 눈길을 둘이서 나섰지만, 사오 리나 되는 장터 차부까지 산길이 멀기는 또 얼마나 멀더라냐?"

기억을 차근차근 더듬어 나가고 있는 노인의 몽롱한 목소리는 마치 어린 손주아이에게 옛 애기라도 들려주고 있는 할머니의 그것처럼 아늑한 느낌마저 깃들고 있었다. 아내가 결국엔 노인을 거기까지 유도해 냈음이 분명했다.

'이야기를 한들 네가 어찌 다 알아들을 수가 있겠냐……?'

낮결에 노인이 말꼬리를 한 가닥 깔고 넘은 기미를 아내가 무심히 들어 넘겼을 리 없었다.

그 날 밤-아니 그 날 새벽-아내에겐 한 번도 들려 준 일이 없는 그날 새벽의 서글픈 동행을, 나 자신도 한사코 기억의 피안으로 사라져 가 주기를 바라 오던 그 새벽의 눈길의 기억을 노인은 이제 받아 낼 길이 없는 묵은 빚 문서를 들추듯 허무한 목소리로 되씹고 있었다.

"날은 아직 어둡고 산길은 험하고, 미끄러지고 넘어지면서도 차부까지는 그래도 어떻게 시간을 대어 갈 수가 있었구나……."

이야기를 듣고 있는 나의 머릿속에도 마침내 그날의 정경이 손에 닿을 듯 역력히 떠올랐다. 어린 자식놈의 처지가 너무도 딱해서였을까. 아니, 어쩌면 노인 자신의 처지까지도 그 밖엔 달리 도리가 없었을 노릇이었는지 모른다. 동구 밖까지만 바래다 주겠다던 노인은 다시 마을 뒷산의 잿길까지만 나를 좀더 바래 주마 우겼고, 그 잿길을 올라선 다음에는 새 신작로가 나설 때까지만 산길을 함께 넘어가자 우겼다. 그럴 때마다 한 차례씩 애시린 실랑이를 치르고 나면 노인과 나는 더 이상 할 말이 있을 수가 없었다. 아닌게아니라 날이라도 좀 밝은 다음이었으면 좋았겠는데, 날이 밝기를 기다려 동네를 나서는 건 노인이나 나나 생각을 않았다. 그나마 그 어둠을 타고 마을을 나서는 것이 노인이나 나나 마음이 편했다. 노인의 말마따나 미끄러지고 넘어지면서, 내가 미끄러지면 노인이 나를 부축해 일으키고, 노인이 넘어지면 내가 당신을 부축해 가면서, 그렇게 말없이 신작로까지 나섰다. 그러고도 아직 그 면소 차부까지는 길이 한참이나 남아 있었다. 나는 결국 그 면소 차부까지도 노인과 함께 신작로를 걸었다. 아직도 날이 밝기 전이었다.

하지만, 그러고 우리는 어찌 되었던가?

나는 차를 타고 떠나가 버렸고, 노인은 다시 그 어둠 속의 눈길을 되돌아선 것이다. 내가 알고 있는 건 거기까지 뿐이었다.

노인이 그 후 어떻게 길을 되돌아갔는지는 나로서도 아직 들은 바가 없었다. 노인을 길가에 혼자 남겨 두고 차로 올라서 버린 그 순간부터 나는 차마 그 노인을 생각하기 싫었고, 노인도 오늘까지 그 날의 뒷얘기는 들려 준 일이 없었다. 한데 노인은 웬일로 오늘사 그 날의 기억을 끝까지 돌이키고 있었다.

"어떻게 어떻게 장터 거리로 들어서서 차부가 저만큼 보일 만한 데까지 가니까, 그 때 마침 차가 미리 불을 켜고 차부를 나오는구나. 급한 김에 내가 손을 휘저어 그 차를 세웠더니, 그래 그 운전수란 사람들은 어찌 그리 길이 급하고 매정하기만 한 사람들이더냐? 차를 미처 세우지도 덜하고 덜크렁덜크렁 눈 깜짝할 사이에 저 아그를 훌쩍 실어 담고 가 버리는구나."

"그래서 어머님은 그 때 어떻게 하셨어요?"

잠잠히 입을 다문 채 듣고만 있던 아내가 모처럼 한 마디를 끼어들고 있었다.

나는 갑자기 다시 노인의 이야기가 두려워지고 있었다. 자리를 차고 일어나 다음 이야기를 가로막고 싶었다. 하지만 나는 이미 그럴 수가 없었다. 사지가 말을 들어 주지 않았다. 온몸이 마치 물을 먹은 솜처럼 무겁게 가라앉아 있었다. 몸을 어떻게 움직여 볼 수가 없었다. 형언하기 어려운 어떤 달콤한 슬픔, 달콤한 피곤기 같은 것이 나를 아늑히 감싸 오고 있었다.

"어떻게 하기는야? 넋이 나간 사람마냥 어둠 속에 한참이나 찻길만 바라보고 서 있을 수밖에야……. 그 허망한 마음을 어떻게 다 말할 수가 있을 거나……."

노인은 여전히 옛 얘기를 하듯 하는 그 차분하고 아득한 음성으로 그날의 기억을 더듬어 나갔다.

"한참 그러고 서 있다 보니 찬바람에 정신이 좀 되돌아오더구나. 정신이 들어 보니 갈 길이 새삼 허망스럽지 않았겠냐? 지금까진 그래도 저하고 나하고 둘이서 함께 헤쳐 온 길인데 이참에는 그 길을 늙은것 혼자서 되돌아서려니……. 거기다 아직도 날은 어둡지야……. 그대로는 암만해도 길을 되돌아설 수가 없어 차부를 찾아 들어갔더니라. 한 식경이나 차부 안 나무 걸상에 웅크리고 앉아 있으려니 그제사 동녘 하늘이 훤해져 오더구나……. 그래서 또 혼자 서두를 것도 없는 길을 서둘러 나섰는디, 그때 일만은 언제까지도 잊혀질 수가 없을 것 같구나."

"길을 혼자 돌아가시던 그대 일을 말씀이세요?"

"눈길을 혼자 돌아가다 보니 그 길엔 아직도 우리 둘 말고는 아무도 지나간 사람이 없지 않았겠냐? 눈발이 그친 신작로 눈 위에 저하고 나하고 둘이 걸어온 발자국만 나란히 이어져 있구나."

"그래서 어머님은 그 발자국 때문에 아들 생각이 더 간절하셨겠네요?"

"간절하다뿐이었겠냐? 신작로를 지나고 산길을 들어서도 굽이굽이 돌아온 그 몹쓸 발자국들에 아직도 도란도란 저 아그의 목소리나 따뜻한 온기가 남아 있는 듯만 싶었제. 산비둘기만 푸르륵 날아올라도 저 아그 넋이 새가 되어 다시 되돌아오는 듯 놀라지고, 나무들이 눈을 쓰고 서 있는 것만 보아도 뒤에서 금세 저 아그 모습이 뛰어나올 것만 싶었지야. 하다 보니 나는 굽이굽이 외지기만 한 그 산길을 저 아그 발자국만 따라 밟고 왔더니라. 내 자석아, 내 자석아, 너하고 둘이 온 길을 이제는 이 몹쓸 늙은것 혼자서 너를 보내고 돌아가고 있구나!"

"어머님 그때 우시지 않았어요?"

"울기만 했겠냐? 오목오목 디뎌 논 그 아그 발자국마다 한도 없는 눈물을 뿌리며 돌아왔제. 내 자석아, 내 자석아, 부디 몸이나 성히 지내거라. 부디부디 너라도 좋은 운 타서 복 받고 살거라……. 눈앞이 가리도록 눈물을 떨구면서 눈물로 저 아그 앞길만 빌고 왔제……."

노인의 이야기는 이제 거의 끝이 나 가고 있는 것 같았다. 아내는 이제 할 말을 잊은 듯 입을 조용히 다물고 있었다.

"그런디 그 서두를 것도 없는 길이라 그렁저렁 시름없이 걸어온 발걸음이 그래도 어느 참에 동네 뒷산을 당도해 있었구나. 하지만, 나는 그 길로는 차마 동네를 바로 들어설 수가 없어 잿등 위에 눈을 쓸고 아직도 한참이나 시간을 기다리고 앉아 있었더니라……."

"어머님도 이젠 돌아가실 거처가 없으셨던 거지요."

한동안 조용히 입을 다물고 있던 아내가 이제 더 이상 참을 수가 없어진 듯 갑자기 노인을 추궁하고 나섰다. 그녀의 목소리는 이제 울먹임 때문에 떨리고 있었다. 나 역시도 이제 더 이상 노인을 참을 수가 없었다. 이제나마 노인을 가로막고 싶었다. 아내의 추궁에 대한 그 노인의 대꾸가 너무도 두려웠다. 노인의 대답을 들을 수가 없었다. 하지만, 그 역시도 불가능한 일이었다.

나는 아직도 눈을 뜰 수가 없었다. 불빛 아래 눈을 뜨고 일어날 수가 없었다. 사지가 마비된 듯 가라앉아 있는 때문만이 아니었다. 졸음기가 아직 아쉬워서도 아니었다. 눈꺼풀 밑으로 뜨겁게 차오르는 것을 아내와 노인 앞에 보일 수가 없었다. 그것이 너무도 부끄러웠기 때문이었다. 아내는 이번에도 그러는 나를 알고 있었던 것 같았다.

"여보, 이젠 좀 일어나 보세요. 일어나서 당신도 말을 좀 해보세요."

그녀가 느닷없이 나를 세차게 흔들어 깨웠다. 그녀의 음성은 이제 거의 울부짖음에 가까웠다. 그래도 나는 일어날 수가 없었다. 뜨거운 것을 숨기기 위해 눈꺼풀을 꾹꾹 눌러 참으면서 내처 잠이 든 척 버틸 수밖에 없었다.

음성이 아직 흐트러지지 않고 있는 건 오히려 그 노인뿐이었다.

"가만 두거나. 아침길 나서기도 피곤할 것인디 곤하게 자고 있는 사람 뭣 하러 그러냐?"

노인은 일단 아내의 행동을 말려 두고 나서 아직도 그 옛 얘기를 하는 듯한 아득하고 차분한 음성으로 당신의 남은 이야기를 끝맺어 가고 있었다.

"그런디 이것만은 네가 잘못 안 것 같구나. 그 때 내가 뒷산 잿등에서 동네를 바로 들어가지 못하고 있었던 일 말이다. 그건 내가 갈 데가 없어 그랬던 건 아니란다. 산 사람 목숨인데 설마 그때라고 누구네 문간방 한 칸이라도 산 몸뚱이 깃들일 데 마련이 안됐겠냐? 갈 데가 없어서가 아니라 아침 햇살이 활짝 퍼져 들어 있는디, 눈에 덮인 그 우리 집 지붕까지도 햇살 때문에 볼 수가 없더구나. 더구나 동네에선 아침 짓는 연기가 한참인디 그렇게 시린 눈을 해 갖고는 그 햇살이 부끄러워 차마 어떻게 동네 골목을 들어설 수가 있더냐? 그놈의 말간 햇살이 부끄러워서 그럴 엄두가 안 생겨나더구나. 시린 눈이라도 좀 가라앉히자고 그래 그러고 앉아 있었더니라······."

단 어

선선하다	[형]	① 시원한 느낌이 들 정도로 서늘하다. ② 성질이나 태도가 쾌활하고 시원스럽다
채일	[명]	'차일(遮日)'의 잘못. 햇볕을 가리기 위하여 치는 포장.
운사납다	[형]	운이 나쁘다
방패	[명]	① 전쟁 때에 적의 칼, 창, 화살 따위를 막는 데에 쓰던 무기. ② 어떤 일을 할 때에 앞장을 세울 만한 것. 또는 그런 사람.
어물어물	[부]	① 보일 듯 말 듯 하게 조금씩 자꾸 움직이는 모양. ② 말이나 행동 따위를 시원스럽게 하지 못하고 꾸물거리는 모양.
대목	[명]	① 설이나 추석 따위의 명절을 앞두고 경기(景氣)가 가장 활발한 시기. ② 일의 어떤 특정한 부분이나 대상. ③ 이야기나 글 따위의 특정한 부분.
말년	[명]	① 일생의 마지막 무렵. ② 어떤 시기의 마지막 몇 해 동안.
주검	[명]	=송장. 죽은 사람의 몸을 이르는 말.
뗏장	[명]	흙이 붙어 있는 상태로 뿌리째 떠낸 잔디의 조각.
망조	[명]	=망징패조. 망하거나 패할 징조.
양지바르다	[형]	땅이 볕을 잘 받게 되어 있다.
별달리	[부]	다른 것과 특별히 다르게.
번듯하다	[형]	① 큰 물체가 비뚤어지거나 기울거나 굽지 않고 바르다. ② 생김새가 훤하고 멀끔하다. ③ 형편이나 위세 따위가 버젓하고 당당하다.
가외	[명]	두려워할 만함.

새록새록	[부]	① 새로운 물건이나 일이 잇따라 생기는 모양. ② 어떤 생각이나 느낌이 거듭하여 새롭게 생기는 모양. ③ 잠든 어린아이가 숨쉴 때 나는 소리.
넋두리	[명]	불만을 길게 늘어놓으며 하소연하는 말.
선산	[명]	① =선영(先塋). ② 조상의 무덤이 있는 산.
어스름	[명]	조금 어둑한 상태. 또는 그런 때.
서성대다	[동]	=서성거리다. 한곳에 서 있지 않고 자꾸 주위를 왔다 갔다 하다.
어정어정	[부]	키가 큰 사람이나 짐승이 이리저리 천천히 걷는 모양.
다짜고짜	[부]	=다짜고짜로. 옳고 그름을 가리지 아니하고 단박에 들이덤벼서.
행여나	[부]	'행여'를 강조하여 이르는 말.
가재	[명]	한 집안의 재물이나 재산. 살림도구나 돈 따위를 이른다.
액면	[명]	① 말이나 글로 표현된 사실이나 겉으로 드러난 모습을 비유적으로 이르는 말. ② <경제> 화폐, 유가 증권 따위의 앞면. ③ <경제> =액면 가격.
꺼림칙스럽다	[형]	보기에 거리끼어 언짢은 데가 있다.
궁지	[명]	매우 곤란하고 어려운 일을 당한 처지.
기구	[명]	원하는 바가 실현되도록 빌고 바람.
나부랑이	[명]	'나부랭이'의 잘못. ① 종이나 헝겊 따위의 자질구레한 오라기. ② 어떤 부류의 사람이나 물건을 낮잡아 이르는 말.
들추다	[동]	① 속이 드러나게 들어 올리다. ② 무엇을 찾으려고 자꾸 뒤지다. ③ 숨은 일, 지난 일, 잊은 일 따위를 끄집어 내어 드러나게 하다.
호락호락	[부]	일이나 사람이 만만하여 다루기 쉬운 모양.

애석하다	[형]	서운하고 아깝다.
낌새	[명]	어떤 일을 알아차릴 수 있는 눈치. 또는 일이 되어 가는 야릇한 분위기.
울먹이다	[동]	울상이 되어 자꾸 울음이 터져 나오려고 하다.
주춤주춤	[부]	어떤 행동이나 걸음 따위를 망설이며 자꾸 머뭇거리는 모양.
어정대다	[동]	=어정거리다. 키가 큰 사람이나 짐승이 이리저리 천천히 걷다.
심사	[명]	마음속으로 생각하는 일. 또는 그 생각.
흡족하다	[형]	조금도 모자람이 없을 정도로 넉넉하여 만족하다.
완연하다	[형]	눈에 보이는 것처럼 아주 뚜렷하다.
기미	[명]	=낌새.
고비	[명]	일이 되어 가는 과정에서 가장 중요한 단계나 대목. 또는 막다른 절정.
알알하다	[형]	① 맵거나 독하여 혀끝이 약간 아리고 쏘는 느낌이 있다. ② 상처 따위로 약간 아린 느낌이 있다. ③ 술에 취하여 약간 정신이 아리송하다.
아늑하다	[형]	① 포근하게 감싸 안기듯 편안하고 조용한 느낌이 있다. ② 따뜻하고 포근한 느낌이 있다.
선잠	[명]	깊이 들지 못하거나 흡족하게 이루지 못한 잠.
도란도란	[부]	여럿이 나직한 목소리로 정답게 서로 이야기하는 소리. 또는 그 모양.
가닥가닥	[부]	여러 가닥으로 갈라진 모양.
차부	[명]	자동차의 시발점이나 종착점에 마련한 차의 집합소.
역력히	[부]	자취나 기미, 기억 따위가 환히 알 수 있게 또렷하게.
동구	[명]	동네 어귀.
애시리다	[형]	슬프다

실랑이	[명]	① 이러니저러니, 옳으니 그르니 하며 남을 못살게 굴거나 괴롭히는 일. ② =승강이.
신작로	[명]	① 새로 만든 길이라는 뜻으로, 자동차가 다닐 수 있을 정도로 넓게 새로 낸 길을 이르는 말. ② =큰길.
덜크렁덜크렁	[의성어]	기차 달리는 소리는 흉내내는 말.
잠잠히	[부]	① 분위기나 활동 따위가 소란하지 않고 조용하게. ② 말 없이 가만히.
사지	[명]	두 팔과 두 다리를 통틀어 이르는 말.
암만하다	[동]	① 이러저러하게 애를 쓰거나 노력을 들이다. ② 이리저리 생각하여 보다.
외지다	[형]	외따로 떨어져 있어 으슥하고 후미지다.
오목오목	[부]	군데군데 동그스름하게 푹 패거나 들어가 있는 모양.
시름없다	[형]	① 근심과 걱정으로 맥이 없다. ② 아무 생각이 없다.
당도하다	[동]	어떤 곳에 다다르다.
느닷없다	[형]	나타나는 모양이 아주 뜻밖이고 갑작스럽다.
말갛다	[형]	① 산뜻하게 맑다 ② 국물 따위가 진하지 않고 묽다. ③ 눈이 맑고 생기가 있다. ④ 정신이나 의식 따위가 또렷하다.

보충지식

1. 상용 부사

* 터무니 없이: (근거가 없다는 뜻으로)이치나 도리에 맞지 않다. ☞ 터무니 없이 비싼 값.
* 훌쩍: ① 액체를 단숨에 들이마시는 모양. 또는 그런 소리. ☞ 술을 훌쩍 마시고 잔을 돌렸다. ② 단번에 가볍게 뛰거나 날아오르는 모양. ③ 콧물을 들이마시며 우는 모양. 또는 그 소리. ④ 망설이지 않고 갑자기 떠나가는 모양. (작은말) 홀짝홀짝.
* 힘껏: 있는 힘을 다하여. ☞ 힘껏 잡아당기다.

2. 속담 및 관용구

* 토를 달다: 다른 사람의 말에 이유나 반박을 하다.
* 팔을 걷어붙이다: (어떤 일에)적극적으로 나서다.
* 풀이 죽다: 기세가 꺾이어 맥이 없다.
* 핑계 없는 무덤 없다: 무슨 일이나 핑계거리를 찾으면 다 있다는 말.
* 하늘의 별 따기: 아주 어렵다는 뜻.
* 호랑이에게 물려가도 정신만 차리면 산다: 아무리 위험한 경우에 처하더라도 정신만 차리면 그 위험한 고비를 모면할 수 있다는 말.

3. 관용표현

* -건대

극히 일부 동사인 '보다, 듣다, 생각하다, 바라다, 느끼다' 등 동사에 붙어서 쓰이며 그 문장을 관용적인 표현의 부사절로 만든다. '-었, -겠, -더'와 같은 시상어미는 쓰지 못한다. 보조사 '-는, -도'가 결합하여 '건대는, -건대도'의 형태로 쓸 수 있다. 후행절이 의미하는 것의 근거나 출처가 선행절임을 나타낸다. 동사의 어미로 보아 '보건대, 듣건대, 생각하건대, 느끼건대'는 근거나 출처가 이미 경험한 것이지만 '바라건대'는 앞으로 일어날 수 있는 것에 대해서 말하는 것이다. 이러한 의미 상의 이유로 '바라건대'에는 명령형이나 청유형을 쓸 수 있지만, 다른 동사에는 명령형, 청유형이 올 수 없다.

☞ 내가 보건대 이번 시합에서 우리 선수가 이길 것이다.
☞ 바라건대 대학 시험에 꼭 합격하여 주시옵소서.
☞ 제가 생각하건대 서로 조금씩 양보하면 문제가 해결됩니다.

* -(을)법하다

동사와 결합하여 쓴다. 그럴듯하다는 뜻의 추정을 나타낸다. '법'이 어떤 사실로 미루어 당연하거나 또는 이미 버릇이 됨을 나타내는 명사이므로 그에 맞는 상황이 이루어진 경우에만 쓸 수 있다.

☞ 다음 주일 쯤은 올 법하다.
☞ 장사가 이렇게 잘 되었으니 보너스라도 줄 법한데요.
☞ 금방 떠났으니 뒤따라 뛰어가면 만날 법도 한데요.

* -(으)십사 하다

동사에 붙어서 쓰이며, 화자가 상대방에게 매우 조심스럽게 어떤 일을 부탁할 때 쓴다.

☞ 좀 도와주십사하고 이렇게 염치 불구하고 부탁을 드립니다.
☞ 우리 팀 좀 봐주십사하고 청하려던 참이었어요.
☞ 우리 회사하고 거래 좀 해 주십사하고 전화를 드렸습니다.

* -(으)랴 -(으)랴

동사에 붙어서 선행절을 후행절에 종속적으로 연결한다. 두개 이상의 행위를 하느라고 분주함, 또는 분주해서 힘듦을 나타낼 때 쓴다. 따라서 후행절에는 바쁘다는 뜻을 나타내는 말만이 올 수 있다.

☞ 김 양은 손님 질문에 대답하랴 전화 받으랴 여간 바쁘지 않아요.
☞ 빨래하랴 설거지하랴 손에 물이 마를 날이 없습니다.
☞ 그는 요즘 장사하랴 취미 생활하랴 하루도 쉴 날이 없다.

* -지

동사에 붙어서 선행절을 후행절에 대등적으로 연결한다. 시상어미와 결합한다. 선행절과 후행절의 두 가지 사실을 비교하여 선행절의 사실은 인정하면서 후행절의 사실은 부정하는 뜻을 나타낸다.

☞ 그는 자기 생각만 하지 남의 생각은 조금도 안 하는 사람이다.
☞ 형은 말만 하지 구경은 한번도 안 시켜 주었어요.
☞ 그 집은 위치만 괜찮지 다른 조건은 다 그저 그래요

연습문제

1. 다음 괄호 안에 알맞은 것을 골라 쓰십시오.

(1) 높은 구두는 여성들의 무릎에 큰 (　　)을/를 준다.
　① 관심　　② 부담　　③ 책임　　④ 욕심
(2) 수술은 사람의 생명을 다루는 일이라 (　　) 잘못하면 치명적인 실수를 하게 된다.
　① 애써　　② 설마　　③ 못내　　④ 자칫
(3) 이 방에 있는 물건들은 모두 낡은 것들이지만 볼수록 거기에 담긴 추억이 (　　) 되살아난다.
　① 성큼성큼　② 두근두근　③ 새록새록　④ 들쭉날쭉
(4) 이번에 15대 원장으로 (　　) 이병수 박사는 연구원의 행정 시스템에 큰 변화를 가져왔다.
　① 부임한　　② 실직한　　③ 완료한　　④ 존재한
(5) 한옥에는 대청마루나 툇마루 같이 내부 공간도 아니고 그렇다고 외부 공간도 아닌 (　　) 성격의 공간이 있다.
　① 과감한　　② 애매한　　③ 차분한　　④ 얌전한

2. 다음 밑줄 친 부분과 의미가 비슷한 것을 고르십시오.

(1) 여러분도 <u>보시는 바와 같이</u> 제 손에는 지금 아무 것도 없습니다.
　① 보신다기에　　　② 보시다시피
　③ 보신다면야　　　④ 보시더니만
(2) 악어는 잡은 먹이를 다 먹어 치운 뒤에 마치 그 불행한 희생자를 불쌍하게 <u>여기기라도 하듯</u> 투명한 눈물을 뚝뚝 떨구며 운다.
　① 여기는 양　　　② 여기는 차에
　③ 여기는 바람에　　④ 여기는 둥 마는 둥

(3) 어찌 늦둥이로 낳은 자식이 <u>밉겠냐마는</u> 혹시라도 버릇이 없는 아이라고 손가락질 당할까 봐 엄하게 야단치며 길렀다.
① 밉건마는   ② 미울수록
③ 미우랴마는   ④ 미울지라도

(4) 어려운 사람들을 위해 봉사와 헌신의 삶을 살았던 슈바이처 박사는 삭막하고 이기적인 오늘을 사는 우리들이 <u>거울로 삼을 만한</u> 분이다.
① 반성   ② 사례   ③ 표준   ④ 본보기

3. 다음 글을 읽고 물음에 답하십시오.

텔레비전이 우리에게 미치는 나쁜 영향은 그것이 비단 가족 간의 귀중한 시간을 빼앗는다는 점 뿐만 아니라 텔레비전을 통해 무의식 중에 바람직하지 않은 대화 방식에 노출된다는 점이다. 결코 쌍방의 의견이 ㉠(좁혀지다) 만무한 평행선 식의 질의 응답, 웃기기 위한 말장난, ㉡<u>자신의 잘못은 보지 못하고 남의 잘못만 꼬집는</u> 설교 등이 우리가 텔레비전에서 주로 보게 되는 말의 방법이다. 그렇다고 텔레비전만 탓할 수도 없다. 왜냐하면 거기에 나타난 생활상과 말하는 방법은 ㉢(좋다, 싫다) 간에 우리들의 모습을 반영한 것이기 때문이다.

(1) ㉠을 문맥에 맞게 고쳐 쓴 것으로 알맞은 말을 고르십시오.
① 좁히기   ② 좁히느니   ③ 좁힌 김에   ④ 좁혀질 리

(2) ㉡에 알맞은 속담을 고르십시오.
① 남의 떡이 더 커 보인다.
② 말 한 마디로 천 냥 빚을 갚는다.
③ 똥 묻은 개가 겨 묻은 개 나무란다.
④ 서당 개 삼 년이면 풍월을 읊는다.

(3) ㉢을 문맥에 맞게 네 글자로 고쳐 쓰십시오.
(   )

4. 다음 글을 읽고 중심 내용을 고르십시오.

(1) 버스와 지하철 요금 체계가 크게 달라졌다. 새 교통 요금 체계의 핵심적인 변화는 버스와 지하철을 갈아탈 때 요금을 깎아주는 환승할인제의 도입이다. 요금은 갈아탈 때마다 따로 내는 게 아니라 이동 거리에 비례해 내면 된다. 기본 거리까지는 800원만 내며 기본 거리를 넘어가면 일정 거리마다 100원씩 더 부담한다. 단, 버스를 한 번만 타면 아무리 멀리가도 기본 요금만 낸다. 이런 혜택을 받으려면 반드시 교통 카드를 써야 한다. 새로 나온 교통 카드는 물론 옛 교통 카드를 사용해도 된다. 현금을 낼 경우에는 환승 할인 혜택을 받을 수 없을 뿐 아니라 1회 승차권 발행비로 마을 버스와 순환 버스는 50원, 버스와 지하철은 100원을 더 내는 불이익이 있다.
  ① 버스와 지하철 요금 체계 안내
  ② 버스와 지하철 교통 카드 사용 방법
  ③ 버스와 지하철 환승할인제의 문제점
  ④ 버스와 지하철 요금 체계의 개선 필요성

(2) 최근 언론은 농산물 수입을 개방할 경우 벌어지게 될 국내 농업 경쟁력의 문제는 외면한 채 무책임하게 개방 대세론을 펴고 있다. 엄연히 개방에 따른 엄청난 위기 상황이 뻔히 보임에도, 우리 언론에서 식량 위기나 농촌의 상황에 대한 보도는 찾아보기 힘들다. 언론에서는 그저 도시민의 눈으로만 농촌과 농업을 다룰 뿐이다. 건강에 관한 관심이 높아지면서 각종 유기농 농산품을 다루거나 주말 여행지로서의 농촌의 풍경, 혹은 고향에 대한 막연한 이미지를 보여주고 있다. 그 풍경 속에서 힘겹게 살아가는 농촌의 고단함은 외면하고 있는 것이다.
  ① 국내 언론의 개방 대세론
  ② 건강 바람을 탄 유기 농산품
  ③ 농촌 문제를 외면하는 언론 보도
  ④ 농촌의 고단함을 외면하는 도시인

5. 다음 글을 읽고 물음에 답하십시오.

떡은 한국을 대표하는 음식으로 명절 또는 기념할 만한 날에는 빠지지 않고 상에 올랐다. 정월 초하루인 설날에는 가래떡을 만들어 이를 얇게 썰어 ㉠떡국을 끓였다. 그리고 이를 먹어야만 나이 한 살을 더 먹은 것으로 간주하였다. 강남 갔던 제비가 돌아온다는 삼월 삼짇날에는 진달래 꽃잎을 따다 ㉡화전을 만들어 먹었다. 단오에는 ㉢수리취떡을, 햇곡식과 햇과일을 거둬들이는 추석에는 ㉣송편을 만들었다. 아기의 백일과 돌에는 '신성함'을 뜻하는 백설기를 만들어 아기의 건강을 기원했고, 첫돌부터 열 살까지는 생일에 반드시 붉은 색 팥고물을 묻힌 수수경단을 해 주었다. 여기에는 팥과 수수의 붉은 색이 액을 피하게 해 준다는 한국인의 민간 신앙도 들어 있다. 이렇듯 떡은 계절에 따라 공유하는 우리·민족의 정서를 담아내는 그릇이기도 하였고 ㉤액을 피하고 건강을 기원하는 마음의 표현이기도 하였다.

(1) ㉠~㉣ 중 성격이 다른 하나를 고르십시오.

① ㉠   ② ㉡   ③ ㉢   ④ ㉣

(2) 이 글의 내용과 다른 것을 고르십시오.

① 떡은 언제든지 먹을 수 있는 일반 음식이었다.
② 떡은 경우에 따라 무속적인 측면을 갖기도 했다.
③ 떡은 명절을 알리는 역할을 하기도 하는 음식이었다.
④ 떡을 만들 때는 그 색깔에 의미를 두는 경우가 있었다.

(3) 밑줄 친 ㉤과 관계 있는 떡을 모두 찾아 쓰십시오.

(   )

6. 다음 글을 읽고 물음에 답하십시오.

㉠연필의 미덕은 글쓰기에서 우리를 적당한 간격으로 쉬게 하는 데에 있다. 연필을 사용하면 그 중간 중간에 ㉮연필심을 고르려고 글에서 한 발 물러날 수 있어 좋다. 또는 생각이 잘 나지 않을 때면 고르는 일을 핑계로 삼아 생각을 정리할 수 있다. 종이를 앞에 두고 ㉯손가락으로 연필을 돌리는 일도 마땅히 다른 생각이 떠오르지 않을 때의 휴식이 된다. 그리고 연필로는 그림과 글을 마음대로 어느 곳에라도 그려 넣을 수 있다. 이 때문에 연필로 아무 의미 없이 ㉰종이에 낙서하는 일은 글쓰기의 최고 휴식이다.

이에 비해서 워드 프로세서는 (㉡   ). 워드 프로세서에서는 종이를 넘길 필요가 없으며 팔꿈치나 어깨를 움직일 필요도 거의 없다. 쉼 없이 오로지 손가락만을 이용하여 자판을 두드린다. 생각이 잘 나지 않는다고 해서 이런 저런 글쇠를 툭툭 칠 수도 없으면 심심하다고 해서 마우스를 휘두를 수도 없다. 오로지 생각이 날 때까지 쉼 없이 ㉣ 화면만을 응시한다. 그리고 언제나 맞춤법에 올바른 글을 쳐 넣어야 하는데, 이런 것은 나에게도 늘 강박적으로 작용한다.

(1) ㉠ 이 의미하는 것과 관계가 먼 것을 고르십시오.
　① ㉮　　② ㉯　　③ ㉰　　④ ㉱

(2) ㉡ 에 들어갈 내용으로 적당하지 않은 것을 고르십시오.
　① 쉴 틈을 주지 않는다.
　② 개성을 표현할 수 없다.
　③ 낙서할 기회를 주지 않는다.
　④ 심리적으로 우리를 압박한다.

7. 다음을 읽고 물음에 답하십시오.

이중섭은 1916년 4월 평안남도 송천리의 한 유복한 가정에서 태어났다. 아버지는 소극적이고 병약한 분이었는데 이중섭이 다섯 살 되던 해에 돌아가셨다. 이중섭은 송천리의 농촌 풍경을 보면서 성장하였다. 어릴 적 이중섭은 점도가 높은 찰흙으로 형상을 만들었고 실물을 직접 보고 그리기를 즐겼다. 그는 누가 가르쳐 주지도 않았는데 자신이 제작한 작품에는 반드시 날짜를 적어 놓았다. 일곱 살 때 그는 외할머니께서 주신 사과를 다른 아이들처럼 바로 먹지 않고, 사과를 보고 그린 후에 먹었다고 한다. 오산학교 시절부터 이중섭은 소를 그리는 것에 몰입하여 거의 매일 소를 스케치하였다. 오산학교 근처 들판 여기저기에 매어져 있는 농촌의 소는 중섭의 일생 동안 영원한 주제가 되었으며 민족적 형상의 상징이 되었다.

(1) 이 글의 종류는 무엇입니까?
　① 한 인물의 삶을 평가한 글
　② 한 인물의 일상을 보여 주는 글

③ 한 인물의 작품 세계를 파헤친 글
④ 한 인물의 삶에 대해 서술한 글

(2) 이 글의 내용과 같지 않은 것은 무엇입니까?
① 이중섭은 평생 동안 소 그림을 많이 그렸다.
② 이중섭은 어릴 때부터 미술에 흥미를 느꼈다.
③ 고향의 풍경은 이중섭의 미술에 영향을 주었다.
④ 외할머니는 이중섭의 뛰어난 재능에 관심을 가졌다.

8. < >의 주제에 대해 제시된 표현을 사용해서 한 문장으로 만드십시오. (50자 내외)

(1) < 스트레스의 필요성 >
지나친 스트레스 / 적당한 긴장감 / 우리의 생활 / 활력
(   )

(2) < 양보의 진정한 의미 >
사소한 물건 / 내어 주다 / 타인 / 커다란 이익 / 희생하다
(   )

9. 다음 글을 읽고 '현대 사회에서 나눔(분배)의 필요성'에 대해 서술하십시오. 단, 자신의 계획을 반드시 포함하십시오. (800~900자 내외)

> 얼마 전 해외의 한 갑부가 자신의 재산 85%를 사회에 기부한다고 말해서 화제가 되었다. 세계 2위의 부자가 자신이 모은 재산의 대부분을 사회에 환원하는 모습을 보면서 부러운 생각도 든다. 하지만 부자만이 자신의 것을 남과 나눌 수 있는 것은 아니다. 우리 자신이 가진 것 중에서 작은 것이라도 사회에 기부하고 남과 나눌 수 있다면 그 가치는 부자들의 기부와 다를 바가 없을 것이다.

* **원고지 쓰기 예**

	얼	마		전		해	외	의		한		갑	부	가
자	기		재	산	의		85	%	를		사	회	에	기
부	한	다	고		말	해	서		화	제	가		되	었	다

《大学韩国语》课后习题参考答案信息

尊敬的老师：

您好！

为了方便您更好地使用《大学韩国语》(1~6册)，我们特向使用该书作为教材的教师赠送课后习题参考答案。如有需要，请完整填写"教师联系表"并加盖所在单位系(院)或培训中心公章，免费向出版社索取。

北京大学出版社

教 师 联 系 表

教材名称	《大学韩国语》(___册)		
姓名：	性别：	职务：	职称：
E-mail：	联系电话：	邮政编码：	
供职学校：		所在院系：	
			（章）
学校地址：			
教学科目与年级：		班级人数：	
通信地址：			

填写完毕后，请将此表邮寄给我们，我们将为您免费寄送课后习题参考答案，谢谢合作！

北京市海淀区成府路205号
北京大学出版社外语编辑部　张娜
邮政编码：100871
电子邮箱：flowin@163.com
　　　　　ccxuan@hotmail.com

邮 购 部 电 话：010-62534449
市场营销部电话：010-62750672
外语编辑部电话：010-62765014

普通高等教育"十一五"国家级规划教材
——21世纪韩国语系列教材

书号 978-7-301	书名	编著者	定价
08062-7/H·1264	韩中翻译教程（若批量使用可配送教师用书）	张敏　朴光海　【韩】金宣希 编著	38.00
08120-0/H·1283	韩国语概论	林从纲　任晓丽 编著	20.00
15055-9/H·2232	大学韩国语修订版（第一册）	牛林杰　【韩】崔博光 主编（均附光盘，如选用教材可赠送课后答案）	30.00
15053-5/H·2229	大学韩国语修订版（第二册）		32.00
15052-8/H·2228	大学韩国语修订版（第三册）		36.00
15051-1/H·2227	大学韩国语修订版（第四册）		36.50
08909-0/H·1463	中韩翻译教程（若批量使用可配送教师用书）	张敏　【韩】金宣希 编著	52.00
11705-7/H·1282	韩国语写作	林从纲　金龙 编著	26.00
10301-2/H·1595	新编韩国语词汇学	林从纲 编著	36.00
12147-4/H·1722	韩国语中级阅读	方今淑　张英美 编著	26.00
韩国语国情阅读教程　张光军 总主编（若选用教材赠送课后习题答案）			
14447-3/H·2120	韩国的政治和外交	张文江 编著	36.00
14488-6/G·2480	韩国的社会	赵新建　马会霞 编著	39.00
14485-5/H·2126	韩国的地理和旅游	刘吉文 编著	39.00
14483-1/H·2125	韩国的语言	张光军　江波　【韩】李翊燮 编著	38.00

即将推出：大学韩国语（第五册）、大学韩国语（第六册），韩国语国情阅读教程：韩国的信仰和民俗，韩国语国情阅读教程：韩国的文学，韩国现代文学选读

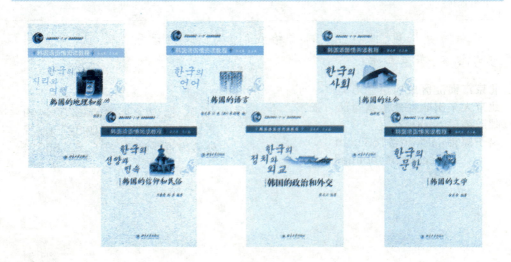